国家社会科学基金西部项目
"河湟方言文化与民俗学特质研究"
（批准号：12XMZ060）

西北民俗文化研究丛书　赵宗福　主编

河湟方言文化与民俗学特质研究

张筠　著

中国社会科学出版社

图书在版编目（CIP）数据

河湟方言文化与民俗学特质研究／张筠著.—北京：中国社会科学出版社，2020.9

（西北民俗文化研究丛书）

ISBN 978-7-5203-6655-7

Ⅰ.①河… Ⅱ.①张… Ⅲ.①西北方言—方言研究—青海②民俗学—研究—青海 Ⅳ.①H172.2②K892.444

中国版本图书馆 CIP 数据核字（2020）第 097213 号

出 版 人	赵剑英
责任编辑	刘　艳
责任校对	陈　晨
责任印制	戴　宽

出　　版	中国社会科学出版社
社　　址	北京鼓楼西大街甲 158 号
邮　　编	100720
网　　址	http://www.csspw.cn
发 行 部	010-84083685
门 市 部	010-84029450
经　　销	新华书店及其他书店

印　　刷	北京明恒达印务有限公司
装　　订	廊坊市广阳区广增装订厂
版　　次	2020 年 9 月第 1 版
印　　次	2020 年 9 月第 1 次印刷

开　　本	710×1000　1/16
印　　张	20.75
字　　数	313 千字
定　　价	118.00 元

凡购买中国社会科学出版社图书，如有质量问题请与本社营销中心联系调换

电话：010-84083683

版权所有　侵权必究

总　　序

赵宗福

2011年秋天，在印第安纳举行的美国民俗学会年会和在潍坊举行的中国民俗学会年会上，我提出了推进"地方民俗学"的学术设想，意在实实在在地发展繁荣区域民俗文化学事业。

中国民俗文化不仅源远流长，而且由于地域辽阔，民族众多，文化样式繁多，民俗文化更是丰富多彩，多元一体是中国民俗文化的一大特色。正因为此，钟敬文先生在20世纪90年代就总结出了中国民俗学的独特性格是"多民族的一国民俗学"[①]。即使是分布区域很广，人数近十亿的汉族，也由于极为广泛的分布与地方化，其民俗文化也具有极强的地方性。所以各地民俗文化的地方性特点极其明显，不可一概而论，或者说一言以蔽之，需要更有针对性地对具体对象进行研究。这就需要有地方民俗学的存在。我理解的"多民族的一国民俗学"就是我国诸多地方民俗学的整体概括。

由于各地的民俗学研究队伍状况和学术兴趣点不同，逐渐就形成了富有地域性的学术个性和研究倾向，形成了不同风格的地方民俗学。特别是已经成立了地方民俗学学会和有高校民俗学学科点的地区，往往在学会或学科点的主导下，基本上有自己的学术侧重点和表述风格，成果也相对集中在某些方面。如青海民俗学界的成果往往集中在6个世居民族的民俗文化和在青海具有代表性的民俗文化上，古老的昆仑神话、多民族民歌花儿与花儿会、土族狂欢节纳顿、藏族史诗格萨尔、热贡文化、各民族婚礼以及歌舞风情等等，是当地学者特

---

① 钟敬文：《建立中国民俗学派》，黑龙江教育出版社1999年版，第29页。

别关注的研究对象。这也说明事实上具有地域特色的"地方民俗学"是客观上已经存在的。

但是，不论地方民俗学如何发展与繁荣，都不可能与全国民俗学界绝缘，孤立地闭关而自得其乐。而是作为中国民俗学的有机组成部分，自愿地聚集在中国民俗学的大旗之下，至少与国内同行频繁交流，相互切磋，共同进步。同时，不同风格、多彩多姿的地方民俗学，也有力地支撑了中国民俗学这座学科大厦，丰富了中国民俗学的学术内涵，其地位贡献是不可忽视的。

正是以上这种局面，才形成了真正意义上的中国民俗学学科建设与学科繁荣。这里借用日本学者佐野贤治教授的一句话："21世纪的民俗学应当在乡土、国家、世界三者的关联中推进自己的学科研究。"[1] 我暂且把他说的"乡土"理解为地方民俗学。就是说中国民俗学的繁荣发展离不开地方层面的民俗学研究和民俗文化土壤，同时也离不开国家层面如中国民俗学会及其相关学科点的整体发展规划、组织协调和引领指导，以及世界前沿的学术眼光和理论方法创新。

事实上三者之间是相互交叉甚至融汇的，因为民俗文化资源是大家共享的，同时地方的民俗文化所面临的问题和价值基本上也是全国性的甚至是国际性的。所以对某一地方的民俗文化研究不仅仅是本地区的学者，往往有外地（特别是北京）甚至国外的学者来直接研究，其成果既是全国性的，也是地方性的。比如青海的花儿、格萨尔、黄南六月会、土族纳顿会等，国内外的学者都在研究，而且与地方学者相互借鉴，甚至相互合作，共同建构起了青海民俗文化研究的事业。

民俗文化是我们的父老祖辈们在生产生活中创造的最具有历史底蕴和生活气息的文化。她既是历史的，也是现实的，还是未来的；既是传统的，也是现代的，更是我们的文化DNA。自从我们降临到这个世界上，就被自己所处的民俗文化所熏染、所教化、所塑造，最终把我们社会化成了一个民族文化的享用者、传承者和创造者。而我们作为民俗文化工作者，不仅仅是一个个民俗生活者和文化传承者，还是

---

[1] 佐野贤治、何彬：《地域社会与民俗学——"乡土研究"与综合性学习的接点》，《民间文化论坛》2005年第4期。

一个个民俗文化的田野者、探索者、诠释者，我们肩负着重要的历史责任和学术使命。

地方民俗学者研究的对象虽然大多是地方的民俗文化，但其意义不凡。一是科学地挖掘地方民俗文化内涵，弘扬地方优秀传统文化，为保护发展民族文化传统尽到一个地方学者的责任；二是通过民俗学的学术资源，参与和支持地方文化建设，发挥民俗文化在构建和谐社会与促进文明进步方面无可替代的作用；三是通过民俗研究与学科建设业绩，推助中国民俗学科的发展和国家学术事业的繁荣。这就是作为一个地方民俗学者对民俗文化应有的情感认知和责任担当。

作为地方民俗学者要真正实现以上的目标，首先必须要遵循学术规范，追求学术品质。唯其如此，方有可能以优异的业绩来实现学术愿望，否则就只能是理想上的巨人，成果上的矮子。

学术品质基于学术规范，而学术规范对学术来说就是道德品格，学术与非学术的最大区别在于是否遵循学术规范。就跟一个人一样，对社会对他人没有诚信，没有感恩之情，没有敬畏之心，没有正确的耻辱感和是非观，这个人就不可能是一个有道德的人，他所做的事情也就不可能真正有益于社会，他也不可能得到绝大多数人的认同。所以，人品是一个有道德的人的基本保证，而学术规范就是学术品质的基本保证。我们的民俗文化研究必须要自觉遵守学术规范，不断提升学术品质。

这些年来，由于整个社会大环境的影响，学术浮躁之风盛行，一些人把天下利器当成了"不食人间烟火"的玄学游戏，从概念到概念，不切实际，洋洋数十万言，管用的没几句；有的人把学问当成了坑蒙拐骗的黑市场，复制加粘贴，抄袭加改编，洋洋万言不见一个文献出处，不见自己一点个人见解，人云亦云，甚或以讹传讹，严重影响了社会科学应有的学术严肃性和文化软实力。这种现象自然也不免污染到了民俗学界，"民俗主义"乃至伪学术甚至部分地占据了神圣的学术殿堂。这是值得警惕防范的。我们主张在民俗文化研究中要"仰望星空，脚踏实地"，提倡经世致用的学术价值取向和扎实严谨的学风文风，坚决反对学术不端，严格遵守学术伦理。我相信学问无愧我心，公道自在人心。

在我们的民俗文化研究中，不仅要自觉遵守学术规范，还要大力鼓励学术创新精神。文化的发展繁荣要靠创意，科学的发展繁荣要靠理论观点方法的创新。创新是人文科学的使命和责任，人力、物力、财力的投入必须要有理论观点上的新收获，没有创新的科研过程实际上就是一种资源的全方位浪费，甚至是一种犯罪。所以我们的地方民俗学者必须要始终不渝地追求学术创新，以创新的高质量的成果来为民俗学学科建设和文化强国建设增光添彩。具体地说，就是要坚持立足地方民俗文化的实际，放眼国内国际的学术语境，以地方民俗文化研究为内核，运用学科前沿的理论方法，推出一批代表地方学术水平乃至在全国具有一定影响，能够经得起实践和历史检验的民俗文化调查研究的优秀成果，让我们的民俗文化研究走出地区，走向全国，在国内外学术平台有一席之地，从而体现出地方民俗学者应有的价值。

青海民俗学会推出这套《西北民俗文化研究丛书》，就是以严谨的学术态度，在学术规范和学术品质上下功夫，试图从较高学术层次来展示青海地方民俗学的业绩，同时也从地方民俗学层面来为中国民俗学学术事业添砖加瓦，共同推进"多民族的一国民俗学"建设。

青海是中华民族文明的发祥地之一，是中华民族文化的交融地之一，是中华民族精神的展现地之一。而以昆仑文化为主体的多元一体民族民俗文化就是这三个"之一"的鲜活表征。从古老的昆仑神话到丰富多彩的各类非物质文化遗产，都给世人留下了神圣、神奇、神秘而令人神往的大美青海印象，同时也彰显出了极为丰厚的文化内涵和十分鲜明的文化特色。因此历来得到学人们的关注和重视，至少在唐宋以来的大量古籍文献中就有对青海民俗事象的诸多记载，而在20世纪前叶，出现了像杨希尧的《青海风土记》、逯萌竹的《青海花儿新论》、李得贤的《少年漫谈》等民俗志记录和评论文章。新中国成立后，民族民俗文化得到了空前的重视，英雄史诗《格萨尔王传》、青海花儿、藏族拉伊、各民族民间叙事诗、民间故事、民间歌谣以及其他民俗文化的搜集整理出版卓有成效，至今惠及学界。特别是改革开放的30多年里，不仅整理出版了"民族民间文化十套集成"等大型资料丛书，而且高层次高质量的学术研究成果也不断涌现，呈现出了前所未有的繁荣局面。尤其是近年来，青海民俗学者先后推出了《青海花儿大典》、《昆仑神话》、《土族民间信仰解读》以及《青海省非物质文化遗产丛书》等一批富有特色的成果；还连续举办了"昆仑文化与西王母神话国际学术论坛"、"昆仑神话与世界创世神话国际学术论坛"、"昆仑神话的现实精神与探险之路国际学术论坛"、"格萨尔与世界史诗国际学术论坛"、"土文化国际学术研讨会"等高端学术会议。而青海民族大学民族学学科点、青海师范大学民俗学学科点的建设，为青海民俗文化研究队伍的学历层次提升、学术成果的规范起了重要的作用。

特别是我们多年来对昆仑神话和昆仑文化的研究与论证，得到了青海省委省政府的认可和采纳。2011年11月召开的全省文化改革发展大会上，把青海文化定位为"以昆仑文化为主体的多元一体文化"，正式开启了建设青海文化名省的新征程。这既是对青海民俗学界研究成果的认同，同时也为青海民俗文化的研究带来了历史性的发展机遇。

于是，青海省民俗学会在2012年5月应运而正式成立。中国民俗学会、美国民俗学会、日本民俗学会、中国社会科学杂志社、台湾"中国民俗学会"、"中华民俗文化研究会"、中国少数民族文学学会、中国艺术人类学会等国内外50多家学术单位以贺信贺函方式进行了支持。学会的成立，为青海民俗文化研究从零散无依、各自为阵形成学术合力、走向集约化发展奠定了良好的学术环境和组织基础。

青海省民俗学会是目前青海省各学会中学历层次和学术阵容最强大的学会，目前有会员100多人，其中拥有民俗学或相近专业的硕士博士学位者近80人。理事会27人中，博士8人，硕士16人。在地方学会队伍中，这无疑是一支专业素养很高、学术研究潜力很大的难得的精良部队。如何调动全体成员的积极性，真正形成具有团队精神的地方民俗学学术力量，充分展现他们民俗文化研究的优势，发挥为地方文化建设服务的功能，为中国民俗学学科建设和中国的学术大厦实实在在地尽一份力量，这是我重点思考的问题。

青海的民俗文化是青海乃至国家的重要文化资源，是青海文化软实力的组成部分，发展文化产业离不开民俗文化，"非遗"保护离不开民俗文化，建设文化名省离不开民俗文化，建设新青海也离不开民俗文化。青海民俗文化的研究任重而道远，民俗学会当然要顺应时代，乘势而上，发挥自己的学科优势和学术优势，在文化名省建设中积极进取，做出应有的贡献。

在我看来，青海民俗学会作为本土的地方民俗学会，首先立足于青海的民俗文化实际，以青海民俗文化为研究对象，以田野作业为基本功，深入基层调查研究，推出为地方文化建设服务的调查研究力作，这是毋庸置疑的。但是，立足于青海不等于学术视野局限于青海地域，而是要把青海民俗文化放置在全国乃至全世界的民俗学学术视野中。惟其如此，才能做出具有国内国际水准的学术成果来，也才能真正建设好具有青海特色的地方民俗学，在学坛上才能赢得话语份额。事实证明，没有自己的学术话语，就没有相应的学术竞争能力和文化输出能力，就不可能成为一个有实力的学科或学术团体。所以，必须立足青海民俗文化实际，面向国内外民俗学领域，追踪本学科前沿，了解相关学科及整个学术界的发展动态，兼容并蓄，提升品质，努力形成具有青海特色的理论表述风格和学术研究实绩，不断增强学术软实力，不断赢得学术话语权，真正树立起青海地方民俗学者的形象，树立起以昆仑文化为主体的多元一体民俗文化形象。

正是出于这样的思考，自学会成立之日起，我就把学会的奋斗目标定为立足青海，放眼国内国际学术语境，努力推进具有青海特色的地方民俗文化研究。也就是在采用民俗文化学及其相关学科的普遍性学术理论方法的同时，坚持青海民俗文化研究的本土化与民族化，致力于青海特色、民族特色、时代特色的民俗文化研究，以独到而不俗的学术业绩来形成具有青海特色的地方民俗学。这样的定位也得到了同仁们一致的认同。

按照学会"开展学术活动，追求卓越品质"的原则，学会对学术发展做出了具体安排。一是以不同形式不同规模开展民俗文化田野工作，摸清青海民俗文化家底，重点研究具有代表性的民俗文化事象；二是每年至少召开一次年会，选择某一主题进行民俗文化研讨，力求推出一批新成果；三是积极参与青海省各级各类学术活动，多方位地为地方文化建设服务；四是积极策划主办或者协办全国性乃至国际性的学术会议，借以提升学术层次和学会影响力；五是积极与其他学会合作开展民俗文化调查和学术研究。同时提出集中力量办几件学术实事。其中之一就是在会员成果中精心遴选组织，争取由国家级出版社出版"民俗文化研究丛书"。这套丛书就是根据这一思路，从会员中的国家社科基金项目结项课题、优秀的硕博论文和个别确有前期研究基础的自选项目中筛选，然后统一规划，统一目标，并根据出版社和编辑的要求进行修改完善，再统一推荐出版。我们的目标是做成一套具有较高品质和学术含量的纯学术丛书，计划出版20本左右。

需要说明的是，这并非是简单的把大家的成果集中出版。这些年来，我们以学会筹备组和青海师范大学民俗学学科点、青海省社会科学院为核心，每年积极组织省内民俗学者高标准地策划申报国家社科基金项目，从选题确定到申报文本写定，从获批立项到开题论证，做了大量艰苦细致的工作。比如在2012年青海民俗学者获批国家基金项目10余项，几乎无一例外地是通过我们的"民间"形式组织学者反复开会论证申报文本的，一遍遍地修改完善，个别文本甚至经过了三到五次论证才完成，最后以学者所属各单位的"官方"程序上报获批。这就是有同仁开玩笑的"辛苦归我们，荣誉归别人。"作为民间团体的工作，不仅仅是开会的费用，还有到处找会议场所、邀请专家学者、牺牲大家的休息时间、一次次地修改和打印文本，其中的酸甜苦辣，只有当事者才能体会到。当然天道酬勤酬善，多年来我们帮助策划论证后申报的民俗文化方面的项目也几乎是"无一漏网"地被获批立项。几年来的会员课题研究中，我们也是多次以不同形式参与讨论，甚至相互合作，共同完成。而一些优秀硕博论文，也基本都是在学会学术骨干的指导或协助下完成的。因此，可以问心无愧地说，我们组织出版这套丛书，在一定意义上是青海民俗学会（前期为筹备组）多年来学术成果的一次集中展示，也是我们从一个侧面对"多民族的一国民俗学"做出的一点微薄贡献。

丛书的策划在青海民俗学会成立之前就已经开始，我在2011年5月应中国社会科学出版社领导的邀请赴该社座谈中，就提出了出版青海民俗文化研究丛书的设想，得到社长总编们的赞同，回青海后与同仁们开始商量具体的丛书规划。之后在曹宏举副社长的关心下，我与编辑刘艳女士多次沟通协商，同时各位同仁按规划进行撰写或修改。

2012年5月，我拜访了赵剑英社长和曹宏举副总编，正式汇报丛书立意和学术标准以及进展情况，两位领导听后大加鼓励，于是进入了正式实施阶段。在编辑出版过程中，刘艳女士认真负责，一丝不苟，专业素养和敬业精神令人钦佩；宏举副总编多次过问，具体指导，关心支持学术事业和西部文化的情怀也让我感动。所以我当然无法脱俗地要真诚感谢中国社会科学出版社的领导和刘艳女士，同时也感谢多年来与我兄弟姐妹般亲密合作的青海民俗学界同仁和本丛书的各位作者。

2012年9月20日于西宁上滨河路1号

目　　录

绪　论 ……………………………………………………… (1)
　　一　课题研究的学术价值与现实意义 ……………… (1)
　　二　学术史回顾 ……………………………………… (3)
　　三　研究理论与方法 ………………………………… (19)

第一章　河湟方言的生成语境 ……………………………… (22)
　　第一节　生态语境 …………………………………… (22)
　　第二节　民族历史语境 ……………………………… (24)
　　　一　历史沿革 ……………………………………… (24)
　　　二　民族状况 ……………………………………… (26)
　　第三节　多元文化语境 ……………………………… (28)
　　小　结 ………………………………………………… (30)

第二章　河湟方言的独特表达 ……………………………… (31)
　　第一节　语音概况 …………………………………… (31)
　　　一　语音结构 ……………………………………… (32)
　　　二　语音特点 ……………………………………… (33)
　　第二节　特色词汇 …………………………………… (37)
　　　一　古汉语词 ……………………………………… (37)
　　　二　民族借用词 …………………………………… (47)
　　　三　地方风物词 …………………………………… (49)

四　方言成语 …………………………………………（68）
　第三节　"宾语前置"的语法结构 ……………………（70）
　　一　"宾语前置"的成因 ………………………………（70）
　　二　"宾语前置"的语法结构 …………………………（72）
　第四节　活泼的民间俗语 ………………………………（74）
　　一　谚语 ………………………………………………（74）
　　二　歇后语 ……………………………………………（78）
　　三　惯用语 ……………………………………………（82）
　小　结 ……………………………………………………（87）

第三章　河湟方言的民俗文化内涵 …………………（88）
　第一节　承载传统文化的"活化石" ……………………（88）
　　一　方言中留存的传统民俗生活 ……………………（88）
　　二　方言承载的传统信仰 ……………………………（92）
　第二节　生活场域内方言的民俗学特质 ………………（98）
　　一　日常交际中的方言民俗 …………………………（98）
　　二　方言在民间礼俗中的呈现 ………………………（106）
　第三节　民间口承文学中的方言叙述 …………………（119）
　　一　歌谣 ………………………………………………（119）
　　二　民间故事 …………………………………………（129）
　　三　花儿 ………………………………………………（138）
　小　结 ……………………………………………………（141）

第四章　河湟方言的民俗文化功能 …………………（142）
　第一节　成就"地方性知识" ……………………………（142）
　　一　"地方性知识"的形成 ……………………………（142）
　　二　"地方性知识"的特性 ……………………………（161）
　　三　"地方性知识"的价值分析 ………………………（165）

第二节　彰显区域文化个性 …………………………… (166)
　　　　一　"全球化"的"反抗者" …………………………… (166)
　　　　二　文化"个性"的推动者 …………………………… (170)
　　　　三　文化的"他者" ………………………………… (178)
　　第三节　文化认同的确立 ……………………………… (180)
　　　　一　群体识别 ……………………………………… (180)
　　　　二　文化认同 ……………………………………… (184)
　　　　三　跨文化交际 …………………………………… (197)
　　小　结 …………………………………………………… (203)

第五章　河湟方言的"方言情感" ………………………… (204)
　　第一节　方言的"尊卑感" ……………………………… (205)
　　第二节　方言的"优劣感" ……………………………… (212)
　　第三节　方言的"亲疏感" ……………………………… (224)
　　小　结 …………………………………………………… (230)

第六章　现代文明冲击下河湟方言的生存困境 ………… (231)
　　第一节　普通话为主体文化的生存环境 ……………… (232)
　　　　一　政治环境 ……………………………………… (232)
　　　　二　社会环境 ……………………………………… (235)
　　第二节　主体文化背景下的方言变异 ………………… (237)
　　　　一　语言使用层面上的变异现象 ………………… (238)
　　　　二　语言内部结构中的变异现象 ………………… (243)
　　第三节　"方言危机"的成因 …………………………… (246)
　　小　结 …………………………………………………… (250)

第七章　对方言文化整体保护的思考 …………………… (251)
　　第一节　语言——人类最后的精神家园 ……………… (251)

一　哲学反思:语言是存在之居所 …………………………（251）
　　二　文化警醒:语言是民族的指纹与遗产 …………………（255）
第二节　"因地制宜"与"因材施救" …………………………（259）
　　一　海德格尔论题的启示 ……………………………………（259）
　　二　对方言的"多维"保护 ……………………………………（261）
　　小　结 …………………………………………………………（269）

结　论 ………………………………………………………………（270）

附　录 ………………………………………………………………（274）

参考文献 ……………………………………………………………（308）

后　记 ………………………………………………………………（314）

绪　　论

　　语言，见证着一个民族的悠久历史，记录和保存着民族丰厚的文化内涵；方言，承载着厚重而独特的地方文化，方言本身又是充满地域文化个性的活态民俗事象。作为汉语方言的一支，河湟方言呈现着"其音甚渺，其域甚狭"的特点。虽然河湟方言在历史长河中左右逢源、吸纳百川而独具一格，但随着经济的高速发展、城市化进程的不断加剧、人员流动的日趋增长，河湟方言在融汇各类语言给养的同时，又在不间断地发生着消变，甚至语言自身的特色正在趋于消亡。如果河湟方言逐渐消亡，那就不仅仅是语言的消亡，而是河湟地区历史文化特色的缺失。庆幸的是，语言学界关于"拯救濒危方言"的行动从未停歇。诚然，在"保护世界语言文化多样性"的今天，"加强汉语方言文化遗产保护"的呼声此起彼伏，方言研究也备受海内外学者关注，但大量涌现的研究成果习惯把方言从其生存环境中抽离出来，仅对语言要素进行文本式描写，且多为结构主义研究，从文化角度探讨方言及其民俗文化内涵的系统性研究较少。故而，本书试着突破传统的研究视角、运用全新的研究方法，对河湟方言及其民俗文化内涵进行"多模态"挖掘。

一　课题研究的学术价值与现实意义

1. 学术价值

（1）从方言学研究现状看，因传统方言学久已有之的研究传统，常把语言抽离出它的生存语境，仅对语言本身进行文本式描写，使语言脱离了其生活环境和文化氛围而孤立存在。本书试以全新的研究视角，把方言作为河湟地区的文化事象，通过民俗学"深描"，深度剖析生存语境里"活态"方言的民俗化特征，揭示古老而文明的河湟文化内涵。

（2）从民俗学研究现状看，学界较少把方言作为文化事象进行考察，研究也多按照传统民俗活动的分类，如物质民俗、精神民俗、民间文学、信仰民俗等进行。其实方言被分散在各类民俗事象中，在不同的民俗语境中方言的文化特色各不相同，将各类民俗事象从地方语言文化的角度加以探讨，可以更深入解析河湟方言与民俗文化的互动关系。

（3）摆脱语言学或民俗学单一的学科研究方法，运用语言与民俗双向视点的"多模态"综合性研究，在语言不脱离生存文化环境的情况下，依托世代相沿成习的风俗、习惯、信仰，探讨语言和民俗的关系：丰富的语言现象和民俗事象相融在一起，方言本身就是"活态"的地方民俗文化事象。在此基础上，对河湟方言文化研究进行规律性总结，促进方言文化价值的认知与提升。

（4）挖掘历史文化的同时关怀现代文明，从"历时""共时"两个角度，对河湟方言和民俗文化进行阐释：在历时地剖析民俗事象的传承过程、地方特点的同时，共时地关注河湟方言流变中民族语言、他地域方言的融合现象。

（5）积极关注河湟方言的互动情况，从群体识别、文化认同、跨文化交际、区域文化个性等方面揭示方言是推动文化互动不可或缺的积极因素。同时考察河湟方言在现代文明冲击下的发展趋势，深入思考如何有效开展对方言文化的整体保护。

2. 现实意义

（1）学界对方言的关注度不高，特别是从方言角度对民俗文化特质进行研究的成果更为匮乏。本书利用极其有限的文献资料，辅以大量的田野调查，进行梳理分析和总结归纳，阐释了方言作为一种活态语言文化所体现出的文化特色，以及作为民俗文化本身所具有的区域文化个性，开拓了河湟方言文化与民俗学特质研究的新领域，展现了一个更加立体、丰富的河湟方言文化，为地方历史与文化的学科构建添砖加瓦。恰逢"一带一路"战略实施，本书有志在平等的文化认同框架下，弘扬河湟地区优秀传统文化，促进和提升文化自觉与文化

（2）首次对河湟方言进行了"多模态"研究。不仅阐释了河湟方言的语音、语法、词汇等语言特点，同时挖掘了方言作为文化本身在各种语境下的"活态"状貌和言说特点。在此基础上，从群体识别、文化认同、跨文化交际、区域文化个性等方面揭示方言是推动文化互动不可或缺的积极因素，并充分认识到语言文化遗产的重大保护价值和特殊属性，制定科学妥善的保护策略，正确认识弱势语言保护和尊重语言持有者自主选择意愿、生存发展利益的关系，正确协调和处理好方言保护与推广普通话的关系。为方言整体保护和保护文化多样性、促进多民族和谐发展提供资政参考。

二 学术史回顾

1. 方言学研究

（1）传统汉语方言研究。

汉语方言诞生比较早，先秦就已出现方言分歧，《孟子·滕文公下》载："子欲子之王之善与？我明告子有楚大夫于此，欲其子之齐语也，则使齐人傅诸，使楚人傅诸？曰：使齐人傅之。曰：一齐人傅之，众楚人咻之，则日挞而求其齐也不可得矣。"① 天子体察民情，通览天下名物，年年秋后的农暇时节都派人到民间搜集民歌和方言异语。

汉代，为了解释典籍兴起了训诂学，同时也开始关注词语的地方差异性。此时期，扬雄撰写的《方言》②作为传统方言学的第一部专著诞生了。它是首部方言词典，开创了调查记录方言口语的研究方向，其中收录了包括长江流域、黄河流域各区域的汉语方言语词、少数民族词汇、各地方言词、共同语词汇等。魏晋时期，崔豹的《古今注》③、服虔的《通俗文》④中都有关于方言的研究记录。这一时期的

---

① （宋）朱熹集注：《孟子》卷第六《滕文公下》，上海古籍出版社2007年版，第68页。
② （汉）扬雄：《方言》，（晋）郭璞注，中华书局2016年版。
③ （晋）崔豹：《古今注》，辽宁教育出版社1998年版。
④ （东汉）服虔：《通俗文》，中州古籍出版社1993年版。

研究成果中，郭璞的《方言注》①最为著名。文中对古代词汇的阐释通过晋代鲜活的方言词汇体现，凸显了词汇的历史发展过程。此外，考察词语间的关系时，关注的是词语的注音，较之《方言》这又是一个显著的进步。《方言注》描述了晋代的语言概貌，反映了语言和方言一直以来的发展轨迹，体现出了历史方言学、描写方言学的研究价值，郭璞的《尔雅注》②《山海经注》③《穆天子传》④中也涉及了方言领域的内容。隋唐宋元时期，方言研究进入了衰退期。这一阶段抛弃了调查记录方言口语的传统，重点研究音韵学，直到李实的《蜀语》⑤出现。《蜀语》是我国现存最早研究方言的著述，标志着调查记录研究方言口语的传统重新恢复。到了清代，方言研究进入了繁盛期。首先是对扬雄《方言》的疏证、校勘，有戴震的《方言疏证》⑥、钱绎的《方言笺疏》⑦。其次是关于方言词汇的研究，这方面的研究沿袭了《方言》体例，如程先甲的《广续方言》、杭世骏的《续方言》等。再有是关于地方方言词汇的研究，有故文英的《吴下方言考》、范寅的《越谚》等。最后是对地方韵书的研究，特别以闽地区为代表，有反映漳州厦门的《雅俗通十五音》、记录泉州地区的《汇音妙语》等著作。

值得一提的是，地方志中也有记录或者研究方言的内容，只是相较于传统方言学的专门著述不以古今证合为主，把研究重点侧重在记录方言口语词汇上，方言记录的详略也不等，详细记录有十几页，如民国《嘉定县续志》，其中卷五关于方言内容的一节共62页。另外，还有阐述方言音变、方言地理、地方权威方言、地方方言种类、地方各类方言异同等内容的。但从编辑体例上看，方志中关于方言的内容也没有独立成卷，大多自成一节，譬如在《地理志》《风俗志》《民

---

① （晋）郭璞：《方言注》，中华书局2016年版。
② （晋）郭璞：《尔雅注》，浙江古籍出版社2011年版。
③ （晋）郭璞：《山海经注》，上海古籍出版社1991年版。
④ （晋）郭璞：《穆天子传》，上海古籍出版社1990年版。
⑤ （清）李实：《蜀语》，巴蜀书社1990年版。
⑥ （清）戴震：《方言疏证》，上海古籍出版社2018年版。
⑦ （清）钱绎：《方言笺疏》，中华书局2013年版。

族志》中，洪武十二年序刊的《苏州府志》，是含方言材料最早的志书，其中卷十六《风俗》中的方言内容仅264字①。方志中有关于方音、历史音韵、词汇、语法等内容的记录，但材料芜杂，也并不都可用，其中收录的词汇因标准不同也存在差异性。

（2）现代汉语方言研究。

现代汉语方言研究在1923年揭开了序幕，以《歌谣》周刊为代表。1924年1月"方言调查会"在北京大学国学研究所成立，其中的学者们被称为"歌谣派"，该派的诞生标志着以今方言、古文献相互证合的中国传统方言学结束。1926年，赵元任发表了《北京、苏州、常州语助词的研究》②，这是首篇研究方言语法的论文，他的调查报告《现代吴语的研究》③，也创立了调查记录、分析汉语方言的学术规范。赵元任之后，又有十多种方言调查报告相继出版：陶奥民的《闽音研究》④、罗常培的《厦门音系》⑤、黄锡凌的《粤音韵汇》⑥等。因为涉及语言的内容在民族学著作中不占据重要位置，而且民族学者也没有受过语言学方面的专业训练，所以民族学著作中的语言学成果略显不足。比如刘锡蕃的《岭表纪蛮》⑦第一章《广西各民族语言分布详图》是方言学史上首张分县标出方言种类的分类图，罗香林的《客家研究导论》⑧在现代方言学史上首次全面研究客家话，并探讨了客家人移民时期的源流、分期。另外，被誉为中国现代地名学的经典著作——徐松石的《粤江流域人民史》⑨出版，在研究粤江流域人民历史时采用的"地名研究考证法"是作者首创的，与此同时，文中对南方语言、方言混杂现象、方言交融情况的研究都具有创新性

---

① 许宝华、汤珍珠：《略说汉语方言研究的历史发展》，《语文研究》1982年第2辑。
② 赵元任：《北京、苏州、常州语助词的研究》，《清华大学学报》（自然科学版）1926年第2期。
③ 赵元任：《现代吴语的研究》，商务印书馆2011年版。
④ 陶奥民：《闽音研究》，科学出版社1930年版。
⑤ 罗常培：《厦门音系》，科学出版社1931年版。
⑥ 黄锡凌：《粤音韵汇》，香港中华书局1941年版。
⑦ 刘锡蕃：《岭表纪蛮》，商务印书馆1934年版。
⑧ 罗香林：《客家研究导论》，南天书局1992年版。
⑨ 徐松石：《粤江流域人民史》，中华书局1939年版。

研究意义和价值①。

　　1956年汉语方言研究进入普查期，以教育部《关于汉语方言普查工作的通知》为发端。1957年，全国各省市先后开展了关于方言的普查，1195类调查报告相继诞生，近20种方言概况类著作出版。与此同时，一系列指导方言调查工作的工具书也先后出版：《方言词汇调查手册》《方言调查字表》②《汉语方言调查手册》等。随后的60年代，进行比较研究的方言著作陆续诞生，袁家骅的《汉语方言概要》③、北大中文系语言学教研组的《汉语方言字汇》④《汉语方言词汇》⑤等。

　　1979年《方言》杂志的创刊标志着汉语方言研究逐渐深入。此时期的研究特点主要表现在：第一，语音方面进一步深入"连读变调"的描写和分析，如吕叔湘的《丹阳方言的声调系统》⑥，文中阐释了变调的影响因素，诸如字组结构、词义、词性等，说明语音同词汇和语法的关系甚为密切。第二，关注对词汇、语法的描写和阐释。学界开始把研究视角放在地方词汇和语法上，对语法的描述较之前更为深入，同时也对各类方言的语法进行了比较研究。第三，开始了对方言更深层次的研究，以《上海市区方言志》⑦为代表，其中收录了8000多条独具地方特色的词汇，也首创了全面描写和分析某一地区方言的语汇和句法，并对研究方言语法的方法进行了调查整理，这在方言语法研究上具有开拓性的作用⑧。到了90年代，方言类志书的总数已超过100种，各地方言的全面调查以及比较研究也有了更为深入的发展。特别要指出的是，到了这个时期，才出现了方言结合地方文化的研究成果，如游汝杰和周振鹤合著的《方言与中国文化》⑨、张

---

① 许宝华、汤珍珠：《略说汉语方言研究的历史发展》，《语文研究》1982年第2辑。
② 中国社会科学院语言研究所编：《方言调查字表》，商务印书馆1981年版。
③ 袁家骅：《汉语方言概要》，文字改革出版社1960年版。
④ 北大中文系语言学教研组：《汉语方言字汇》，文字改革出版社1962年版。
⑤ 北大中文系语言学教研组：《汉语方言词汇》，文字改革出版社1964年版。
⑥ 吕叔湘：《丹阳方言的声调系统》，《方言》1980年第2期。
⑦ 许宝华、汤珍珠主编：《上海市区方言志》，上海教育出版社1988年版。
⑧ 游汝杰：《汉语方言学教程》，上海教育出版社2004年版，第241页。
⑨ 游汝杰、周振鹤：《方言与中国文化》，上海人民出版社1986年版。

映庚的《昆明方言的文化内涵》①、崔荣昌的《四川方言与巴蜀文化》② 等。

进入 21 世纪,学界对汉语方言的研究更为系统和深入,研究领域也不断拓宽,此时期汉语方言类研究成果颇丰。钱曾怡的《汉语方言研究的方法与实践》③ 收录了作者在方言理论与实践方面的 24 篇文章,内容涉及汉语方言研究的方法、心得,汉语方言研究报告、实践等。钱曾怡主编的《汉语官话方言研究》④ 中指出,"官话方言"是汉语方言的一种,作为民族共同语的基础方言,在汉语方言中的影响极大,并对汉语官话方言的特点、研究意义、研究方法进行了多元探讨。邢向东等著的《秦晋两省沿河方言比较研究》⑤,以秦晋两省黄河沿岸方言的语音词汇为研究对象,对方言事实进行了深度描写,在此基础上进行了方言理论的阐释和分析。伍和忠的《广西汉语方言体范畴调查与研究》⑥,以广西境内的西南官话、粤方言、客家方言、平话等为研究对象进行共时描写,同时对一些重要的语法现象进行历时分析,并结合认知语法理论特别是构式语法理论对汉语方言体范畴内容进行阐释。方言的深度描写和解析类成果还有许彬彬的《清末以来闽南方言副词系统及其变化研究》⑦、郭利霞的《汉语方言疑问句比较研究——以晋陕蒙三地为例》⑧ 等。在推动汉语方言学学科建设方面的理论著作有游汝杰的《汉语方言学教程》⑨,全面介绍了汉语方言知识,强化了音韵学基础知识和语音学基础知识的训练,并对各大方言的音系及主要特点进行了阐释,其中对汉语方言学理论和方法

---

① 张映庚:《昆明方言的文化内涵》,云南教育出版社 1994 年版。
② 崔荣昌:《四川方言与巴蜀文化》,四川大学出版社 1996 年版。
③ 钱曾怡:《汉语方言研究的方法与实践》,商务印书馆 2009 年版。
④ 钱曾怡主编:《汉语官话方言研究》,齐鲁书社 2011 年版。
⑤ 邢向东、王临惠、张维佳:《秦晋两省沿河方言比较研究》,商务印书馆 2012 年版。
⑥ 伍和忠:《广西汉语方言体范畴调查与研究》,北京师范大学出版社 2018 年版。
⑦ 许彬彬:《清末以来闽南方言副词系统及其变化研究》,厦门大学出版社 2014 年版。
⑧ 郭利霞:《汉语方言疑问句比较研究——以晋陕蒙三地为例》,南开大学出版社 2015 年版。
⑨ 游汝杰:《汉语方言学教程》,上海教育出版社 2016 年版。

进行的解析助推了汉语方言学学科研究的全新进展。《汉语方言调查》①是李如龙先生的晚年力作，浓缩了他一生致力于方言学研究的经验和心得，对汉语方言宝库的进一步发掘和探索起到了推动作用。庄初升和邹晓玲的《濒危汉语方言研究》②，在分析方言濒危原因的基础上，对濒危方言的特征做了深入细致的描写，内容涉及濒危汉语方言的分布、类型；濒危汉语方言语言接触；濒危汉语方言与国家语言资源，在此基础上提出了保护濒危方言的对策建议。对汉语方言内部要素进行深度剖析的成果有宋劲庞的《汉语方言的轻声模式与分析》③，分析了轻声的声调性质，对轻声的音系过程进行了阐述，同时做出了关于轻声的进一步假设，在此基础上，以不同地区的方言为例，阐释了轻声化的基本模式和多种轻声化模式并存的情况，并对轻声化与连读变调的交互作用进行了深度分析，最后解析了不同地方方言的轻声存在同化赋值、异化赋值和缺省赋值。陈源源的《汉语史视角下的明清吴语方言字研究》④，在对方言字研究的意义和价值进行深度阐释的基础上，提出了对具体方言字的考释以及对方言字研究的理论思考。方言辞书成果在这一时期也各具特色，如詹伯慧的《汉语方言学大辞典》⑤，不仅是一部汉语方言学方面的辞书，还是一部学术性颇高的著作，内容涉及汉语方言学基本理论、研究方法和基础知识，还有整理的一系列独具特色的方言语音、词汇、语法等。敖小平的《南通方言考》⑥，以南通方言为素材，结合现代语言学的理论和方法，对南通方言进行了全面和深入的描写。此时期汉语方言在海外的发展也不容小觑，《汉语方言地理学》⑦就是比利时学者贺登崧的著名语言学论著，作者基于对华北地区的田野调查，提出了一套详尽的方言调查法，包括锁定发音者、整理方言词汇、制作方言言线地

---

① 李如龙：《汉语方言调查》，商务印书馆2017年版。
② 庄初升、邹晓玲：《濒危汉语方言研究》，中山大学出版社2016年版。
③ 宋劲庞：《汉语方言的轻声模式与分析》，天津大学出版社2018年版。
④ 陈源源：《汉语史视角下的明清吴语方言字研究》，浙江大学出版社2017年版。
⑤ 詹伯慧：《汉语方言学大辞典》，广东教育出版社2017年版。
⑥ 敖小平：《南通方言考》，上海辞书出版社2017年版。
⑦ [比利时]贺登崧：《汉语方言地理学》，石汝杰、岩田礼译，上海教育出版社2018年版。

图、考察语言变迁等。该部著作的译者石汝杰和岩田礼通过翻译，又订正了一些字词的使用，国际音标和标点符号的错讹等情况。陈晓锦主编的《汉语方言在海外的播迁与变异》①，是"第四届海外汉语方言国际研讨会"论文集，收录了海内外关于汉语方言领域的优秀论文，内容涉及方言描述、方言变迁、方言理论和研究方法等，助推了汉语方言在海外研究的深入发展。陈晓锦的《东南亚华人社区汉语方言概要》②，全书涉及东南亚10国29个方言点，是第一部大面积调查研究海外华人社区汉语方言的精品力作，语言材料丰富、内容饱满。

2. 民俗语言学研究

进入20世纪80年代，学界通过运用社会学理论来指导对民俗语言资料的搜集、整理、研究工作，这也标志着学界将民俗语言作为一门学科正式开启了研究模式。1984年辽宁语言学会举行了第二届学术年会，会上曲彦斌一篇题为《民俗语言学发凡》的论文引起了与会专家的广泛关注。文章以"大锅饭"一词着手，提出不论在语言学领域还是在民俗学领域，都无从解释这一词的语源问题，要解决这一问题，需建立一个能从语言学、民俗学相融合的角度进行研究的学科，于是，文章对建立民俗语言学有了初步构想。以此为始，民俗语言学大致经历了三个时期。

启蒙期：1984年末曲彦斌又发表了《从民俗语源略谈"大锅饭"》，文章对"大锅饭"一词的语源进行了崭新的阐释，这也是第一篇公开提出创建民俗语言学学科的文章。基于此，曲彦斌的《民俗语言学》③1989年正式出版，该专著的创新之处在于以传统文化的理论为根本，汲取了学界一些新方法和新成果，对民俗语言的类型、源流、功能、方法论、学说史等进行了深入阐述。

发展期：1990年，"民俗语言学基本理论与应用研究研讨会"在辽宁举行，随后，民俗语言学的第一套丛书《中国民俗语言文化丛书》出版。1993年，陈克编著的《中国语言民俗》出版，作品涉及

---

① 陈晓锦、甘于恩：《汉语方言在海外的播迁与变异》，世界图书出版公司2016年版。
② 陈晓锦：《东南亚华人社区汉语方言概要》，世界图书出版公司2014年版。
③ 曲彦斌：《民俗语言学》，辽宁教育出版社1989年版。

了"乡土的烙印：方言""身份的标志：社会方言与称谓""超自然的干涉：避讳与禁忌语""下层社会的保护色：隐语""野性的冲动：咒骂语与脏语""无处不在的词汇：非语言符号"等汉语中最活跃和最丰富的内容，探讨了其中蕴含的人生哲理和生活经验。1992年，曲彦斌发表了《民俗语言学新论》①，将民俗语言学研究思路重新爬梳。从此时期开始的10年间，民俗语言学有了持续深入发展。以首届"语言与民俗国际学术研讨会"为例，与会学者提交了一系列关于民俗语言学学科发展的理论文章，还有同时期发表的专题研究论文，这些都标志着民俗语言学研究正在进一步发展和进步：理论建设方面，有乌丙安的《民俗语言学的创建与拓荒》②、贾晞儒的《语言是民俗的一面镜子》③、廖泽余的《维吾尔民俗语言学初探》④ 等，尽管内容略显浅白，但在学科发展阶段这些成果助推了学科的理论建设。民俗语言学应用方面，有黄尚军的《四川方言与四川民俗》⑤、张林林的《九江话"八×"社会分层情况考察》⑥ 等，这些文章结合当地的民风民俗在深入调查研究的基础上，展现了地方语言民俗的独有特色。同时，张天堡的《淮河流域民间反切语》⑦、辛菊的《从河东方言看山西晋南的民俗文化》⑧、王志家的《当代一般社会集团的隐语》⑨、张晓波的《朝阳地区的婚丧民俗语汇研究》⑩，这些成果的研究领域被不断扩大，在涉及不同地域、族群、民众民俗语用情况的同时，展现了他们的民族性格和民族情感。与此同时，各类专著与辞

---

① 曲彦斌：《民俗语言学新论》，《民俗研究》1992年第2期。
② 乌丙安：《民俗语言学的创建与拓荒》，《民俗研究》1988年第4期。
③ 贾晞儒：《语言是民俗的一面镜子》，《青海民族学院学报》1994年第2期。
④ 廖泽余：《维吾尔民俗语言学初探》，《新疆师范大学学报》1988年第3期。
⑤ 黄尚军：《四川方言与四川民俗》，《文史杂志》1990年第4期。
⑥ 张林林：《九江话"八×"社会分层情况考察》，《江西师范大学学报》1991年第1期。
⑦ 张天堡：《淮河流域民间反切语》，《淮北煤师院学报》1996年第3期。
⑧ 辛菊：《从河东方言看山西晋南的民俗文化》，《山西师范大学学报》1997年第1期。
⑨ 王志家：《当代一般社会集团的隐语》，《江苏公安专科学校学报》2000年第1期。
⑩ 张晓波：《朝阳地区的婚丧民俗语汇研究》，《辽宁教育行政学院学报》2005年第11期。

书典籍也陆续出版，如赵宗福的《花儿通论》①，作为"花儿"研究的样板和范示，论著在对"花儿"进行系统整理研究的基础上，提炼出了"花儿"的格律特色和语言特点，并深挖了"花儿"的艺术价值，提出了"花儿"的创新发展思路，把"花儿"研究推向了一个全新的高度。曹聪孙的《中国俗语选释》②、温端政主编的《中国俗语大词典》③、杨青山主编的《犯罪隐语与方言识别词典》④、潘灰云主编的《中华隐语大全》⑤等，这些辞书对各类民俗语言进行了系统的梳理和研究，分门别类地阐释了各类民间俗语的特征、表现手法、文化内涵，为民俗语言学研究提供了更为全面的语言资料。值得一提的是，此时期先后成立了各类研究中心和研究所，并开设了民俗语言学的相关课程，并于2001年招收了第一批民俗语言学专业的硕士研究生⑥。

繁荣期：随着学科的发展，民俗语言学研究呈现出了一种更加平稳的发展态势，学者们更加主动反思和梳理学科发展中的各种问题，并紧密结合生活实际，使各类研究成果更加具备了与时俱进的研究效用和价值。辽宁教育出版社于2004年重新出版了《民俗语言学（增订版）》⑦，该书在原著的基础上进行了增订和修改，增加了新的章节"民俗语源探析""民间秘密语（隐语行话）""宗教与民俗语言文化""传统商业招徕标识与市声民俗"，还有"汉语民俗字学说略""民间流行习语""民间流行习语与社会时尚""返璞归真的计算机网络副语言习俗""计算机网络生活中的数语言习俗""数字化时代的言语时尚"等专题版块。全书的结构更为严谨、内容更为完善。语言与民俗文化研究方面，黄涛的《语言民俗与中国文化》⑧出版，全书深入阐释了语言民俗呈现出的文化特色和传统，他的另一本著作《中

---

① 赵宗福：《花儿通论》，青海人民出版社1989年版。
② 曹聪孙：《中国俗语选释》，四川教育出版社1985年版。
③ 温端政主编：《中国俗语大词典》，上海辞书出版社1989年版。
④ 杨青山主编：《犯罪隐语与方言识别词典》，群众出版社1993年版。
⑤ 潘灰云主编：《中华隐语大全》，学林出版社1995年版。
⑥ 曲彦斌：《二十年求索与耕耘》，《博览群书》2004年第11期。
⑦ 曲彦斌：《民俗语言学（增订版）》，辽宁教育出版社2004年版。
⑧ 黄涛：《语言民俗与中国文化》，人民出版社2002年版。

国民俗通志·民间语言志》[1]系统爬梳了民俗语言学的发展状况，详细阐释了诸多语言事象，这对民俗语言学研究具有举足轻重的作用。2004年，"民俗语言学二十年"学术报告会召开，各位与会学者回顾了学科20年来的卓越成就，探讨了学科未来的发展大计，标志着民俗语言学与时俱进的学术思想[2]。2010年以后的研究成果主题更为突出，地域性特点更为显著。王志清编著的《语言民俗与农区蒙古族村落的文化变迁》[3]，以辽宁省西部一个蒙古族聚居村落为个案，通过民族志、民俗志手法的运用，探讨了族群文化变迁的意义，以及这个少数民族聚居村落的语言民俗和与之相关的其他民俗活动，系统阐释了日常生活中的当地民众在文化变迁中做出的"合宜"的文化选择，从而进一步探讨文化选择与村落乃至族群文化命运的关系。周国炎的《仡佬族语言与民俗文化》[4]，系统梳理了仡佬族的人口分布情况、语言文字的使用情况、文学艺术特色、宗教信仰、民间习俗等，展现了仡佬族的悠久历史和灿烂文化。江佳慧的《方言词汇与民俗——以景阳镇为例》[5]，以方言语汇为线索，从衣食住行、婚丧嫁娶、农林牧渔副以及时空表达、称谓特点、节日娱乐等方面，描画了20世纪50年代至21世纪初一个多民族聚居区乡镇的风土人情，展现了经济改革及社会变迁对方言与民俗的重大影响。香港学者冯国强的《珠三角水上族群的语言承传和文化变迁》[6]，通过对珠三角地区水上族群的语言进行深入研究，探讨和阐释了（舟丁）民方言与民俗消亡的原因。还有一些成果从国际视角出发，探讨语言与民俗的相辅相成，如魏薇的《汉语国际教育视角下的方言与民俗》[7]着眼于汉语国际教育，提出了以"传播"为核心，有效构拟出一个宏观的分析框架，

---

[1] 黄涛：《中国民俗通志·民间语言志》，山东教育出版社2005年版。
[2] 李阳：《民俗语言学走在发展与探索的大路上——"语言与民俗"第三届国际学术研讨会综述》，《文化学刊》2007年第6期。
[3] 王志清编著：《语言民俗与农区蒙古族村落的文化变迁》，中国社会科学出版社2011年版。
[4] 周国炎：《仡佬族语言与民俗文化》，中央民族大学出版社2012年版。
[5] 江佳慧：《方言词汇与民俗——以景阳镇为例》，华中师范大学出版社2015年版。
[6] 冯国强：《珠三角水上族群的语言承传和文化变迁》港台原版，万卷楼2015年版。
[7] 魏薇：《汉语国际教育视角下的方言与民俗》，中国书籍出版社2017年版。

这样才能充分认识到中国的后发地位和汉语的国际地位，有效把握汉语国际教育的宏观模式，为落实汉语国际教育提供了实际的可行性建议。值得一提的是，曲彦斌的《民俗语言与社会生活》①出版，全书选辑了作者自20世纪80年代以来的学术文章90余篇，分为"民俗语言学跋涉之旅""民间隐语行话与中国文化""文化人类学与民俗学履痕""中国典当学研究""网络语言论""辽河文化探索"和"著编之痕：序跋选辑"七个专题，展示了作者在科研生涯中的学术贡献，为学习和研究民俗学、语言学、语言民俗的学者们提供了强有力的学习依据。

另外，一系列涉及民俗语言学理论与方法、民俗语言学各类专题、民俗语言学应用方面的论文相继发表：中国知网以关键词"语言"且"民俗"搜索到31条，以主题词"语言"且"民俗"搜索到2140条；以关键词"方言"且"民俗"搜索到3条，以主题词"方言"且"民俗"搜索到871条；以关键词"方言"且"文化"搜索到122条，以主题词"方言"且"文化"搜索到10189条，以主题词"方言"且"民俗文化"搜索到530条；以主题词"文字"且"民俗"搜索到600条；以主题词"语音"且"民俗"搜索到66条；以主题词"修辞"且"民俗"搜索到65条；以主题词"称谓"且"民俗"搜索到74条；以主题词"歇后语"且"民俗"搜索到40条；以主题词"谚语"且"民俗"搜索到110条；以关键词"隐语"搜索到601条。因民俗语言学学科建立较晚，故而，可查阅的文献资料极其有限，方言与民俗文化方面的资料更是寥寥无几。

3. 关于河湟方言的研究

河湟方言研究起步较晚，可考资料极其有限。新中国成立前，在传统方言学的基础上，学者们就方言语音进行探讨，有罗常培的《唐五代西北方音》、朱马的《甘青宁三省汉语声音研究之浅见》，这些

---

① 曲彦斌：《民俗语言与社会生活》，社会科学文献出版社2012年版。

是西宁方言在新中国成立前留下的唯一书面资料①。新中国成立后，描写方言学进一步发展，譬如在语音、词汇、语法方面的成果，但数量有限。

语音方面，首篇用国际音标对青海方音进行系统研究的论文由青海师范大学中文系方言调查组完成——《乐都音系》，《光明日报》1961年4月21日对此进行了报道。后来《青海汉语方音字汇》完成，收录了16个地方的读音、2136个汉字，并编辑出了方言的声韵调表②。另外，都兴宙的《西宁方言二字组连读变调研究》③阐释了西宁方言二字组连读变调的种类及其特点，蒲生华的《青海方言中"我"字诸音考辩》④，对西宁各地的"我"字做了采录，阐释了极具代表性的四种读音，特别提出西宁方言与其他语音存在混读现象。刘钦明的《青海方言与普通话的语音差异性比较》⑤从语音要素入手，对普通话和青海方言的声母、韵母、声调、音节等方面进行了深入的比较研究，并总结了青海方言的主要语音特点。王双成的《青海元音 [i] 的舌尖化音变》⑥对青海方言中高元音 [i] 的音变特点进行了分析阐释，指出 [i] 的舌尖化主要是由于"复元音的单元音化"大量出现的同音现象，是经历摩擦化过程后完成的，有的也是直接舌尖化。孔祥馥在《青海方言蕴含的文化意义》⑦一文从语音、词汇、语法等方面分析了青海方言的特征，并进一步挖掘了青海多民族文化。韩明明等《基于参数库的青海方言乌图美仁土语短元音声学研究》⑧，

---

① 张成材：《五十年来青海汉语方言研究述评》，《青海师范大学学报》（哲学社会科学版）2005年第3期。
② 同上。
③ 都兴宙：《西宁方言二字组连读变调研究》，《青海民族学院学报》2001年第10期。
④ 蒲生华：《青海方言中"我"字诸音考辩》，《青海民族研究》2003年第6期。
⑤ 刘钦明：《青海方言与普通话的语音差异性比较》，《青海社会科学》2006年第6期。
⑥ 王双成：《青海元音 [i] 的舌尖化音变》，《中国语文》2006年第4期。
⑦ 孔祥馥：《青海方言蕴含的文化意义》，《青海师范大学学报》2011年第3期。
⑧ 韩明明、巴图格日勒、乌亚恒、格根塔娜、德格吉呼：《基于参数库的青海方言乌图美仁土语短元音声学研究》，《西北民族大学学报》2016年第1期。

运用实验语音学、实验音系学理论,结合"现代蒙古语青海方言乌图美仁土语语音声学参数库",对青海方言乌图美仁土语短元音进行分析和阐释。在中国知网以主题词"青海方言"且"语音"搜索,共计论文19篇,最早的发表于1979年,2016年以后没有相关论文。

词汇方面,1984年朱世奎和张成材合著的《西宁方言志》① 出版,该书基于《方言词汇表》,从天文、地理、饮食、起居、休闲、娱乐等方面进行分类,收录了4000余条方言词汇,同时还收录了"广义的西宁方言"。另外,朱世奎主编的《西宁方言词语汇典》② 于2003年出版,该书从民众最为熟悉的方言成语、惯用语、熟语、顺口溜、斜话等内容进行分类,列举并阐释了西宁方言词汇的内涵和地方特色③,这些都是研究西宁方言不可或缺的典籍。论文方面,贾晞儒的《珠联璧合 光疏媒质——读〈蒙古语青海方言辞典〉》④ 分析和总结了《蒙古语青海方言词典》的学术价值、编写特点、应用价值,并肯定和强调该书在研究青海蒙古族历史文化方面的价值和意义。张成材的《五十年来青海汉语方言研究述评》⑤ 系统梳理了青海方言研究50年来的发展情况,在爬梳肯定研究成果的基础上,总结了学科发展滞后的现状和原因,为青海方言学科的发展指明了方向。孔祥馥的《青海方言词汇来源浅析》⑥ 从古语遗留、少数民族语言影响、其他方言渗透、群众自造等方面考证了青海方言词汇的来源问题。在中国知网以主题词"青海方言"且"词汇"搜索,共有论文17篇,最早的论文见于1989年,2016年以后没有相关论文发表。

语法方面,1980年程祥徽发表于《中国语文》上的《青海口语语法散论》,比较研究了青海汉语和藏语,提出了使动、终动等语法

---

① 朱世奎、张成材:《西宁方言志》,青海人民出版社1984年版。
② 朱世奎主编:《西宁方言词语汇典》,青海人民出版社2003年版。
③ 朱世奎:《西宁方言词语汇典》,青海人民出版社2003年版,第2页。
④ 贾晞儒:《珠联璧合 光疏媒质——读〈蒙古语青海方言辞典〉》,《西北民族研究》2001年第2期。
⑤ 张成材:《五十年来青海汉语方言研究述评》,《青海师范大学学报》2005年第3期。
⑥ 孔祥馥:《青海方言词汇来源浅析》,《青海民族学院学报》2006年第1期。

现象，贾晞儒的《对河湟汉语语法现象的分析》①和罗太星的《青海汉语方言的"宾—动"式》②，结合实地调查的方言资料，对独特的语法现象进行了阐释，但深入剖析不足，而任碧生的《西宁方言的前置宾语句》③则对西宁方言中前置宾语现象进行了系统分析，总结出此类宾语前置现象以"啊"字为符号④。都兴宙的《〈元朝秘史〉中"行"用法分析》⑤，对语法化后位成分"行"表示方位处所和表示受事、对象的两种特殊用法深入阐释，并提出蒙古语的影响是现代青海方言语法特点形成的主要原因。马梦玲的《青海方言中"可"的语法特点》⑥一文，阐释了青海方言中"可"的用法，指出"可"在青海方言语言系统中的研究价值。除此之外，马梦玲的硕士论文《西宁方言 SOV 句式类型学特点初探》⑦，对西宁方言的语法特征进行了深度挖掘，分析了其成因，特别指出，西宁方言的后置词语特征明显，这有别于普通话，其形成同阿尔泰语系的影响密切，同时证明了桥本万太郎关于"北方汉语阿尔泰语化"假说⑧。值得一提的是，华盛顿大学亚洲语言文学系的 Keith Dede（中文名：狄志良）对西宁方言的研究兴趣浓厚，他与都兴宙合作了论文《西宁方言词典简论》⑨ 在"15th Annual Conference of the International Association of Chinese Linguistics"（中国语言学学会第 15 届年会）、"19th North American Conference on Chinese Linguistics"（第 19 届北美汉语语言学会议）的会议上进行了关于"The Reported Speech Particle in the Huangshui Dialect, Qinghai Province"（青海省河湟方言中的语音调研报告）的专题报告。在中国知网以主题词"青海方言"且"语法"搜索，1982 年至 2017

---

① 贾晞儒：《对河湟汉语语法现象的分析》，《青海民族学院学报》1990 年第 4 期。
② 罗太星：《青海汉语方言的"宾—动"式》，《青海社会科学》1981 年第 3 期。
③ 任碧生：《西宁方言的前置宾语句》，《方言》2004 年第 4 期。
④ 同上。
⑤ 都兴宙：《〈元朝秘史〉中"行"用法分析》，《青海民族学院学报》2005 年第 1 期。
⑥ 马梦玲：《青海方言中"可"的语法特点》，《青海师范大学学报》2014 年第 3 期。
⑦ 马梦玲：《西宁方言 SOV 句式类型学特点初探》，硕士学位论文，南京师范大学，2007 年。
⑧ 同上。
⑨ 狄志良、都兴宙：《西宁方言词典简论》，《青海民族学院学报》1997 年第 1 期。

年共有论文 22 篇。

4. 关于河湟民俗文化的研究

有集中介绍地方风俗的，如朱世奎主编的《青海风物志》[①]《青海风俗简志》[②]。部分史志中也收集了关于西宁地区风俗的内容，譬如清代乾隆年间的《西宁府新志》[③] 和清代光绪年间的《西宁府续志》[④] 等。20 世纪末 21 世纪初，出版了一系列以具体的民俗文化事象为研究对象的论著，其中不乏精品，如赵宗福的《花儿通论》[⑤]《昆仑神话》[⑥]、马成俊主编的《神秘的热贡文化》[⑦]、著作《青海民间文化新探》[⑧]、索南多杰和唐仲山编著的《神湖记忆》[⑨]、鄂崇荣的《土族民间信仰解读》[⑩]、霍福的《沉睡的记忆》[⑪] 等。值得一提的是，在学术资源相对匮乏的情况下，民俗文化圈研究的拓荒之作《青海多元民俗文化圈研究》[⑫] 于 2012 年由中国社会科学出版社出版，此书由赵宗福先生主持完成。全书从学术史的角度对"信仰圈""文化圈""祭祀圈"等术语进行了深入的分析和阐释，以此为基础，深入阐述了"民俗文化圈"的学术内涵，同时以青海地区多元民俗文化事象为个案，构建了"民俗文化圈"研究的理论框架和体系，具有极高的学术理论创新、方法创新和观点创新[⑬]。该书的出版不仅填补了学界关于民俗文化圈研究的空白，而且填补了系统研究青海多元民俗文化的空白。与此同时，青海省民俗学会成立，赢得了《中国社

---

① 朱世奎主编：《青海风物志》，青海人民出版社 1985 年版。
② 朱世奎主编：《青海风俗简志》，青海人民出版社 1994 年版。
③ （清）杨应琚：《西宁府新志》，青海人民出版社 1982 年版。
④ （清）来维礼、杨方柯等：《西宁府续志》，青海人民出版社 1982 年版。
⑤ 赵宗福：《花儿通论》，青海人民出版社 1989 年版。
⑥ 赵宗福：《昆仑神话》，青海人民出版社 2005 年版。
⑦ 马成俊主编：《神秘的热贡文化》，文化艺术出版社 2003 年版。
⑧ 马成俊：《青海民间文化新探》，民族出版社 2008 年版。
⑨ 索南多杰、唐仲山编著：《神湖记忆》，青海人民出版社 2009 年版。
⑩ 鄂崇荣：《土族民间信仰解读》，甘肃民族出版社 2009 年版。
⑪ 霍福：《沉睡的记忆》，青海民族出版社 2010 年版。
⑫ 赵宗福等：《青海多元民俗文化圈研究》，中国社会科学出版社 2012 年版。
⑬ 刘永红：《民俗文化圈研究的拓荒性成果与学术典范》，《青海社会科学》2013 年第 2 期。

会科学》杂志社、中国民俗学会、美国民俗学会、日本民俗学会、台湾中国民俗学会等国内外同行和青海各界的支持①，学会主编的《西北民俗文化研究丛书》相继出版：文忠祥的《神圣建构与世俗秩序——土族民间信仰与社会生活互动研究》②、霍福的《多元村落民俗文化研究——以青海苏木世村落为个案》③、米海萍的《青藏民族民间文学研究》④、刘永红的《青海宝卷研究》⑤、蒲生华和马建华的《河湟汉族传统婚礼歌研究》⑥、央吉卓玛的《〈格萨尔王传〉史诗歌手研究》⑦、鄂崇荣的《青海民间信仰》⑧ 等。赵宗福先生主编的《中国节日志·春节志（青海卷）》⑨《中国节日志·土族青苗会》⑩等也顺利出版。另外，就青海地区民俗文化、民俗语言等方面的论文也多集中于 2000 年后，有辛宇玲的《民国时期西宁市民的社会生活方式变迁》⑪、唐仲山的《青海"於菟"巫风调查报告》⑫、黄港金的《夏都西宁的河湟人文》⑬、文忠祥的《信仰民俗与区域社会秩序——以青海土族那顿、醮仪、六月会为例》⑭、米海萍的《河源昆仑与土地崇拜》⑮、赵宗福的《论昆仑神话的精神内涵与现实价值》⑯《族群

---

① 赵宗福等：《青海多元民俗文化圈研究》，中国社会科学出版社 2012 年版，第 12 页。
② 文忠祥：《神圣建构与世俗秩序——土族民间信仰与社会生活互动研究》，中国社会科学出版社 2012 年版。
③ 霍福：《多元村落民俗文化研究——以青海苏木世村落为个案》，中国社会科学出版社 2012 年版。
④ 米海萍：《青藏民族民间文学研究》，中国社会科学出版社 2013 年版。
⑤ 刘永红：《青海宝卷研究》，中国社会科学出版社 2013 年版。
⑥ 蒲生华、马建华：《河湟汉族传统婚礼歌研究》，中国社会科学出版社 2013 年版。
⑦ 央吉卓玛：《〈格萨尔王传〉史诗歌手研究》，中国社会科学出版社 2015 年版。
⑧ 鄂崇荣：《青海民间信仰》，中国社会科学出版社 2016 年版。
⑨ 赵宗福主编：《中国节日志·春节志（青海卷）》，光明日报出版社 2014 年版。
⑩ 赵宗福主编：《中国节日志·土族青苗会》，光明日报出版社 2017 年版。
⑪ 辛宇玲：《民国时期西宁市民的社会生活方式变迁》，《中国土族》2000 年第 4 期。
⑫ 唐仲山：《青海"於菟"巫风调查报告》，《民族研究》2003 年第 3 期。
⑬ 黄港金：《夏都西宁的河湟人文》，《民间文化旅游杂志》2003 年第 11 期。
⑭ 文忠祥：《信仰民俗与区域社会秩序——以青海土族那顿、醮仪、六月会为例》，《青海民族大学学报》2011 年第 2 期。
⑮ 米海萍：《河源昆仑与土地崇拜》，《青海社会科学》2012 年第 5 期。
⑯ 赵宗福：《论昆仑神话的精神内涵与现实价值》，《青藏高原论坛》2013 年第 1 期。

历史记忆与多元文化互动——河湟汉人"南京珠玑巷移民"传说解读》①等。在中国知网以关键词"青海"且"民俗文化"搜索到1条，以主题词"青海"且"民俗文化"搜索到197条；以主题词"青海"且"民俗语言"搜索到7条；以主题词"河湟"且"民俗文化"搜索到59条；以主题词"河湟"且"民俗语言"搜索到5条。青海地区就民俗语言和民俗文化方面的资料相对匮乏。

学界对方言类文献资料的研习常从语言学角度展开，将方言与文化相结合进行探讨的甚少，而将方言视为一种活态语言民俗文化更是寥寥无几。河湟地区民俗文化研究多民俗事象描述，少文化内涵分析，特别是对河湟方言民俗文化的研究更为浅薄，故而可查阅的文献资料极为有限。

三 研究理论与方法

1. 采用的主要理论

民俗语言学理论：民俗语言学是综合运用语言学、民俗学及其他相关科学方法、材料，对语言、言语与社会习俗惯制等民间文化现象相互密切联系的形态（即民俗语言文化形态）、性质、规律、机制、源流等进行双向、多位的考察研究，从而给予科学解释并指导应用的人文科学。②简言之，民俗语言学就是研究语言中的民俗现象和民俗中的语言现象，以及语言与民俗相互关系与运动规律的实证性人文科学。

普通语言学理论：19世纪末20世纪初，瑞士著名的语言学家索绪尔（Ferdinand de Sussure）提出了普通语言学理论。他的学说"标志着现代语言学的开端，在不同程度上影响了20世纪各个语言学流派"③。《普通语言学教程》中索绪尔提出了"语言"（langue）和"言语"（parole）的区分；"共时语言学"（synchronic linguistics）和"历时语言学"（diachronic linguistics）的区分：共时语言学研究一种

---

① 赵宗福：《族群历史记忆与多元文化互动——河湟汉人"南京珠玑巷移民"传说解读》，《西北民族研究》2018年第2期。
② 曲彦斌：《民俗语言学》，辽宁教育出版社2004年版，第14页。
③ 刘润清：《西方语言学流派》，外语教学与研究出版社1995年版，第16页。

语言或多种语言在其历史发展中的某一阶段的情况，即语言状态（language state），又称静态语言学（static linguistics）；历时语言学集中研究语言在较长历史时期所经历的变化，又称演化语言学（evolutionary linguistics）。① 索绪尔总结说："有关语言学的静态方面的一切都是共时的，有关演化的一切都是历时的。"②

文化互动理论："文化互动"是俄国符号学家、文艺学家洛特曼（Ю. М. Лотман）的重要学术思想。他在比较文学研究的基础上借鉴了В. М. Жирмунский、Н. И. Конрад、В. Б. Шклов-ский、Ю. Н. Тынянов等学者的思想，从文化符号学的角度，阐述了不同文化交流和碰撞的问题③。其文化互动理论主要由符号域理论、文化文本理论、文化文本交际模式、文化对话的动态机制等内容构成④。

本书以民俗语言学理论为基础，以河湟方言为主要研究内容，内设相关点，从语言本体视角进行论述，同时，以河湟地区的民俗文化内容为研究对象，从民俗学本体视角进行论述，如河湟地区民众传延至今的各类民俗事象等，同时，对民俗事象的流变过程、传习特点给予语言学和民俗学双向视角的"多模态"分析，并对河湟方言在发展过程中融汇民族语言和其他方言的独特现象给予共时关注。另外，结合丰富的田野作业和扎实的问卷调查，从方言文化的角度揭示河湟地区多民族民俗文化的多样性特点。

2. 应用的主要研究方法

还乡调查：指的是"在民俗田野作业中，民俗学者及其相关人员选择自己的家乡为调查点，以家乡民俗事象为研究对象，在家乡进行专业调查的一种群体共趋性行为的指称，是民俗学者及其相关人员为了实施民俗学调查计划而选择自己的家乡为调查点，以家乡的民俗事象为对象或在家乡做相应专业调查的行为"⑤。课题组在这方面的工

---

① ［瑞士］费尔迪南·德·索绪尔：《普通语言学教程》，高名凯译，商务印书馆2008年版，第194页。
② 同上。
③ 王铭玉：《语言符号学》，高等教育出版社2005年版，第60页。
④ 同上书，第65页。
⑤ 邵一飞：《谈民俗田野作业中的还乡调查》，《民间文化论坛》2006年第3期。

作主要包括对亲友和熟人的定向访谈、对家乡民俗事象的实地调查，以及对保存在家乡文献资料中的、承载家乡民俗事象的相关人员进行访问等。

语言与民俗双向视点"多模态"研究法：美国人类学家、语言学家萨丕尔在《语言论》中提出"语言有一个底座……语言不脱离文化而存在，不脱离那种代代相传地决定着我们生活面貌的风俗信仰总体"[①]。基于此，课题组重新审视语言与民俗的关系，发现无论是从语言研究民俗还是从民俗研究语言，都是合乎一般逻辑的视点与方法。而反复的研究实践显示，大量的语言现象和民俗事象是交织在一起或两者集于一体的，其本身既是语言现象、语言材料，同时也是民俗事象或民俗形态，是语言学和民俗学共同的研究对象[②]。基于此，课题突破过去传统的单一视角的研究，以一种全新的视角对西宁方言展开语言与民俗双向视点的"多模态"综合性研究。

另外，在研究过程中，面对河湟地区文献资料相对匮乏的现状，课题组加大了田野调查力度，先后对数十名河湟世居居民进行了访谈，深入挖掘关于河湟方言及其民俗学特质的文化内涵，获得了大量尚未见于书本的第一手资料。另外，针对河湟方言面临的"语言危机"，课题组先后多次制作了300余份问卷调查，并花费了相当大的人力，走进学校、企事业单位、商场、车站等人员密集区域分发问卷，同步取得了真实有效的社会反馈，后期的问卷整理和数据分析科学有效，为提出方言文化整体保护的强有力措施给予了科学支持。

---

① ［美］爱德华·萨丕尔：《语言论》，陆卓元译，商务印书馆1985年重排第二版，第186页。

② 曲彦斌：《民俗语言学》，辽宁教育出版社2004年版，第13页。

第一章　河湟方言的生成语境

我们"研究背景……不仅仅是为了获得额外的信息……也是使我们自身拥有……一种途径，能够更深层地洞察……其意义，这比我们对仅仅阅读文本所预期的东西更深刻。在某种程度上，所有的意义都是背景界定的，或决定的"①。河湟方言作为河湟地区的"地方性知识"，滋生于多民族民俗文化场域，一定区域内的方言文化承载着这个地区独有的文化特征，同时，其传延过程正是该地区历史文化、宗教信仰、民族融合、生活方式、习俗惯制的动态发展过程。故而，河湟地区独有的自然生态环境、历史民族语境、多元文化语境孕育着该地独具特色的地域文化和语言文化。

第一节　生态语境

河湟，"河"指黄河，"湟"指湟水，"湟水"之称最早见于汉代，宋时称其为宗曲、宗河、宗哥川等；明清时期又称博罗充克克河、西宁水、湟河等；清代至今，湟源西石峡西口至西宁河段被称为西川河。湟水发源于青海省海北藏族自治州海晏县，河水自西北流向东南，途经三角城、湟源县、湟中县，经西宁市区，沿途接纳药水河、西川河、西宁南北川河，东穿平安、乐都、民和三县，在享堂接纳大通河，于下川口村出省境，在甘肃兰州的红固区汇入黄河，全长373.9公里。"河湟地区"在历史上原指湟水与黄河合流处的一片地

---

① ［英］E. 霍布斯鲍姆、T. 兰格：《传统的发明》，顾行、庞冠群译，译林出版社2004年版，第135页。

第一章　河湟方言的生成语境

方，主要是"安史之乱"之后被吐蕃占领的河西、陇右之地（今甘肃、青海两省黄河以西）。据说在唐朝，河西、陇右是中国最富庶的地方，当时有"天下称富庶者无陇右"之称，它东临洮河与定西地区，西倚戈尕山与海南藏族自治州，南面与甘南藏族自治州交接，北倚达坂山、大通山、日月山，与青海海北藏族自治州接壤。

因河湟地处黄河与湟水流域肥沃的三角地带，土层厚而肥沃，地势平坦开阔，属川水农耕区，故称其为"河湟谷地"。河湟地区的地域范围：东起日月山以东，西倚青藏高原，属于中原地区与边疆少数民族地区的过渡地带，介于黄土高原和青藏高原之间，地处农业文化和草原文化的结合部，与甘肃定西、甘南，青海海南、海北等地区相临[①]。河湟地区的地貌形态：河湟谷地属于平行岭谷地貌，包括大通丘陵盆地、哈拉古山地带、湟水谷地、拉脊山、黄河谷地等。河湟地区的地形分区：它属于统一的地理单元，是黄河、湟水流经地。湟水谷地的地质构造：属于祁连山结晶岩轴，除个别山峰外，很少有现代冰川和积雪，以外营力侵蚀为主。

本书涉及的"河湟地区"，主要是除甘肃河州（临夏）之外的、青海境内的河湟地区，属于青海东部中低山地和河谷地区。这里自然条件优越、历史悠久、人口密集、城镇分布集中、经济相对发达。自汉元鼎六年（公元前111年）后，青海东部逐渐纳入中央王朝郡县体系，许多汉族民众迁居河湟地区进行农业生产，逐渐形成了以儒家思想和文化为核心的汉文化圈。这里气候适宜，雨水充盈，土地肥沃，物产资源丰富，不仅适宜牧业发展，还适宜农业耕种。同时，河湟地区地处中原，在前往西藏和中亚的通道上，交通发达，故而此处形成了一个文明交汇点，涵纳了中原文明、印度文明和阿拉伯文明。另外，河湟地区寺院和庙宇众多，宗教特色甚浓，相比起西北其他地区，这里的人文特色丰富、历史积淀厚重。现在的河湟地区早已成为青藏高原工业、农业、交通运输、经济、文化、政治等各项事业发展最繁荣的地区。

[①] 马燕：《历史上河湟地区回族与藏族的经济交往》，《青海民族学院学报》2007年第9期。

第二节　民族历史语境

一　历史沿革

早在远古时期，河湟地区就有先民在此繁衍生息。夏商周时，河湟地区的主要居民是羌人；战国时，羌人日渐强盛。汉武帝元鼎五年（公元前112年），羌人与匈奴联合攻击汉边；元鼎六年（公元前111年），汉军击败羌人进入湟水流域，羌人大部归降；汉宣帝神爵二年（公元前60年），羌人再次反汉，赵充国率兵平定羌乱后，在金城郡新设了7个县，其中允吾（约治今青海民和县境）、临羌（治今湟源县东部或湟中县西部湟水南岸）、破羌（治今乐都县老鸦古城）、安夷（治今平安县平安镇）4个县在今河湟地区，河湟地区开始正式纳入中原封建王朝的郡县体系中。

东汉初年，金城郡一度被裁省，后在马援的坚持与努力下复置。为便于管辖，金城郡原属的黄河以南3县（枹罕、白石、河关）改隶陇西郡，使其辖县由13县减为10县。汉献帝建安年间，从西城郡析置西平郡，治西都县（治今西宁市），辖西都、安夷（治今平安县平安镇）、临羌（治今湟中县多巴镇）、破羌（治今乐都县老鸦古城）4县，出现了河湟地区归2个郡管辖的局面。三国时，河湟地区属曹魏管辖，基本上沿袭东汉之制，仍归金城、西平两个郡管辖。

西晋时期，金城郡治由允吾移至甘肃榆中。西晋灭亡后，北方进入十六国时期，先后统治河湟地区的有前凉、前秦、后凉、南凉、西秦、北凉等割据王国，行政建置变化较大，设置的郡县也较多。立国于青海牧区的吐谷浑也曾短暂统治过河湟部分地区。北魏时，在河湟地区置鄯善镇（治今西宁市），后改为鄯州，并移至乐都县（治乐都县碾伯镇），辖有西平（今西宁市）、洮河（今化隆县群科镇）、浇河（今贵德县河阴镇）3郡。北周时，今河湟地区分属鄯（治今乐都县碾伯镇）、廓（治今贵德县河阴镇）、河（治今甘肃临夏）3州管辖。

隋朝初期，在今河湟地区设鄯、廓2州，隋炀帝时改为郡，有西平（治今乐都县碾伯镇）、浇河（治今贵德县河阴镇）2郡。唐初，在青海东部设鄯（治今乐都县碾伯镇）、廓（治今贵德县河阴镇）2州。唐玄宗天宝元年（742年）到肃宗至德二年（757年）改称西平郡、宁塞郡。"安史之乱"结束以后，河湟地区被吐蕃占据，设立了许多节度使，后来吐蕃分裂，其部族相互不统属，五代时期也是如此。

北宋前期，河湟吐蕃部落联合建立了唃厮啰地方政权，建都青唐（今西宁市），前后存在近百年，但并未设立行政建置。宋哲宗元符二年（1099年），河湟地区被宋军占领，并将"青唐"改为"鄯州"（今西宁市），将"邈川"改为"湟州"（今民和县）。宋徽宗崇宁二年（1103年），宋军再次进占河湟，增设廓州（治今化隆县群科上城），改鄯州为西宁州（此为西宁地名之始），改湟州为乐州。金灭北宋后，河湟地区一度处于金的统治下，后来西夏发兵夺取了西宁州、乐州，并统治近百年。

元时期，在湟水流域设立了西宁州（今西宁市），隶属于甘肃行省，在黄河以南设立了贵德州（今贵德县河阴镇）、必里万户府（管辖今贵德以西海南、黄南等牧区）等，隶属吐蕃等处宣慰使司都元帅府；设积石州元帅府（今甘肃大河家），之前隶属于陕西行省河州路，后来改为吐蕃等处宣慰使司都元帅府。初步形成了东部农业区隶属于甘肃行省、西部牧区隶属于宣政院、下属吐蕃等处宣慰使司都元帅府的格局。

明代废行省，在西北西番之地实行三司（布政司、按察司、都司）之下的卫所制，改西宁州为西宁卫（今西宁市），隶属陕西行都指挥使司，下设中、左、右、前、后、中左六千户所；将贵德州改为贵德守御千户所（今贵德县河阴镇），隶属于陕西都司。同时，在今青海西部广大地区先后设立了安定、阿端、曲先、罕东4个羁縻卫所，史称"塞外四卫"，由西宁卫兼辖。

清初沿袭明制。康熙年间设甘肃行省，青海东部属甘肃，西部为蒙古辖地。雍正二年（1724年），平定罗卜藏丹津反清事件后，改西宁厅为西宁府，辖西宁（西宁卫改置）、碾伯（碾伯所改置）2县和大通卫（治今门源县浩门镇）。乾隆年间，先后在河湟地区设置巴燕戎格厅（治今化隆县巴燕镇）、循化厅（治今循化县城关镇）、贵德厅（治今贵德县河阴镇），改大通卫为县，道光九年（1829年），设丹噶尔厅（治今湟源县城关镇），至此，西宁府共辖3县4厅。民国二年（1913年），裁撤西宁府，改设甘肃省西宁道，将清末四厅改为4县，共辖7县，隶属甘肃省。民国十八年（1929年）元月，从甘肃省析置青海省，辖原西宁道和青海办事长官辖区。

新中国成立后，河湟地区设有西宁市及民和、乐都、互助、湟中、湟源、化隆、循化各县。1978年10月19日，设立海东地区，下辖平安、民和、乐都、互助、湟中、湟源、化隆、循化8县。湟中、湟源2县改辖西宁市后，形成西宁市辖4区3县、海东地区下辖6县的格局。2013年，海东地区撤地建市。

二 民族状况

河湟地区是西接西藏、南达云南、北连河西的天然交通枢纽，作为丰裕的河湟谷地，河湟地区历来吸引着各游牧民族的到来，于是形成了一条重要的河湟民族走廊，这条走廊与河西走廊共同构成的西北民族走廊与藏彝走廊互联互动，使此地成为民族迁徙、融合频繁发生的地区。

早在秦汉以前，河湟地区就居住着众多的西羌部落。到了西汉，住在河西走廊的部分月氏人迁徙至祁连山以南和湟中地区，并与羌人联姻，史称"湟中月氏胡"。随着汉朝势力进入河湟并设郡县进行管制，大批汉族通过从军、屯垦、任官、移民、经商等方式从内地进入或长驻该地，使这一地区出现了多民族交错杂居的局面，东汉时，官府的残暴统治引起了河湟羌人的不断反抗，统治阶级在镇压羌人起义后，往往把降羌移置内地，许多河湟地区的羌人被迁往内地，逐渐被汉族同化。

西晋后，北方鲜卑族移居青海，其中秃发部在河湟地区建立了南梁政权，吐谷浑部则通过多种方式兼并、联合以羌族为主体的当地民族，形成了新的民族融合体，并建立了吐谷浑政权，魏晋南北朝时，政局混乱、人口流散、民族不断迁徙，这就加速了各民族的交流与融合，羌族、月氏、匈奴、鲜卑等民族，或逐步发展演变为其他新民族，或移居，或在长期生活中与汉族同化。

到了唐代，河湟地区一方面成为汉蕃人民友好交往的纽带，另一方面又成为唐、蕃政权互进的关键。"安史之乱"后，吐蕃占据河湟地区，许多吐蕃人进入该地戍守，原来生活在青海的一些羌人、吐谷浑人融入或同化于吐蕃部落中，久而久之发展为现在的青海藏族，两宋时期，河湟地区的主体民族仍为吐蕃，这时还有党项、汉族、回鹘以及侨居的西域人，13世纪初，蒙古崛起，成吉思汗及子孙开始了大规模的西征。在此过程中，大批信奉伊斯兰教的中亚民族被迁徙到东方来，他们被分派到各地驻扎屯戍，其中有一些落脚于河湟地区。原居西突厥乌古斯部撒鲁尔部落中的孕勒莽等，率领本族170户向东迁徙，后被安置在积石州，经长期发展逐步成为现在的撒拉族。

元代之时，大量蒙古部落入青，原居住在青海的霍尔人和留居在此的蒙古人通过长期生活交往，逐步发展成西宁州土人，到了元末明初，单独形成了一个民族，新中国成立后名为土族，明初，西域一带混乱，大量回人进入西北和中原内地，有相当数量的西域回人经河西地区，留居甘肃、凉州等地，一部分进入河湟地区，成为这里的永久居民。清代，河湟地区多民族杂居局面得到延续的同时，民族关系也基本上保持和谐。

如今，生活在河湟地区的主要有汉、藏、蒙古、回、撒拉、土、满、裕固、东乡、保安、哈萨克等民族，他们长期杂居，互通有无，展现出多元民族文化图景。除汉族外，藏族大部分聚居在玉树、果洛、海南、海北、黄南等藏族自治州及海西州的天峻县，少数居住在农业区各县。回族大部分居住在化隆、门源两个回族自治县和西宁市东关一带，少数居住在湟中、民和等县。撒拉族主要聚居在循化撒拉族自治县，少数居住在化隆、同仁等县。蒙古族大部分聚居在海西州及河南蒙古族自治县，少数居住在海晏县和祁连县等县。土族大都居住在互助土族自治县及民和、大通、门源等县。哈萨克族主要聚居在海西州的阿尔顿曲克哈萨克自治乡。此外，还有少数保安族、东乡族等，他们大部分散居在农业区各地。

第三节　多元文化语境

费孝通曾把河湟之地称为"中原同青藏高原的流通孔道"。河湟地区是青海省自然条件优越、历史悠久、人口密集、城镇分布集中、经济相对发达的地区。河湟文化也是在这样长期的历史演变中,基于农耕文化和游牧文化的交汇而形成的多元的区域文化。

提及河湟文化,首先要了解青海的标志性文化——昆仑文化。昆仑文化是以昆仑神话为主体的青海多元文化的统称,也是青海的标志性文化[1]。昆仑文化象征着青海区域文化整体,博大精深,内涵丰富。既包括历史文化,也包括现当代文化;既包括各类精英文化,也包括各民族民间文化[2]。青海省在2011年11月召开的"全省文化改革发展大会"上确立了青海"以昆仑文化为主体的多元一体民族文化"的历史性定位。

公元前4000年至公元前2000年左右,在青海境内发现了马家窑文化和齐家文化,随后发现的卡约文化和辛店文化,这些被称为先羌文化。秦厉公(公元前476年—公元前443年)时,羌人无弋爰剑为今甘青地区传播了先进的田间耕作、蓄养牲畜的经验,为河湟地区的社会经济发展起到了促进作用。后来,他的子孙遍及青、藏、陕、甘、宁、川、新等地,并世代为诸羌首领,在西部民族史上影响深远。

西汉时,赵充国先后任中郎将、车骑将军长史、后将军,征战匈奴时屡建功勋,提出"乌桓不可不备"战略设想,以"全师保胜安边策"迅速平羌。汉宣帝元康三年(公元前63年),赵充国抱病三上"屯田奏",并在湟中开辟了"屯田"的先河。随后持续扩大屯田规模,不但对社会经济发展具有促进作用,同时还推动了汉、羌等民族间的文化互动和交流,故而称此时期为"中原文化西渐时期"。

---

[1] 赵宗福、鄂崇荣:《关于昆仑文化作为青海标志性文化的思考》,《青海社会科学》2011年第3期。

[2] 赵宗福等:《青海多元民俗文化圈研究》,中国社会科学出版社2012年版,第34页。

公元4世纪初期，今辽宁、漠北的鲜卑族迁徙至黄河南，与当时的汉、羌各族杂居。其中的白部吐谷浑在今青海地区建国350余年，国力强盛时，与南北朝、中西亚等地以及欧洲地区进行了长期且频繁的商贸活动，于是，西宁道便成为南丝绸之路上的重要纽带。今天地处西宁虎台的南凉遗址便是鲜卑文化与河湟地区文化相交融的重要标志。到了北宋，唃厮啰举族迁徙青唐（今青海西宁市），立法建制，拥众数十万。唃厮啰政权在河湟地区形成，并与北宋、西夏呈现出三足鼎立的态势，此后近百年间，青唐城成为甘青地区吐蕃族政治、军事、经济、文化与宗教的中心。

元明时期，河湟地区开始传播伊斯兰教，洪武年间，建成了东关清真大寺，时至今日，这座清真寺仍然是西北地区著名的四大清真寺之一。以此为标志，河湟地区多元文化中便有了伊斯兰文化的丰富内容。清初期，河湟地区与中原进行贸易往来主要通过茶马互市，一方面可以为青藏地区提供所需的中原物资，另一方面对中原急需的青藏畜产品，如良马等提供了商贸渠道。雍正年间，西北地区的民族贸易重镇——丹噶尔城发挥了促进民族地区商贸往来的重要作用。基于此，河湟地区形成了以"农耕文化"为主，藏传佛教文化、伊斯兰文化相融合的多元文化态势。

河湟地区多元文化相融合的态势一直传延下来。20世纪50年代，青海地区发生了三次大规模的"垦荒运动"，都由政府倡导，赴青垦荒者随之也带来了各地方、各民族的生活习俗和文化传统；60年代初的"三线建设"中，一些迁入和新建的企业改变了青海地区工业的内部结构，增强了工业发展力，使得青海的工业进入了一个较快的发展阶段，期间各种文化元素融入河湟地区；从70年代末开始，人口流动趋势渐长，无形中推动了当地经济文化的发展。进入21世纪，河湟地区不仅生活着六个世居民族，其他民族和地区的人们通过移民不断融入，河湟地区逐渐被称为"中国多元文化的走廊"。河湟地区的民族文化、宗教文化、城市文化、商业文化、工业文化、外来文化等各类文化不断丰富、发展、融合、互动，形成了多元文化加剧的发展态势。

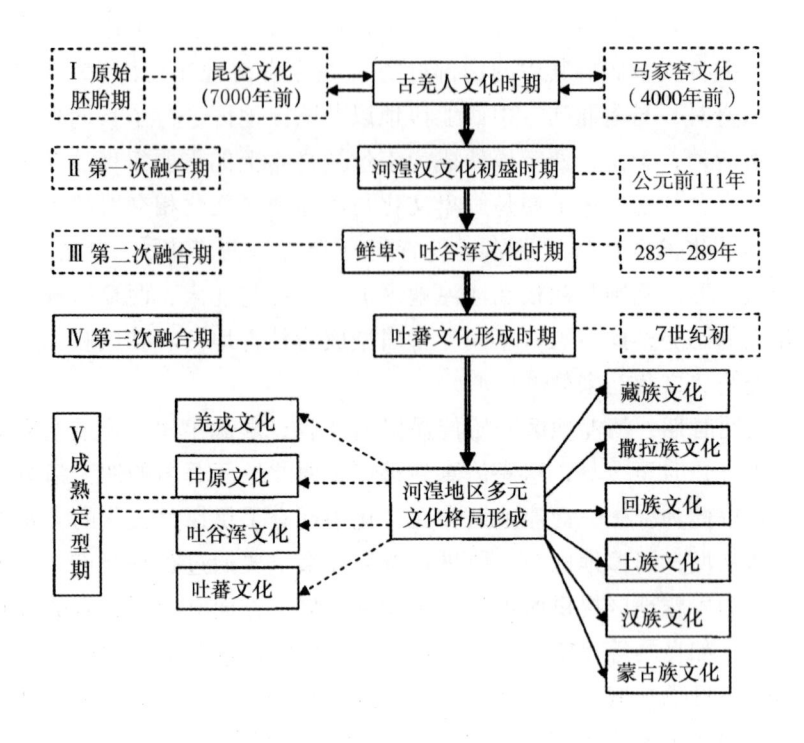

```
Ⅰ 原始        昆仑文化 ---- 古羌人文化时期 ---- 马家窑文化
  胚胎期      (7000年前)                        (4000年前)
                              ↓
Ⅱ 第一次融合期 ---- 河湟汉文化初盛时期 ---- 公元前111年
                              ↓
Ⅲ 第二次融合期 ---- 鲜卑、吐谷浑文化时期 ---- 283—289年
                              ↓
Ⅳ 第三次融合期 ---- 吐蕃文化形成时期 ---- 7世纪初
                              ↓
                          藏族文化
             羌戎文化
Ⅴ 成          中原文化    河湟地区多元    撒拉族文化
  熟                     文化格局形成    回族文化
  定          吐谷浑文化                 土族文化
  型期        吐蕃文化                   汉族文化
                                        蒙古族文化
```

河湟地区文化历史发展轨迹图

小　结

"赫赫我祖，来自昆仑"，在以"昆仑文化"为青海标志性地域文化的大背景下，河湟地区以其得天独厚的自然生态优势，少数民族"大杂居，小聚居"的多元民族分布，使得河湟文化在保持自身传承特点的同时，又具有极大的包容性：各民族在文化上发展共荣，每一个民族都通过频繁的互动，从他民族文化中吸收营养，充盈自身的文化内涵，从而呈现一种相互交融的状态。

第二章　河湟方言的独特表达

"如果说哲学是社会科学的皇帝，那么语言学则应该被尊为人文学科的皇后。"① 从扬雄《方言》记载的"四方之通语"开始，方言便作为"地方性知识"，自然而然地传达着历史的、民俗的、精神的和物质的文化信息。独特的语音规律、语法特点凸显河湟方言口语表达中的异域风格，丰富的方言词汇和民间俗语在考释词义的文化溯源、完成"地方性知识"地方化过程的同时，也在彰显河湟地区民众多样的生活图景、悠久的历史文化传统和醇厚的民俗文化底蕴。正如语言学大师索绪尔所说，我们从一开始就要站在语言的阵地上，把它当作言语活动的其他一切表现的准则来看待。

第一节　语音概况

秦汉以前，青海属羌地；魏晋南北朝时，西宁设西平郡、鄯州；元代，西宁州仍属甘肃行省；到了明代，洪武十九年（公元1386年）设西宁卫；清乾隆十一年（公元1746年），改西宁为郡，隶西宁府、碾伯县、贵德所、大通卫；嘉庆二十五年（公元1820年）设西宁府，包括门源、互助、西宁、湟源、湟中、贵德、乐都、民和、尖扎、大通等县，由甘肃省管辖②。从历史上看，秦之前西宁的居民大多为羌族，秦汉时又有小月氏族在此生息，后来吐谷浑、鲜卑、唃厮啰等族先后在河湟地区繁衍。汉宣帝时，赵充国在河湟地区率领数以万计内

---

① 赵宗福：《西宁方言寻古·序》，青海人民出版社2003年版，第5页。
② 张成材：《试论青海方音的特点》，《青海师范学院学报》1979年第4期。

地士兵开展屯田；明洪武年间又有大批军户移居青海，永乐年间再次"移民实边"，大批官吏、百姓来青海屯田，这两次大规模的汉族民众移居青海，促使河湟地区形成了以汉族为主、各少数民族聚族而居的特点，语言使用上也自然而然形成了以汉语方言为主的特点。西宁作为青海的省会，具有1500多年历史，是青海经济、政治、文化的中心，其文化凝聚力和渗透力使得河湟民众在语言使用上，就方言而论形成了以西宁方言为主、其他方言并存的现状。西宁方言的分布区域大、使用范围广，民众在日常言语交际中，西宁方言的使用频率以及它所达成的交际效果较高于其他方言。故而，本章主要以西宁方言为研究重点，兼顾河湟地区的其他方言，对河湟地区具有代表性和典型性的语言特点进行归纳和阐释。

西宁方言属于中原官话"秦陇片"，与兰州话和西安话较接近。西宁方言包括湟源、湟中、平安、门源、互助、贵德和化隆等地普遍使用的语言，但其内部又存在一定差异。比如西宁方言声母中，指［zi］≠知［zhi］，说"指头"为［zitou］；迟［ci］≠吃［chi］，说"迟了"为［ciliao］；师［si］≠湿［shi］，说"老师"为［laosi］；全［cuan］≠拳［quan］，说"全凭"为［cuanpin］；倍［pei］≠北［bei］，说"加倍"为［jipei］；我［no］≠喔［wo］。而几［ji］≠敌［zi］=紫［zi］，气［qi］≠踢［ci］=刺［ci］，西［xi］≠丝［si］。而湟源话跟乐都话一样，几［zi］=敌［zi］=紫［zi］，气［ci］=踢［ci］=刺［ci］，西［si］=丝［si］。声调有阴平、阳平、上声、去声四个。再如乐都、民和等地普遍使用的方言中，声母如指［zhi］=知［zhi］，迟［chi］=吃［chi］，师［shi］=湿［shi］，几［zi］=敌［zi］=紫［zi］，气［ci］=踢［ci］=刺［ci］，西［si］=丝［si］，白［bie］=别［bie］，墨［mo］=灭［mo］，全［quan］=拳［quan］。而"责""册""色"分别为［zhe］、［che］、［she］，"我"为［ve］。声调分为平声（没有阴阳，保留了古音）、上声、去声三类。

一　语音结构

声母23个，包括零声母在内：

p 拔笔　　p 爬脾　　m 吗毛　　f 非放
t 到单　　t 套谈　　n̠ 男闹　　　　　　l 兰捞
ts 资增　　ts 藏次　　　　　　s 四三
tʂ 章知　　tʂ 吃缠　　　　　　ʂ 是闪　　ʐ 让然
tɕ 基见　　tɕ 前其　　n̠ 念捏　　ɕ 洗先
k 哥敢　　k 抗看　　　　　　　x 汉航
ø 啊①

韵母30个，不包括自成音节：

ɿ 四词　　ʅ 十尺　　j 一意　　v 物户　　y 鱼域
i 叶野　　u 湖果　　yu 角确
a 阿达　　　　　　ia 加下　　ua 瓜挖
ɔ 高包　　　　　　iɔ 叼要
ɛ 二买　　　　　　　　　　　uɛ 外快
ɯ 后斗　　　　　　iɯ 秀九
ei 妹陪　　　　　　　　　　　uei 跪堆
ã 班战　　　　　　iã 南烟　　uã 万管　　yã 选卷
ɔ̃ 上长　　　　　　iɔ̃ 抢样　　uɔ̃ 网光
ə̃ 真本　　　　　　iə̃ 金音　　uə̃ 问滚　　yə̃ 云均

单字调4个，分别为阴平、阳平、上声、去声，轻声在外。在大通、乐都、民和、循化、同仁等地方言的音调只有平声、上声、去声三个声调，平声不分阴阳。

二　语音特点

汉语方言划分为七大方言区：北方方言区、吴方言区、湘方言区、闽方言区、客家方言区、赣方言区、粤方言区，其中北方方言又有四个次方言：东北华北方言、西北方言、西南方言和江淮方言，西宁方言隶属西北方言，属于中原官话"秦陇片"，主要包括湟源、湟中、平安、门源、互助、贵德和化隆等地的方言，市区以东的乐都、民和方言跟兰州话比较接近，市区东南的循化方言又讲河州话，故而

---

① 张成材、朱世奎：《西宁方言志》，青海人民出版社1987年版，第5页。

内部存在一些差异。

第一，声母存在变读现象。

在某些情况下，舌尖后音"zh""ch""sh"被变读成舌尖前音"z""c""s"和唇齿音"f"，"r"被变读为零声母，见表2-1。

表2-1　　　　　　　　　"zh、ch、sh、r"的变读

		zh→z	ch→c	sh→s→f	r→
与开口呼韵母拼音	i	知之	迟翅	时事	
	a	扎炸	查茶	啥沙	
	ai	摘债	柴差	晒筛	
	ao	找	吵炒	哨稍	
	an	站绽	产馋	山珊	
	eng	争	撑	生省	
与合口呼韵母拼音	u			书树	若弱
	ua			刷耍	
	uo			说	
	uai			甩帅	
	ui			水睡	瑞睿
	uan			涮拴	
	un			顺瞬	润
	uang			方房	

表2-1中未提及的开口呼、合口呼韵母影响声母的情况如下：声母"zh""ch""sh"与开口呼韵母"e""ang"相拼时，西宁方言不变读声母，而韵母会发生变化（均发前鼻音）；声母"zh""ch""sh"与开口呼"en"相拼时，只有"参"改变声母为"s"，其余都不变；声母"zh""ch"与合口呼韵母相拼时，声母发音与普通话发音一样；声母"zh""ch""sh"与开口呼韵母"a"相拼时，声母变读最为整齐，西宁方言全部改变声母发音，分别为"z""c""s"。除了"zh""ch""sh""r"的变读，舌尖前"d""t"也具有变读现象："d""t"与"i"相拼时，声母分别变读为"z""c"，韵母也由

舌面音变读为舌尖前音,例如,"di""ti"变读为"zi""ci"。

第二,辅音声母自成音节,比如"f"自成音节,"述""梳""书""竖"的读音都是"f"的自成音节;"m"自成音节,"穆""亩""牟""睦"都读作"m"的自成音节;"l"自成音节,"梨""例""历""荔"的读音就是"l"的自成音节。

第三,从河湟方言的发音情况看,韵母的内部结构间,如单元音韵母、复合韵母、带鼻辅音韵尾韵母中在拼读中都存在特别之处。一是单元音韵母存在差异。不存在单元音"er",所以在发"二""而"等音时,通常轻读。另外,在黄南地区的方言中有单元音"u"的发音,在自成音节和参与拼读时,都变读为齿唇音"v",比如,自成音节时的"五""舞""雾""戊",拼读时的"独""鹿""库""沪"等,都发"v"音。二是复合韵母存在差异。如复合韵母中"ei"通常情况下发音与普通话一致,但与声母"b"拼读,变读为"i",比如"被子""备课"中发的是"bi"的音。此外,"ei"在有些时候变读为"ui",比如"泪""类"中发的是"lui"的音。三是带鼻辅音韵母的韵尾发音存在差异。河湟方言存在"前后鼻音不分"的情况,这与普通话有很大差别,因而普通话中的一些鼻辅音韵母在河湟方言中无法发出前后鼻音,见表2-2。

表2-2　　　　鼻辅音韵尾韵母与普通话的差异

带鼻辅音韵尾韵母	普通话	河湟方言 有无	河湟方言 对应	河湟方言与普通话的差异率
an	√	×	[ã]	100%
en	√	√	en	0
in	√	×	[Ĩ]	100%
ün	√	√	ün	0
ian	√	×	[iã]	50%
uan	√	×	[uã]	100%
üan	√	×	[yã]	50%
uen	√	×	[uẽ]	100%
ang	√	×	[õ]	50%

续表

带鼻辅音韵尾韵母	普通话	河湟方言 有无	河湟方言 对应	河湟方言与普通话的差异率
eng	√	×	[ẽn]	50%
ing	√	×	[ĩn]	50%
ong	√	×	无	50%
iong	√	×	[ün]	100%
iang	√	×	[õ]	50%
uang	√	×	[uõ]	100%
ueng	√	×	[uẽ]	100%

可以看出,"en""eng","in""ing","uen""ong"和"ün""iong"四组前后鼻音在河湟方言中都有所混淆,问题就在于河湟方言发不出前后鼻音,拼读过程中出现了4组韵母变读为4个元音的鼻化现象。比如"风""碰""梦""正""能"的读音与"分""盆""门""真""嫩"的读音一致,韵母发[ẽ]音;"经""平""明""请""宁"与"金""拼""民""亲""您"的韵母发音一致,都为[ĭ];"冲""东""空""工""红"与"春""顿""昆""滚""混"韵母都发[õ];"炯""穷""熊""用"的韵母发音也与"均""群""寻""云"韵母发音一致,都为[ũ]。

第四,河湟方言韵母自成音节的情况较少,因缺失三个单元音"o""u""er"。另外,普通话中能自成音节的四个开口呼韵母"ai""ao""an""en"在河湟方言中无法自成音节,这些音节的发音是在它们前面加上声母"n"拼读而成,例如,"艾"读作"nai","傲"读作"nao","岸"读作"nan","恩"读作"nen"等。值得一提的是,河湟方言还有一些音节虽然符合普通话拼合规则,但在普通话中没有这样的拼读习惯。比如:

bia　（无汉字）动词、象声词

pia　（无汉字）动词、象声词

fao　朔、烁

fai　帅、甩

dia　（无汉字）动词、象声词

tia　（无汉字）动词、象声词

tei　贴、铁

ten　疼、膝

nia　押、压（仅限于普通话 ya 音节中的动词）

zua　（无汉字）疑问代词

cei　拆

sei　色、涩

rai　热、惹

除此之外,《汉语拼音方案》中,舌面音"j""q""x"与撮口呼音节拼读时,省略"ü"上的两点。但在河湟方言中,舌面音"j""q""x"不仅可以与撮口呼音节拼读,如"局""虚",同时也可以与合口呼音节拼读,如"确""学"等。

第二节　特色词汇

河湟地区特色词汇的形成、发展和传承都植根于它所生存的社会环境,包括历史、民族、宗教、文化等各领域。所以,了解古汉语词在河湟方言中的传承,可以洞察古老悠久的历史文化;对民族借用词的比较研究,可以深入了解多民族聚居区的语言交流和文化互动;地方风物词是藏在民间的"百科全书",它涵盖了该地区民众在衣、食、住、行、用等各方面的行为习惯和生活习俗;方言成语则是河湟地区历史与现实、生活与文化、语言与行为的凝练表达,彰显着该地区独有的文化自信和民族情感。解读河湟地区的特色词汇就是挖掘河湟历史文化传统和研习各民族民俗传承的过程。

一　古汉语词

蒋绍愚先生指出,"近代汉语词语的考释是近代汉语词汇研究的基础工作,尤其是因为原先对近代汉语的研究重视不够,现在我们对很多近代汉语词语的意义都不很清楚,在这种情况下,更应该把词语考释放在首位"①。丰富的方言词汇潜藏着早已黯然失色的历史传统，欲将深挖某地的文化传统、民风习俗、人文景观，掌握当地的方言土语至关重要，这其中对方言词汇的考释更是为语源学提供了可考的依据。河湟方言发展至今，部分词汇在古文献典籍中的保留，为探寻其语源提供了历史依据。

1. 上古汉语词

先秦、两汉、三国时期，文献古籍中出现的一些词汇被传承下来，有的甚至在今天的河湾方言中仍有沿用。

拙 [tʂuɛ] 汉语中"拙"的读音为 [tʂuo]，但在河湟方言中"拙"读作 [tʂuɛ]。对其释义《说文·手部》有："不巧也。"② 段玉裁注："不巧也。不能为技巧也。"③《老子·四十五章》有："大直若屈，大巧若拙，大辨若讷。"④ 曹丕的《典论·论文》载："至于引气不齐，巧拙有素，虽在父兄，不能以移子弟。"⑤ 河湟方言沿用笨拙之意，意思为动作别扭、不给劲。例如："这个丫头做了个针线活儿就拙啊。"意思是这个姑娘做针线活时的一举一动让人看着别扭。又如："这个尕娃做个活儿就拙呀。"意思是这个小伙子干活笨拙、动作不利落。

抟 《说文·手部》："以手圆之也。"⑥ 段玉裁注："各本作圆也。语不完。今依韵会所据补。以手圆之者，此篆之本义。如礼经云抟黍，曲礼云抟饭是也。因而凡物之圆者曰抟。如考工记抟以行石，抟身而鸿，相篙欲生而抟是也。俗字作团。"⑦《礼记·曲礼上》："毋抟饭。"⑧《庄子·逍遥游》："鹏之徙于南冥也，水击三千里，抟扶摇

---

① 雷汉卿：《近代方俗词汇考》，四川出版集团、巴蜀书社2006年版，第5页。
② （汉）许慎：《说文解字》，段玉裁注，上海古籍出版社1981年版，第607页。
③ 同上。
④ （春秋）老子：《老子》，汤漳平等译注，中华书局2014年版，第179页。
⑤ （三国）曹丕：《典论》，古籍影印版本。
⑥ （汉）许慎：《说文解字》，段玉裁注，上海古籍出版社1981年版，第607页。
⑦ 同上。
⑧ （汉）戴圣：《礼记》，（元）陈澔注，金晓东校点，上海古籍出版社2016年版，第18页。

而上者九万里。"① 河湟方言保留"以手圆之"的意思,就是用手将物品"盘旋"弄圆。例如:"把那点面抟好,不是好皴痂掉哩啊。"意思是把那些面揉抟成球形,不然面就皴皮了。

绌　《说文·糸部》:"绛也。"② 段玉裁注:"此绌之本义,而废不行矣。韵会绛作缝。非也。古多叚绌为黜。"③《史记·赵世家》:"黑齿雕题,却冠秫绌,大吴之国也。"④ 裴骃集解引徐广曰:"《战国策》作'秫缝',绌亦缝紩之别名也。"⑤ 河湟方言沿用了"缝"之意,例如:"袖子挂掉了绌给两针,张下着一个大眼眼,难看哇不。"意思是袖子挂烂了缝两针,张开一个大豁口难看不难看。

触　《说文·角部》:"抵也。"⑥ 段玉裁注:"牴也。牛部曰。牴,触也。"⑦《淮南子·天文训》:"共工怒而触不周之山。"⑧ 有抵、撞的意思。《韩非子·五蠹》:"兔走,触株,折颈而死。"⑨ 河湟方言沿用了"撞"之意,例如:"下车的时候没注意啊,一个人的胳膊把我触给了一挂。"意思是下车的时候没注意,一个男的用胳膊撞了我一下。随后字义不断丰富,又有"摔"的意思,例如:"天黑着很,路上小心点,甭触下。"意思是天很黑,路上要小心,别摔了。

瞰 [nā]　意思是偷偷地看。《孟子·滕文公下》:"阳货瞰孔子之亡也,而馈孔子蒸豚。"⑩《孟子·离娄下》:"王使人瞰夫子,果有以异于人乎。"⑪ 河湟方言沿用此义,例如:"有事了进去说,门口甭瞰。"意思是有事进去说,别在门口偷看。

呻唤　《说文·口部》:"吟也。"⑫ 段玉裁注:"按呻者吟之舒。

---

① (战国)庄周:《庄子》,萧无陂注释,岳麓书社2018年版,第3页。
② (汉)许慎:《说文解字》,段玉裁注,上海古籍出版社1981年版,第630页。
③ 同上。
④ (汉)司马迁:《史记》,中华书局2006年版,第293页。
⑤ 同上。
⑥ (汉)许慎:《说文解字》,段玉裁注,上海古籍出版社1981年版,第185页。
⑦ 同上。
⑧ (汉)刘安:《淮南子》,云南人民出版社2017年版,第46页。
⑨ (战国)韩非子:《韩非子》,谭新颖主编,漓江出版社2018年版,第438页。
⑩ (战国)孟轲:《孟子》,万丽华、蓝旭注,中华书局2006年版,第118页。
⑪ 同上。
⑫ (汉)许慎:《说文解字》,段玉裁注,上海古籍出版社1981年版,第60页。

吟者呻之急。浑言则不别也。"①《列子·周穆王》："有老役夫，筋力竭矣，而使之弥勤，昼呻呼而即事，夜则昏疲而熟寐。"② 这里的呻呼意同呻吟。《三国志·魏志·华佗传》："佗行道，见一人病咽塞，嗜食而不得下，家人车载欲往就医，佗闻其呻吟，驻车往视。"③《匡谬正俗·六恫》："今痛而呻者，江南俗谓之呻唤，关中俗谓之呻恫。"④ 河湟方言中的呻唤就是呻吟，例如："小姑娘肚子疼着呻唤了一早上。"

滗　《辞海》释义："挡住渣滓把液体倒出来。"⑤《广雅疏证·释诂》："滗之言逼，谓逼取其汁也。《玉篇》：滗，榨去汁也。《众经音义》卷五引《通俗文》云：去汁曰滗。又云：江南言逼，义同也。今俗语犹云滗米汤矣。"⑥ 河湟方言沿用了其闭漏出汁水的意思，例如："我再稠的不要，滗给点清汤就成哩啊。"意思是汤饭里我再不要稠的食物了，给我滗点汤就行了。

滑稽　能言善辩，言词流走无滞竭⑦。《史记·滑稽传》："长不满七尺，滑稽多变，数使诸侯，未尝屈辱。"⑧《史记·樗里子传》："樗里子滑稽多智，秦人号曰'智囊'。"⑨ 此处形容圆转诣媚的态度。《汉书·东方朔传》："时有幸倡郭舍人，滑稽不穷，常侍左右。"⑩ 称他"滑而多智"。河湟方言保留了"滑稽"的古音"gu ji"，词义在保留古义的基础上又引出引人发笑的意思，例如："这个人滑稽着很，说下个话把人笑给半天哩啊。"意思是这个人好玩得很，说的话能让

---

① （汉）许慎：《说文解字》，段玉裁注，上海古籍出版社1981年版，第60页。
② （唐）卢重玄编：《列子》，叶蓓卿译注，中华书局2011年版，第81页。
③ （晋）陈寿：《三国志》，（南朝宋）裴松之注，上海古籍出版社2016年版，第712页。
④ （唐）颜师古：《匡谬正俗》，网易云阅读，http：//yuedu.163.com/source/d19d6e18cf8f431ead08ba0af5e07fde_4。
⑤ 《辞海·词语分册》，上海辞书出版社1979年版，第784页。
⑥ （清）王念孙：《广雅疏证》，张靖伟等校点，上海古籍出版社2016年版，第348页。
⑦ 《辞海·词语分册》，上海辞书出版社1979年版，第1028页。
⑧ （汉）司马迁：《史记》，中华书局2006年版，第727页。
⑨ 同上书，第443页。
⑩ （汉）班固：《汉书》，谭新颖主编，漓江出版社2018年版，第424页。

人笑半天。

噆 [tsā]　讲话没有节制①。《荀子·劝学》："故不问而告谓之傲，问一告二谓之噆。"② 河湟方言又增加了吹嘘大话的意思，例如："噆开就阵势大啊，也不分个场合！"意思是吹嘘得厉害啊，也不分场合。

蹻 [tɕia]　《说文·足部》："举足小高也。"③ 段玉裁注："蹻高叠韵。各本作行高。晋灼注汉书高帝妃作小高。玄应引文颖曰。蹻犹翘也。又引三苍解诂云。蹻，举足也。"④《汉书·高帝纪》有："大臣内畔，诸将外反，亡可蹻足待也。"⑤ 此处意同"翘足"。《辞海》有举足⑥之意。河湟方言音同"恰"，有动作似跨过的意思，例如："蹻上了过，再甭犹豫。"意思就是跨过去，不要犹豫。

2. 中古汉语词

南北朝、隋唐、宋代之时，一些古文献典籍中出现过的词汇在河湟方言中沿用了下来。有的词汇保留原有词义，日常生活中民众常用此义；有的词汇虽词义发生变化，但变化程度不大；有的词汇随着历史的发展、民众生活的需要，又增添了新的意义。

家小　指妻子和儿女⑦。如《太平广记·仙传拾遗》有："德祖悄然，忽念未别家小，白兽屹然不行。"⑧ 河湟方言在沿用古义的同时，词义拓展为家小就是家属，除妻子儿女，自家长辈等也包含其中，例如："你的家小在西宁哇在互助哩啊。"你的家属在西宁还是互助。

浪荡　有放浪、到处闲游⑨、任意的意思。比如杜甫《泛江送魏十八仓曹还京》一诗中有"见酒须相忆，将诗莫浪传"的诗句，其

---

① 《辞海·词语分册》，上海辞书出版社1979年版，第1078页。
② （战国）荀况：《荀子》，王天海校释，上海古籍出版社2016年版，第29页。
③ （汉）许慎：《说文解字》，段玉裁注，上海古籍出版社1981年版，第81页。
④ 同上。
⑤ 徐继素主编：《二十四史·汉书》，中国戏剧出版社2008年版，第947页。
⑥ 《辞海·词语分册》，上海辞书出版社1979年版，第2139页。
⑦ 《辞海·词语分册》，上海人民出版社1977年版，第1078页。
⑧ （宋）李昉等：《太平广记》，中华书局1961年版，第196页。
⑨ 《辞海·词语分册》，上海人民出版社1977年版，第1006页。

中"浪传"就是任意流传的意思。又有游手好闲、不务正业[1]之意。如辽时期萧总管的《契丹风土歌》中就有:"一春浪荡不回家,自有穹庐障风雨。"河湟方言将此意沿用至今,例如:"一天啥正事不干,就知道胡浪荡。"意思是整天不干正事,游手好闲。

阿门 典籍中也载为"阿没""阿莽"。意思是怎么样、怎么了。《敦煌杂录·劝善文》:"煞(杀)命始得他肉吃,思量阿莽有慈悲?"[2] 此处作"阿莽",河湟方言如:"他阿门能这么做事情?"意思是他怎么能这样做事。

一向 过去或最近一段时间[3]的意思。《法苑珠林》卷九十六引《中阿含经》:"命中之后,生于恶趣,泥犁之中,受极苦痛,一向无乐。"[4] 又如李煜:《浪淘沙》:"梦里不知身是客,一向贪欢。"[5] 河湟方言沿用此义,例如:"他这一向家里没有,外地走掉着。"意思是他这段时间不在家,去外地了。

旋 随后、不久[6]的意思,如《史记·秦始皇本纪》:"登之罘,刻石……旋,遂之琅邪。"[7] 后来又丰富了时不时的意思,如《夷坚丙志》卷四:"青城道会时,会者万计。县民往往旋结屋山下,以鬻茶果。"[8] 河湟方言沿用此义,例如:"活儿要旋干掉点,不然放着一块儿干把人累死哩啊。"意思是干活要时不时干一点,如果堆积在一起完成就特别费事。

得济 又作"得计",意为所愿或所计得逞[9]。如韩愈《柳子厚墓志铭》:"落陷阱不一引手救,反挤之,又下石焉……而其人自视以为得计。"[10] 后来"得济"引申为得到好处、得到实惠。河湟方言

---

[1] 《辞海·词语分册》,上海人民出版社1977年版,第1006页。
[2] 许国霖:《敦煌杂录》,版本不详。
[3] 《辞海·词语分册》,上海辞书出版社1979年版,第3页。
[4] (唐)释道世:《法苑珠林》,周叔迦、苏晋仁校注,中华书局2003年版,第2755页。
[5] (南唐)李煜:《李煜词集》,上海古籍出版社2016年版,第54页。
[6] 《辞海·词语分册》,上海辞书出版社1979年版,第1641页。
[7] (汉)司马迁:《史记》,中华书局2006年版,第46页。
[8] 《夷坚丙志》,版本不详。
[9] 《辞海·词语分册》,上海辞书出版社1979年版,第835页。
[10] (唐)韩愈等:《唐宋八大家散文》,王会磊注评,长江文艺出版社2015年版,第47页。

沿用此义，例如："这个东西就买着得济啊，用了这么长时间。"意思是这个东西买得实惠，用了这么长时间。

3.13 世纪以后的"官话"

"官话"是一种通行区域较为广泛、适用于全国的语言交际工具，以北方方言为主。唐宋时期，就已经出现了一种接近口语的新书面语，如诸宫调、唐宋理学家的语录、话本、笔记小说中的语言；发展到金、元、明代时，如《三国演义》《西游记》《水浒传》《金瓶梅》，以及清代的《儒林外史》《红楼梦》等，文中的语言都受北方方言的影响。随着这些文本传入青海，"官话"也被带入并广泛沿用开来。有的词汇其意义无法用现在的普通话词语取而代之，因为只有生长在此地的人或者深入了解当地方言的人，才深切懂得该词的确实意义为何无法取代。

撒拉溜侈　粗心大意、漫不经心。《醒世姻缘传》第五十四回："年前两次跟了师生们到省城，听他做的那茶饭撒拉溜侈，淘了他多少的气。"① 河湟方言又作"撒搭溜失"，例如："你干个啥阿门撒搭溜失的，一点都不干散。"意思是你怎么干什么事情都漫不经心的，一点也不利落。

敦　《说文·攴部》："怒也。诋也。"② 段玉裁注："皆责问之意。"《金品梅词话》五十八回："俺娘那老货，又不知道，愄他那嘴吃，教他那小买手，走来劝什么的驱扭棍伤了紫荆树。我恼他那等轻声浪气，他又来我跟前说话长短，教我墩了他两句。"③ 河湟方言中的意思为当面指责、数落，例如："早上开会的时候他还犟着，结果让老石墩给了。"意思是早上开会的时候他顶嘴了，结果让老石数落了一顿。另外，河湟方言中"敦"也作"墩"，就是将物品狠狠放下（带着情绪），例如："把家阿着有舒坦好，缸缸墩下就走了。"意思是不知道哪里得罪他，让他不舒服了，摔下茶杯就走了。

---

① 徐复岭编著：《〈金瓶梅词话〉〈醒世姻缘传〉〈聊斋俚曲集〉语言词典》，上海辞书出版社 2018 年版，第 615 页。
② （汉）许慎：《说文解字》，段玉裁注，上海古籍出版社 1981 年版，第 125 页。
③ 徐复岭编著：《〈金瓶梅词话〉〈醒世姻缘传〉〈聊斋俚曲集〉语言词典》，上海辞书出版社 2018 年版，第 212 页。

瞅 看、望①。如《红楼梦》第六回："那些人听了，都不瞅睬，半日方说道，你远远的那墙下等着。"② 后期又丰富了"向别人怀有恶意的、责备地瞪眼睛"的意思。如《金瓶梅词话》七十五回："被玉楼瞅了一眼，说道：就休那汗邪，你要吃药，别往人房里去吃。"③ 河湟方言沿用此义，例如："你把我再甭瞅，我说的都是实话。"意思是不要瞪我，我说的都是真的。

打醋壇 驱邪消瘟、除灾减病的风俗。《妇人大全良方》有："产后恶露未快，川芎、当归各半钱，童子小便调下。乃时时打醋炭令香不绝，则血脉自收，安乐无病。"④《醒世姻缘传》中也有："四乡百姓，恨晁大尹如蛇蝎一般，恨不得去了打个醋壇的光景。"⑤ 黄肃秋注："民间风俗用以祛除不详的方法之一。或打碎醋壇，或用烧红的炭放在醋中。"⑥ 此俗在青海地区多是除夕之夜进行，找三块拳头大的干净石头，放在火炉中烧红，再取出烧红的石头放入盛有醋的盆里，热气沸腾时将盆压低拿到房间各个角落熏蒸，结束后倒在干净的地方，通过打醋壇可以清除晦气，消病禳灾，祈福健康。

坠 意思是拖住、拽住。如《醒世姻缘传》八十一回："惠希仁合单完道：你交下，快着来，我先坠着童氏，省的被得躲了。"⑦ 河湟方言沿用此义，例如："昨天把乔老师碰上了，她把我坠住着喧不罢，我提的学生的作文本又重，再没办法着就那么喧给了半天呐！"意思是昨天碰见乔老师，她拽住我聊个不停，我提的学生的作文本挺重的，但没办法又聊了一会儿。

---

① 《辞海·词语分册》，上海辞书出版社 1979 年版，第 1777 页。
② （清）曹雪芹：《红楼梦》，人民文学出版社 2008 年版，第 94 页。
③ （明）兰陵笑笑生：《金瓶梅词话》，网易云阅读，http://yuedu.163.com/search.do?key=%E9%87%91%E7%93%B6%E6%A2%85%E8%AF%8D%E8%AF%9D&type=4。
④ （宋）陈自明：《妇人大全良方》，刘洋校注，中国医药科技出版社 2011 年版，第 45 页。
⑤ 徐复岭编著：《〈金瓶梅词话〉〈醒世姻缘传〉〈聊斋俚曲集〉语言词典》，上海辞书出版社 2018 年版，第 143 页。
⑥ 同上。
⑦ 同上书，第 928 页。

第二章 河湟方言的独特表达

上话 讽刺、怼嘴。《聊斋俚曲集 慈悲曲》第三段:"你还是上其话来了吗?"① 河湟方言沿用此义,例如:"他最近心情不好,给他说个啥都要给我上话哩啊。"意思是他最近心情不好,无论说什么都要怼我。

扽[tuə̃] 用力拉直或拉平②。又有脱(衣服)、剥(动物的皮)、蜕皮,完整脱下来的意思。《争讼章》:"爬堂在地下扽了裤,拳捶惹事腚遭殃。"③ 河湟方言沿用此义,例如:"晚上睡的时候把娃娃尿湿的衬裤扽下了炉子上烤干,不是明天早上穿的时候还湿着,连棉裤都湿掉哩啊。"意思是把孩子尿湿的衬裤从棉裤里扽下来烤干,不然明早连棉裤都湿了。

主腰 "腰"有裤子、裙子等的围腰部分④之义。如白居易《杭州春望》:"谁开湖寺西南路,草绿裙腰一道斜。"⑤ 后来泛指棉袄。如《水浒传》第二十七回:"敞开胸脯,露出桃红纱主腰,上面一色金纽。"⑥ 河湟方言沿用此义,例如:"今年冬天就冷啊,得把主腰加上。"意思是今年冬天特别冷,要穿棉袄。

胡散 没有节制地胡乱挥霍财物。《儒林外史》第九回:"在店里时,也只是垂帘看书,凭着这伙计胡三。"⑦ 此处作"胡三",但意同"胡散"。河湟方言如:"再甭胡散,不存哈点钱连媳妇都娶不上。"意思是再不要胡乱挥霍了,不存点钱娶不上媳妇。

对过 对面。《金瓶梅词话》第七十二回:"走到对过会温老先儿,不想温老师也才穿衣裳,说我就同老翁一答儿去罢。"⑧ 河湟方言如:"这个是你们家对过的那个铺子里买上的。"意思是这个东西

---

① (清)蒲松龄:《聊斋俚曲集》,网易云阅读,http://yuedu.163.com/source/10f914ce963f470290e7de0bcdd7f61c_4。
② 《辞海·词语分册》,上海人民出版社1977年版,第655页。
③ 《争讼章》,版本不详。
④ 《辞海·词语分册》,上海人民出版社1977年版,第1599页。
⑤ 俞平伯等:《唐诗鉴赏辞典》,上海辞书出版社2013年版,第989页。
⑥ (明)施耐庵:《水浒传》,人民文学出版社1997年版,第360页。
⑦ (清)吴敬梓:《儒林外史》,中国画报出版社2016年版,第82页。
⑧ (明)兰陵笑笑生:《金瓶梅词话》,网易云阅读,http://yuedu.163.com/search.do?key=%E9%87%91%E7%93%B6%E6%A2%85%E8%AF%8D%E8%AF%9D&type=4。

是在你家对面的商铺里买的。

煨 《说文·火部》："盆中火。"① 段玉裁注："埋物灰中令熟也。"② 就是生火时只冒烟而不燃烧的状态。《何典》："谁知凭你挑拨弄火，只是烟出火弗着。伛上去吹，又碰了一鼻头灰，煨了半日，倒灌得烟弗出屋，眼睛都开弗开。"③ 河湟方言沿用此义，例如："外头下大雪着，冻着很，家里把炕煨着热热的，进来了往炕上一坐，热乎乎的，舒坦死哩啊。"

一会价 意思是一阵子，"价"在这里读"jie"，作为后缀。如《董西厢》："自埋怨，自推挫，一会价自哭自歌。"④ 河湟方言保留此义，例如："再等个，一会价了我们走。"意思是再等一等，一会儿我们再走。

动弹 意思是走、离开。如《二刻拍案惊奇》卷二十七："家无片瓦，争气不来，动弹不得。"⑤ 河湟方言中如："早点动弹，不是车赶不上！"意思是早点走，要不然赶不上车。

亏杀 意思是多亏、幸亏。《水浒传》第四回："撞见一个京师古邻……亏杀了他，就与老汉女儿做媒……"⑥ 河湟方言如："亏杀早点来了，不是赶不上早饭。"意思是幸亏早点来了，不然赶不上吃早饭了。

绞染 意思是开支、花销。《西游记》第四十七回："连绞缠不过二百两之数，可就留下自己儿女后代，却是不好？"⑦ 此处作"绞缠"，意思是花销，后来在河湟方言中出现了异读"绞染"，河湟方言如："这一趟去了的绞染就大呀。"意思是这一趟去了花销就大呀。

河湟方言中保留了大量的古汉语词，这与我国悠久的历史文化相辅相成，更与汉语的绵延发展息息相关。秦汉以来，汉语保持了统一

---

① （汉）许慎：《说文解字》，段玉裁注，上海古籍出版社1981年版，第482页。
② 同上。
③ （清）张南莊：《何典》，转引自雷汉卿《近代方俗词丛考》，巴蜀书社2006年版，第265页。
④ 《董西厢》，版本不详。
⑤ （明）凌濛初编：《二刻拍案惊奇》，华夏出版社2017年版，第329页。
⑥ （明）施耐庵：《水浒传》，人民文学出版社1997年版，第54页。
⑦ （明）吴承恩：《西游记》，人民文学出版社2010年版，第587页。

的局面，呈现为相对的稳定性，特别是对不同方音词汇的识读，无形中促成了书面语的统一，渐渐形成了汉民族共同语。基于方言从属于民族共同语，且文字的统一独具权威性，因此，青海汉语方言中保留了部分古汉语词汇。可见，青海汉语方言词汇并非现代产物，遵循语言世代传承的特点，古汉语中的部分词汇融入青海方言词汇中，并沿用至今，这些词汇以其相对稳定性，成为青海汉语方言词汇重要的构成给养。

二　民族借用词

扬雄《方言》曾指出，中国历来是一个方言大国，自春秋之时，华夏大地就已雅言、方言并存。早在汉宣帝神爵元年（公元前61年），后将军赵充国出兵河湟，后采取罢骑留万名步兵屯田，不动干戈顺利平羌时，河湟地区就已是移民活跃之地。不论"关东下贫""轻刑免复"的平民，还是豪门望族，他们并非同源，要生存就要相互交际、沟通。河湟地处偏远，交通闭塞，加之汉族与羌族、小月氏等少数民族杂居，呈现出官话、方言、民族语言等混用的情形，在此大背景下，汉语势必同民族语相互渗透、相互转移、相互借用，经过长期发展，独具地方特色的语言逐渐形成。这不完全是一种语言的渗透现象，它更是一种语言的部分特征融入另一种语言或被另一种语言借用的现象，这种行为是双向的，融合的几种语言特征都体现在相互借用、渗透上。

河湟方言中部分词汇就是和民族语成分的这种借用情况，比如，方言借用藏族语词"阿拉巴拉"，藏语意思是凑合、将就，马马虎虎，河湟方言将词语的发音和词义直接借用过来，如"今儿的活干着阿拉巴拉"，意思就是今天的活儿完成得马马虎虎。有的地名也是借用藏语词，比如"玉树"，藏语意思是古乡遗族、古城的遗迹，翻译成汉语也可为玉舒、玉素、玉书；"果洛"在藏语里"果"为"头"，"洛"为"圆"，合起来就是"圆头"的意思，现为地名。还有一些特指词汇直接借用藏语的音译，比如"曼巴"，就是医生，通常在汉藏杂居地区为方便交流，汉族和藏族民众统称医生为"曼巴"；再如"扎仓"，就是寺院里面的学院，这些源自藏语的词汇，被河湟方言吸收，有的保留了本义，有的在长期交际过程中被融入了符合汉民族生活习俗和语用特点的读音或意义。这种民族词汇的借用同样发生在回族语词和蒙古族语词的借用上。比如回族朋友见面都要道一声"赛俩目"，相互问好、互道吉祥如意，河湟汉族直接借用过来，特别是在循化、化隆这些回族聚居区，不论回族还是汉族，相互见面都要问候一声"赛俩目"；还有"阿訇"，在发音和词义上都是直接借用，这是对伊斯兰教教师的尊称，也称伊斯兰教宗教职业者为"阿訇"。再有一些词汇是从蒙古语借用过来的，比如"德令哈"，意思是广阔的金色的原野，读音上直接借用，现在是地名；还有"戈壁""柴达木""鄂博"等，都是对蒙古族语的借用。正如第一章第二节"民族历史语境"中讲到的，在长期以来的生活交际中，汉族和各少数民族在生活、习惯、文化中产生了一种"包容性"，这种包容性被语言记录下来体现在语词的借用上。

除了民族语借用，河湟方言还存在"双语合璧"现象，就是在一组词汇中，同时出现汉语词汇和他民族词汇的语言现象。比如："孟达天池"，其中"孟达"为撒拉语，"天池"为汉语，合称"孟达天池"；"巴颜喀拉山"，其中"巴颜喀拉"是蒙古语，意思是"富饶的青黄色的山"[1]，再加上汉语"山"就组成了"巴颜喀拉山"。河湟地区的汉族与世居的少数民族杂居而住，双语合璧现象屡见不鲜，比如，湟源流传有"铜布、勺子、西纳哈，一口气说了三种话"的顺口溜，其中，"铜布"是藏语"勺子"的意思，"西纳哈"是蒙古语"勺子"的意思，"勺子"是汉语。还有儿歌"阿吾和阿吾是两挑担，什毛家里拌炒面，你一碗来我两碗，把什毛吓个老仰绊"[2]，这里面"阿吾"是藏语"阿哥"的意思，"什毛"是藏语"嫂子"的意思。一首儿歌融入了藏语、汉语，一幅藏汉两族民众和谐的生活场景浮现眼前。

随着"大美青海"的知名度越来越高，人们开始关注青海，数量

---

[1] 张成材：《青海汉语方言中的民族语言成分》，《青海师范大学学报》2003年第3期。

[2] 同上。

可观的外地人开始踏上这块神奇的土地,那么,想要了解当地民风、民情、民俗,熟悉当地语言显得愈加重要。研究语言的借用、接触和变异的过程,就成了了解当地民风、民情、民俗的过程,同时也为语言的发展提供了动态事实。陈原在《社会语言学》序中曾说过:"这门学科一方面应当从社会生活的变化来观察语言的变异,另一方面要从语言的变化或'语言的遗迹'去探索社会生活变动的图景。"①

三 地方风物词

早期社会自然条件恶劣,人们不得不依靠共同劳动时所产生的群体力量战胜自然、改造自然,从而获得生活所需的物质资料。此时,成员间互通信息、表达情感、协调劳作,"渐渐练出复杂的声音来"②——原始语言产生。后来,人类社会实践范围不断扩大,内容不断丰富,人脑的结构功能也随之复杂化和多样化,产生了视觉性、听觉性和运动性语言中枢,同时,人类语言的外在系统也进一步发展,特别是语音由简单走向复杂,语汇由单一走向丰富,而语法规则的意识化程度也逐渐增强,语言随之趋于成熟。"名无固宜,约之以命。"③ 这种产生于协作劳动中约定俗成的音义结合体,带有普遍性,是人类最重要的交际手段④。然而,在历史发展过程中,受到政治、经济、文化、思想、地域等诸因素影响,某种带有地域色彩的"土著方言"产生,所谓"五方之民,言语不通"⑤,又因地域界限、时间更递而自成体系,"一郡之内,声音不同,系乎地者也;百年之中,语有递转,系乎时者也"⑥。每个地方都有各自的语言和词汇,涉及日常生活中的衣、食、住、行、用、山川、湖泊、动物、植物等各个方面,这些都与人们的日常生活密不可分,当地民众在描述它们的同时,自然而然创造出了该地特有的词汇,这些词汇形象生动地描绘着

---

① 陈原:《社会语言学》,学林出版社1983年版,第2页。
② 鲁迅:《且介亭杂文·门外文谈》,译林出版社2013年版,第32页。
③ 荀况:《荀子·正名》,中国言实出版社2011年版,第24页。
④ 《列宁文选》,"论民族自决权"。
⑤ (清)钱绎:《方言笺疏·序》,中华书局2013年版,第5页。
⑥ (清)顾炎武:《音论》,中华书局2005年版,第11页。

当地的特色事物，是该地方言的特色所在。李如龙曾把方言中的"文化词语"分为四小类：风物词语、习俗词语、观念词语和史迹词语①，其中风物词语就是记录各地环境、物产资源、人们的日常生活等物质文化方面的词语。

1. 物质生活类词语

（1）服饰类

许慎在《说文解字》中释义："衣，依也。"② 段玉裁注："叠韵为训。依者倚也。衣者，人所倚以蔽体者也。"③ 此论表达了两层意思：一是"衣"，人依仗其遮蔽身体；二是"衣"字的小篆体"衣"的确像一件东西遮盖着两个人。在人类从猿到人的转变过程中，最初可以保暖的浓密体毛慢慢褪去，为了御寒，人类不得不制作一些简单的衣物，如夏天用枝叶编成的草裙、马甲，冬天用兽皮缝制的皮裙、皮袄等。后来，随着农耕经济的出现和不断发展，人类进入了男耕女织的阶段，衣物也逐渐丰富起来。《孟子·滕文公上》："后稷教民稼穑，树艺五谷，……饱食、暖衣、逸居而无教，则近于禽兽。"④ "稼穑"不单指粮食，它也涉及植物纤维，"暖衣"则表示此时种植麻类、加工麻纤维、织布制衣已达到一定规模和水平。久而久之，人们可以从衣料来判断衣者的身份、地位和生活水平。过去只用于保暖和遮羞的衣物，逐渐成为一种身份的标识物，平民生活拮据，多穿麻布粗衣，故有"布衣"指代平民，而有钱人则多穿丝帛锦缎。总之，服饰文化经历了从"服"到"饰"的过程，各地也都形成了自己独特的服饰传统，河湟地区也不例外，可以从当地关于服饰的风物词中捕捉该地多样的生活风貌和文化传统。

"隔褙"，源自古语"隔帛儿"，见于《古今小说》："才挂体，泪沾衣，出门羞见旧相识。邻家女子低声问，觅见奴糊隔帛儿。"⑤ 又作"袼褙"，《现代汉语词典》释义："用碎布或旧布加衬纸褙成的厚

---

① 李如龙：《汉语方言学》，高等教育出版社2007年版，第161页。
② （汉）许慎：《说文解字》，段玉裁注，上海古籍出版社1981年版，第388页。
③ 同上。
④ （战国）孟轲：《孟子》，史靖妍编，漓江出版社2017年版，第129页。
⑤ 冯梦龙：《古今小说》，人民文学出版社1958年版，第168页。

片，多用来制布鞋。"①"隔褙"，就是把破布或碎布一层一层糊起来，做为鞋底夹里子用，再用麻线纳成结实的鞋，故又称其为千层底鞋。河湟"花儿"里唱道："铺衬嘛打成隔褙了，做成个毛掌儿鞋了。"做一双纯手工的隔褙鞋工序繁琐、做工精细，费时又费力，所以这种鞋常用作女方赠予男方的定情物，又如"花儿"里唱的："一针一线的纳千趟，隔褙儿糊给了九张，尕妹子情意深深藏，我俩的日子长。"姑娘对小伙的思念和情意一针一线纳在千层鞋底上，里面渗透着汗水和爱意，小伙穿着姑娘送的鞋，暖流从脚底涌上心头。隔褙的制作不仅反映出旧时河湟民间传统手工技艺的发展，也从一个侧面描画出民众热爱生活的美好图景。

河湟地区小孩穿的一种叫"钻钻儿"的棉背心，是无领无袖的圆筒形，主要用来护住胸背和腰身。"花儿"里有："头上的青丝锅墨俩染，耳朵上掉给个环环；织下的褐褂儿你甭穿，羊毛的钻钻儿绵软。"旧时，青海地区民间有拆洗棉衣的传统。因青海属高海拔地区，冬季寒冷难挨，用羊毛填充缝制的棉衣较之棉花填充缝制的棉衣更为抗寒保暖。旧时羊毛是稀罕贵重之物，夏天要把穿了一个冬天的棉袄拆开，将里面的羊毛取出来，把结成团的羊毛撕成薄的羊毛片，摊在阳光充足的地方晾晒，直至晒得干燥、松软，以便冬季再度使用。那时每个家庭有好几个孩子，母亲照顾孩子精力有限，所以便捷起见，缝制出"钻钻儿"这种适合小孩子穿的棉背心，一是缝制手法较为简单，二是给孩子穿起来也方便，因无领无袖，所以穿时就像它的名字"钻钻儿"一样把孩子"钻"进背心就好。"钻钻儿"是叠字，效果如吃"果果"、擦"手手"、睡"觉觉"等，显得可爱、亲切。

还有一种叫"挡头"的东西，"挡头"本指起阻挡和阻碍作用的物体，河湟民间多指被子的前端。常用和被身颜色不同的布遮护被头，目的是区分被头和被脚，也为保证清洁。"花儿"里有："花花的被儿绿挡头，样样儿新，绣给的花儿们俊了；相思病得下着扶墙走，头晕得很，一天嘛比一天重了。"旧时民间缝制缎面被子多用于喜事，比如结婚时，娘家妈妈亲手缝制两床精美的被子，与其他物品

---

① 《新华词典》，商务印书馆1980年版，第270页。

一起作为陪嫁嫁妆；或在贺寿时，子女们为父母亲手缝制棉被以表孝心。也有像这首"花儿"里唱的，热恋中的两人难见面，只能馈赠物品表达爱意，姑娘缝制的被子爱意浓浓，小伙子盖在身上、暖在心里，虽然见不上面，但总能睹物思人，寄托相思之苦。首先选取图案吉祥、做工精致的缎料，以及颜色与缎料相匹配的棉布，再将缎料做面、棉布衬里，把被芯缝裹起来，切记要在挡头一端缝上与被面不同颜色的面料，这样方能区分被头和被脚不易混淆，保证清洁。

（2）饮食类

中华民族是一个崇尚美食的民族，中华民族的饮食文化历史悠久。《史记·郦生陆贾列传》有载："王者以民人为天，而民人以食为天。"①"天"为万物最高者，此时已把"饮食"提到了同"天"一般的高度，可见人们对饮食的重视。《论语·乡党》中对孔子的饮食要求也曾有详细记载："食不厌精，脍不厌细。食饐而餲，鱼馁而肉败，不食。色恶，不食。臭恶，不食。失饪，不食。割不正，不食。不得其酱，不食。肉虽多，不使胜食气。唯酒无量，不及乱。沽酒市脯不食。不撤姜食，不多食。"② 此外，对进餐礼仪、方式也早有重视，《论语·乡党》有载："祭于公，不宿肉。祭肉不出三日。出三日不食之矣。"③ "君赐食，必正席先尝之。君赐腥，必熟而荐之。君赐生，必畜之。侍食于君，君祭，先饭。"④ 河湟地区的饮食文化传承已久，以其独特的地域风味吸引着八方食客，虽然有的食物是西北地区，甚至北方地区共有的，但在河湟地区，这些美食承载的民风习俗又体现着这一方民众久已有之的生活传统和文化内涵。

河湟地区多以农耕为主的汉族，所以饮食上面食居多，比如拉条、面片、花卷、狗浇尿、糖饺、韭盒、破布衫等。其中，"破布衫"是青海独有的传统美食，提起破布衫要追溯到千百年前。早在3500年前，高寒高海拔的青藏高原就有了大自然赐予的"宝物"——青稞，人们发现此物可以食用，所以拿来充饥。斗转星移、

---

① （西汉）司马迁：《史记》，韩兆琦评注，岳麓出版社2011年版，第197页。
② 柴剑虹等主编：《论语》，九州出版社2001年版，第86页。
③ 同上。
④ 同上。

日月如梭,一粒粒饱满的青稞逐渐被人们磨制而成为青稞面粉,人们也开始用青稞面制作食物。因早期青稞面的面筋黏性、韧性和延展性差,和好的面经过按压、捏扯后边缘会出现破茬,又因早期的青稞面颜色灰暗,使得扯开的一片片面皮看上去就像破了的"铺衬"(河湟方言,用来打补丁或纳隔褙的碎布),加之此时人们煮食方法简陋,只是把面撕下来或揪下来放入水里煮熟方可,故这种状似"破铺衬"的面食诞生了。后来随着社会的不断进步,人类的烹饪技术随之创新,制作面食的手法也越来越成熟,面食的品种也越来越丰富,早期那种"破铺衬"的面食得到了改善和发展,并在此基础上涌现出了花样繁多的面食形式。而"破铺衬"的叫法也随之发生了改变,究其成因,笔者认为存在两种可能:一种可能是因为"破铺衬"流传时间久远、流传地域无界、传承民众存在口音差异,所以"破铺衬"被不同的人言说,出现了不同的读音,把"铺衬"的读音异化为"布衫",这是人们不自觉的行为结果;另一种可能是因为"破铺衬"在河湟方言中有时带着贬义,比如"把你的那点破铺衬收拾清楚,不是家里来人好笑话哩啊"意思是把你的东西整理好,家里来客人会笑话的,这里的"破铺衬"是对物品混乱状貌的贬义描述。所以作为一种可口的面食,冠之以"破铺衬"的名字实在不雅,又因其状貌像极了布衫片,而且边缘有破茬,所以重新命名为"破布衫",这是人们主动行为的结果。传承至今的"破布衫"已经成为青海地区独有的民间美食。制作时,第一步擀面,将面和好后擀成一大张圆形薄片;第二步"烂汤锅"(炒汤锅),把羊肉和各种蔬菜切片翻炒,待调料炒匀后加水煮沸备用;第三步下面,把擀好的大面片撕扯成小面片下入汤锅,待面熟后连汤带水盛入碗中食用。

除了日常饮食,河湟地区汉族丧礼中招待吊唁者的"汤米三碗"也别有意蕴。"汤米三碗",其一,取"三"。民间喜用"好事成双",所以碰见不好的事通常取单数。再者,"三"在生活中除了用来计数,还是中华文化的意象表征。道家《老子·四十二章》中有"道生一,一生二,二生三,三生万物。万物负阴阳,冲气以为和"①的论述，认为元气化阴阳生为天地，而阴阳二气交相成为均匀调和的和谐状态，此种和谐状态便于产生万物。儒家《荀子》有："礼有三本：天地者，性之本也；先祖者，类之本也；君师者，治之本也。"②此处把天地、先祖、君师尊为礼的三个根本，人们通过祭祀传达对天、地、祖先的尊重和敬畏之情，而祭品也有"三牺"（雁、鹜、雉）、"三牲"（牛、羊、豕）和"三俎"（豕、鱼、腊）之分。佛教中也有"三生""三世"之说，"三生"指过去、现在、未来；"三世"指前世、现世、来世。生生世世的轮回又进入"三界"，即欲界、色界、无色界。《大智度论·卷三十》有："分别善恶故，有六道：善有上、中、下故，有三善道：天、人、阿修罗；恶有上、中、下故，地狱、畜生、饿鬼道。"③其中把生死轮回中作恶业者受生的三个去处称为"三恶道"；善业者受生的三个趋生之所称为"三善道"。其二，"三碗"分别是米饭、熬饭、酸汤，三种饭食分别代表不同意义。米饭：一取米饭的洁白之意，与白事之"白"相得益彰，《礼记·礼运》有："五色六章十二衣，还相为质地。"④古人认为五色代表五方，其中西方白色属秋，气候日趋肃煞、万物凋零，给人以哀伤和悲凉之感。二取米饭的颗粒状，河湟民众遇到不好的事或麻烦的事，有吃"碎饭"不吃"长饭"的习俗，"碎饭"就是细碎状的饭，如米饭、棋花面等，认为吃了"碎饭"不好的事就像这饭一样碎了，如果此时吃了"长饭"，不好的事就会拖得越久，很难渡过。熬饭：青海地方美食，将肉块、萝卜、洋芋和粉条等食材放入肉汤中熬制而成。"花儿"唱道："三月三上山着打平伙，香香儿吃了个熬饭；眼看着阿哥俩要分手，心里头放了个熬煎。""熬煎"是发愁、心烦意乱的意思。"熬饭"的"熬"正是取了"熬煎"之意。"熬"在古汉语中的释义为烤干、长时间地煮和愁怨声。《方言》有：

---

① 李存山注译：《老子》，中州古籍出版社2008年版，第101页。
② （战国）荀况：《荀子》，谢丹、书田译注，书海出版社2001年版，第179页。
③ 龙树菩萨造，姚秦三藏法师鸠摩罗什译：《大智度论》，财团法人佛陀教育基金会2006年版，第1149页。
④ （西汉）戴圣：《礼记》，马吉照、李立威校注，中州古籍出版社2016年版，第184页。

"熬，火乾也。凡以火而乾五穀之类，自山而东齐楚以往谓之熬。"①此处将"熬"释义为烤干。《南齐书·列传》卷四十"若乃漉沙构白，熬波出盐"②中"熬"是长时间地煮。而《楚辞》"我心兮煎熬，惟是兮用忧"③中"熬"已经被比喻为"痛苦"。《汉书·陈汤传》"国家罢敝，府藏空虚，下至众庶，熬熬告之"④中"熬熬"是愁怨声。所以"汤米三碗"中用"熬饭"寄予主家失去亲人时的痛苦和悲戚。酸汤：一取酸汤清澈见底状，寓意逝者"赤条条来去无牵挂"，清清白白地来，干干净净地走；二取酸汤之"酸"味同眼泪之酸涩，表达亲属家眷失去亲人的悲痛之情。旧时认为，前来吊唁的人只有吃了主家的"汤米三碗"才能深刻体会到主家的心情。

那么喜庆时节吃什么呢？河湟地区汉族在春节有"炸油食"的习俗，其中的"翻跟头"和"糖酥壳儿"最为香甜怡人。"翻跟头"是先在发好的面里调入清油、芝麻和糖，揉匀后取适量的面擀成稍厚的案面，把案面切成若干二指宽的长方形等份小面片，在面片中间竖切一刀，将面的一头从切好的缝儿中翻过来，入油锅中炸至金黄捞出即可。"翻跟头"寓意跟头越翻越高、生活越过越好，寄予人们向往美好生活的愿望。"糖酥壳儿"，是将发好的面和硬一些，面里调入化开的猪油（目的是让炸出来的"糖苏壳儿"颜色鲜亮、口感酥脆）和糖，也可放入芝麻，揉匀后取适量面擀成一张大面皮，将面皮切成长短均匀的长方形小薄片，把每一个面片对折成正方形，再把四边捏紧，放入锅中炸，待小正方形中间鼓起、呈金黄色时方可出锅。"糖酥壳儿"形状好似鼓起的钱袋，寄予了民众祈盼新的一年财源滚滚、多财多福的美好愿望。

（3）住宅类

《庄子·盗跖》："古者禽兽多而人民少，于是民皆巢居以避之。昼拾橡栗，暮栖木上，故命之曰有巢氏之民。"⑤历史上的"有巢氏"

---

① （汉）扬雄：《方言》，（晋）郭璞注，（清）戴震疏，丛书集成初编本。
② （梁）萧子显：《南齐书》，中华书局1972年版，第723页。
③ （战国）屈原：《楚辞》，赵机编译，宗教文化出版社2001年版，第295页。
④ （汉）班固：《汉书》，（唐）颜师古注，中华书局1962年版，第3024页。
⑤ （先秦）庄周：《庄子》，方勇译注，中华书局2015年版，第46页。

"大巢氏"可以说既是部落首领又是建筑师。"有巢氏"以后,人类开始有目的地构筑各种建筑物以满足生产生活所需,这也促进了建筑文化的发展。我们可以视建筑为一门艺术,而建筑物正是展现其艺术性的物化形式,同时,建筑本身又是一种物质生产活动,其生产成果——建筑物,又是物质文化的一部分,故而,建筑便成为物质文化和精神文化的交汇点。此类文化信息在各地独特的方言中得以保留和传承。

河湟"花儿"里有:"庄廓打下着墙高了,红大门关着嘛严了;把鸳鸯分到两边了,心疼着活不成人了。""庄廓"就是河湟地区较为典型的民居院落。早在西周就已出现了较完整的"合院式"建筑,位于陕西省岐山县凤雏村。秦汉时期,中原农耕地区的民众迁入河湟地区,带来了先进的农耕技术,促进了河湟地区游牧与农耕文明的交汇,表现在民居建筑上:相对于青海南部地区的羌族碉房式建筑,因河湟地区农耕广袤、黄土充实,所以汉族合院式建筑在河湟地区常见,这种汉族合院式建筑融合羌族碉房式建筑不断发展为庄廓,其外观的敦实厚重结合空间布局的灵活多样,实现了庄廓民居满足河湟地区农耕与游牧并存的生产生活方式。庄廓院整体多为正方形,外围由高3米到5米高的土墙围成,这种高大的庄廓墙体是建筑物抵御高原高寒气候的功能所在,同时又隐射出旧时民众在战乱期的防御工事,因为从夏商周至魏晋时期,河湟地区政权交替频繁,先后经历了前凉、前秦、后凉、南凉、西秦、北凉、吐谷浑的统治,"悉焚其庐舍,毁其城,驱其民而去"[1]的局面时有发生,为保安全,各家各户高筑院墙抵御外敌侵扰。基于信仰层面上的空间观结构设置,作为核心层的庄廓是民众日常生活的核心区域,空间设置上也是民众最为重视的部分:堂屋居中,左侧是家中长辈的卧室和待客之所,右侧多为佛室,供家人日常膜拜;东西两侧厢房为晚辈生活居所;南房常做仓库;四角房是庄廓四边房屋的连接体,用作门房、厨房、畜舍等[2]。大门口设有照壁,周围安放了以家庭为单位的类似于雷台的"煞

---

[1] 陈新海:《青藏高原历史地理研究》,四川大学出版社2011年版,第69页。
[2] 秦永章:《土族传统民居建筑文化刍议》,《青海民族研究》1996年第1期。

桩",庄廓的高墙四角以白石镇宅,家宅内部供奉佛堂祈愿平安吉祥,庭院中"达日加克"(嘛呢杆)上挂有经幡,台上有小煨桑炉,用来祈求神灵护佑,三川土族非常讲究的"中宫",就是为了家宅平安而设的[①]。河湟地区汉、藏、回、土、撒拉、蒙古等各族交融发展,不断普及庄廓的建筑技艺,从外观上看各民族庄廓形态相似,只有内部空间布局、装修风格、室内陈设等方面存在差异。其中以土族的传统家具"面柜"颇具特色。"面柜"是土族堂屋中最重要的家具,通常用来储放粮食。面柜多为木制,表面涂红色油漆,表达土族民众对丰收和红火生活的向往[②],红色底色上面绘制各式牡丹图案,土族信仰中牡丹代表月亮的女儿,象征吉祥如意,所以有"土族人家满眼是牡丹"的说法。面柜正面的装饰手法将佛教须弥座中的壶门样式直接模仿至箱型面柜的芯板上,在芯板上按壶门形制彩绘或雕刻牡丹装饰纹样,装饰部分以黑色为底,彩绘图案色彩艳丽、鲜艳夺目,雕刻纹样简单朴素,装饰效果和谐自然[③]。土族面柜将民族民间信仰和传统思想情感融入其中,有效传承了地方民族特色文化传统。

再如"花儿":"黑鸡儿下了个大白蛋,药铺里换了点党参;不见个尕妹着干颇烦,绷眼儿瞪了个仰尘"中唱到的"仰尘",就是天花板,旧时河湟民众多住平房,房顶多以土坯打好底再铺上瓦片防水,可是风吹日晒瓦片易松动,灰尘、泥土随之掉落家中,故而,各家各户都用质地厚实的纸把天花板裱糊起来,即便屋顶的瓦片松动,屋里房顶上掉落下来的泥土灰尘也都由裱糊的那层厚纸接着,确切地说,"扬尘"就是用纸糊过的天花板。河湟地区每逢腊月都有"扫扬尘"的习俗。腊月二十八,大家在长木棍上捆一束草叶,用其把扬尘和墙壁上的"吊吊灰"扫干净,喻义送穷、送邪,祈求来年平安吉祥。听父辈们说,他们小时候每晚睡觉都能听见老鼠在"扬尘"里

[①] 文忠祥:《土族村落的空间结构及土族的空间观》,《青海民族研究》2007年第1期。

[②] 甘泉:《土族色彩观的民俗学探析——以土族服饰色彩为例》,《青海社会科学》2012年第4期。

[③] 刘玮、吴智慧:《土族传统民间家具"面柜"的民俗特色》,《艺术评论》2016年第9期。

跑来跑去的声音，甚是害怕，为了解除孩子们睡觉时的恐惧，家长们每隔一段时间就会把旧的"扬尘"撕掉，裱糊上新的，同时保证了家里的清洁。古时也称其为"扫年"，相传在尧舜时便有此俗。如今随着生活水平不断提高，高楼大厦拔地而起，人们纷纷入住干净明亮的楼房，过去的"扫扬尘"也慢慢变成了"扫房"，大家借着腊月的"扫年"进行一次彻底大扫除，扫去旧年的不如意，迎接新年新气象。

（4）工具类

《晋书·王述传》有载："初，述家贫，求试宛陵令，颇受赠遗，而修家具，为州司所检，有一千三百条。"① "家具"一词古已有之，它是人们日常生活中和生产实践时所必须使用的器具设施，包括用于凭依、坐卧、储存、间隔等功能的器具。其功能、风格、类型、制作水准以及当下的占有情况，反映着一个特定的历史时期内某地的物质生产水平和民众的社会生活方式，这其中也凝聚了该地悠久、深厚的历史文化内涵。

河湟农区常用"碌碡"，也叫"石磙子"，是农户必备的工具。碌碡由石磙和拨架两部分构成，石磙呈圆柱形，圆柱两端各有一个小孔，用来装木轴或铁轴；拨架为木制，呈长方形，套于滚轴之上，劳动时，将套绳系于拨架之上，牵动碌碡转动。"碌碡"初见于北魏贾思勰的《齐民要术·水稻第十一》："先放水，十日后，曳陆轴十遍，遍数唯多为良。"② 此时"碌碡"作"陆轴"。北宋时，诗人范成大在《四时田园杂兴·其六》中有曰："骑吹东来里巷喧，行春车马闹如烟。系牛莫碍门前路，移系门西碌碡边。"③ 此时已称其为"碌碡"。到了唐代，陆龟蒙的《耒耜经》有载："耙而后有碌碡焉，有砺磋焉。自耙至砺磋皆有齿，碌碡觚棱而已，咸以木为之，坚而重者

---

① （唐）房玄龄：《王述传》，转引自闵宗殿《康熙〈耕织图·碌碡〉考辨》，《古今农业》1993年第4期。

② （北魏）贾思勰：《齐民要术》，石声汉译注，谭光万补注，中华书局2015年版，第210页。

③ 缪钺等：《宋词鉴赏辞典》，辞书出版社2015年版，第1114页。

良。"① 释义碌碡是一种木制、圆柱、外有棱纹（或无棱纹）的整地工具。到了元代，王祯《农书》对"碌碡"又作了详尽解释："碌碡，……其制可长三尺，大、小不等，或木或石，刊木括之，中受篗轴，以利旋转，又有不觚棱混而圆者，谓混轴，俱用畜力挽行以人牵之，碾打田畴及上块垡，易为破烂。"② 明时，徐光启《农政全书·农器》又载："其制长可三尺，大小不等，或木或石，刊木括之，中受篗轴，以利旋转。"③《金史·赤盏合喜传》展现了战时"碌碡"一解燃眉之困的场景："龙德宫造炮石，取宋太湖、灵璧假山为之，小大各有斤重，其圆如灯球之状，有不如度者杖其工人。大兵用炮则不然，破大砲或碌碡为二三，皆用之。"④ 碌碡不惜碎成石块化身武器帮助百姓保卫家园。农忙时，碌碡在麦场一圈圈地转动作业，农闲时，河湟民众不忘碌碡劳作的辛苦，常举行隆重的"卧碌碡"仪式，在感谢碌碡打碾辛劳的同时，祈求来年风调雨顺、五谷丰登。每年农历十月前后，打碾结束、粮食归仓，择吉日"卧碌碡"。主妇们早起把家院打扫干净，用当年的新面和新榨的菜籽油蒸花卷、馒头，炸油果儿、油饼，煮好一大锅肉，做好各种菜食。家里的男人们把各种农具拾掇干净归置好，选择一块干净空旷的开阔场地放置碌碡，再在碌碡旁设供桌，上面摆放各种蒸炸好的面食、炒好的菜食、煮熟的肉类。"卧碌碡"时，一家之主焚三炷香叩拜；倒三碗酒，将盛酒的碟子举过头顶默念祈语，然后慢慢放下，把酒泼洒在地上；点火烧裱，把供桌上的食物各取一点儿泼洒在周围，最后磕头叩拜。仪式完成后，全家老小、打碾中帮忙的亲朋围坐一起，享用美食、喝酒助兴。

随着现代化生活节奏的不断加快，虽然涉及衣、食、住、行、用等方面的部分民俗事象渐趋淡出我们的视野，但作为历史的产物和生活轨迹的见证者，它们又在地道的方言中得以保留，与其一起留存下来的还有这些方言所承载的生活方式、生产习俗和民族情感。河湟地区

---

① （唐）陆龟蒙：《耒耜经》，版本不详。
② （元）王祯：《农书译注》，转引自闵宗殿《康熙〈耕织图·碌碡〉考辨》，《古今农业》1993年第4期。
③ （明）徐光启：《农政全书》，线装复印本。
④ （元）脱脱等：《金史》，中华书局1975年版，第2495页。

的地方风物词涉及生活的方方面面，不胜枚举，上文列举各类风物词，解读了它们所承载的地方文化和民俗传统，文末附录中对风物词有系统的梳理。

2. 山川湖泊类词语

青海自然地理状貌有其地域独特性，平均海拔 3000 多米，但海拔 5000 米以上的地区约占总面积的 60.9%。昆仑山、祁连山、唐古拉山三大山系构成了青海的地貌骨架；柴达木盆地以西、西北部与南疆盆地、河西走廊相邻，东北、东部与祁连山相邻，其边缘至中心呈现为"戈壁—丘陵—平原—沼泽—湖泊"的环带状分布；大通河、湟水河、黄河三大谷地处于中国地势第一二级阶梯和青藏高原与黄土高原的过渡带上。总体而言，地势高耸、河谷星罗密布。河湟地区地处黄河与湟水流域肥沃的三角地带，土层厚而肥沃，地势平坦开阔，属川水农耕区，又称其为"河湟谷地"，河湟谷地属于平行岭谷地貌，包括大通丘陵盆地、哈拉古山地带、湟水谷地、拉脊山、黄河谷地等。河湟地区的地形分区属于统一的地理单元，是黄河、湟水流经地，其地质构造属于祁连山结晶岩轴，除个别山峰外，很少有现代冰川和积雪，以外营力侵蚀为主。河湟谷地地理构成独特、自然资源丰厚，山川连绵跌宕、湖泊星罗密布，有"金蛾晓日"的娘娘山和"苍松翁翳"的老爷山遥相守望、连绵不绝；有被誉为"高原蓝宝石"的青海湖、"湟流春涨"的湟水河，圣洁梦幻、清澈浩瀚，以此为代表的山山水水生动地描画着河湟地区多彩壮丽的自然图景。

（1）山川类

娘娘山，又名金蛾山、落云山，山势奇峻、蜿蜒起伏。《隋书·炀帝记》有载，隋大业 5 年，隋炀帝率文武官员到西平巡视，"宴群臣于金山"，这里的"金山"就是现在的娘娘山。《西宁府新志》载："西去县治七十里。上有湫池，雨多则内有积水。能出云雨，居民遇旱祷之。隋炀帝征吐谷浑，晏群臣其上。后围吐谷浑于覆袁川，命元寿南屯金山是也。居民以上有飞蛾，谓之金蛾山。因山麓立有圣母祠，俗又谓之金蛾云。"[①] 相传，隋炀帝西巡时看中了娘娘山的风光

---

① （清）杨应琚：《西宁府新志》，青海人民出版社 1982 年版，第 128 页。

旖旎，在此山大宴群臣，后来又将爱妃葬于此山，故得名"娘娘山"。也有传说称此山与雄踞大通县的"老爷山"面对而望，二山又各呈风姿、遥相对视，为对应"老爷山"的称呼，称"金山"为"娘娘山"。河湟民间有许多关于"娘娘山"的传说。相传金娥娘娘葬于金山后，化身彩蝶在湫池旁的万花丛中翩翩起舞，民众常说，如果一年中百花盛开、彩蝶不断，那这一年必定风调雨顺、五谷丰登，所以居住在娘娘山附近的人们大多自觉保护彩蝶。湫池里常有不少青蛙，或浮于水面，或藏于水草间，民众将这些青蛙视为雨水之源。相传每逢旱季，人们会折上柳枝、戴上草帽，齐聚一处求雨，倘若求雨之人品行善良，湫池中的大青蛙便口喷云雾，云雾升空形成一朵吉祥的云彩，顿时天降甘露；倘若求雨之人作恶多端，湫池中的大青蛙便口吐黑云，顿时冰雹四起。"花儿"有唱："云谷川沟儿里雷响了，娘娘山雨脱罢了；阿哥哈不见着可想了，浑身的肉消下了。"（脱罢：此处形容雨势极大；消下了：此处形容思念作祟，身形消瘦。）虽然抒发的是青年男女的相思之情，但对娘娘山的雨说来就来描画得惟妙惟肖。

与"娘娘山"隔相遥望的"老爷山"，又称"元朔山""北武当"，坐落在大通县境内，以"苍松蓊翳，石磴盘梯，川流萦带，风景佳丽"① 著称。《西宁府新志》载："北去县治七十里。石峰林立，下绕河流。北有巨石，高二丈余，甚奇伟。监司龙膺题曰：海藏。又北有洞，昔为虎窟，有游僧来居之，虎乃徙去。俞安期题曰：慈藏。太元宫据其上。夏间野芍药花甚多，六月六日，土民倾城往游，俗谓之北武当云。"② 据相关史料记载，"老爷山"上原来有座药王庙，移步不远就是玉皇宫，宫殿中供奉有玉帝神像。穿过玉帝宫便是百子宫，宫殿中供奉有送子娘娘，香火旺盛，祈求子嗣的民众络绎不绝，或焚香跪拜祈愿，或求讨卦签，或拴系泥人以求子嗣。出了百子宫便是菩萨殿，此殿坐落在山峰较高处，可眺望远处。穿过殿前一片松林，便来到正殿，院落幽静、殿宇巍峨，有浮雕和泥塑的佛像，还有

---

① 滕晓天：《青海花儿话青海》，香港银河出版社2002年版，第146页。
② （清）杨应琚：《西宁府新志》，青海人民出版社1982年版，第132页。

无量塑像，香火旺盛。循道东去便是古塔，高三丈余，塔南山弯处有一石洞，名曰"七真祠"，祠内塑有七仙。出了"七真祠"便是太元宫，又名"老爷庙"，内供奉有关公像，墙壁彩绘是关公过五关斩六将、单刀赴会的场景。出太元宫不远处是三佛殿，下山东行不远便是雷祖殿，东为斗母宫，该宫西北处的岩洞内供有文昌帝君像。循道西行，山峦间有著名的"老虎洞"，塑有吊睛白额猛虎。相传洞中白虎雄踞，因游僧居于此，虎便远离，故有明代俞安期的题名"慈藏"，洞正中塑有送子娘娘，旧时，祈求子嗣者来此处求赐子孙，先焚香叩拜，后进洞摸取物品，若摸得小孩鞋袜等儿童用品，便是生儿育女之兆，翌年另制鞋袜还到洞中以了心愿。清代诗人綦生兰在《元朔山老虎洞竹枝词》中写道："崎岖石径傍危崖，绿绕洞前密树排。娇雅裙钗也冒险，暗中摸索小红鞋。"现如今山上的寺庙院落早已不复存在，取而代之的是青松绿柏、四野青色、野果飘香。每年"六月六"，"老爷山"的花儿会如期举行，届时各族民众争相献技，动听的"花儿"响彻山谷。

（2）湖泊类

青海湖，藏语称其为"措温布"，蒙古语称其为"库库诺尔"，意思都是"青色的海"。历史上因羌人、鲜卑人长期生活于此，故又将其称为"羌海""鲜海"，汉族长期以来直接称其为"青海"或"西海"①。《西宁府新志》有载："在县西二百七十余里。周围海面有七百余里，东西长亘而南北狭焉。今按水经注云：'（东去）西平二百五十里'者，新旧郡地有远近耳。又谓之青海。夏秋远观，碧浪拍岸，势欲倾斜。南岸一堤，阔仅百步。北亘数十里，直奔海腹而没，名为海带。陟此隐隐见人物楼阁之状。十三州志云：'青海在临羌县西。'阚骃所谓'卑河羌海，有鱼无鳞，背负黑点。亦多鸟兽。中央有山突起，形如螺壳。稍西又出一山，若驼峰，无舟楫可渡，望之如积雪。'余有诗云：'一片绿波浮白雪，无人知是海心山。'冬至水（冰）合，似万顷琉璃，好事者往游焉。汉平帝时，王莽讽卑禾羌，献西海地置郡，莽败郡废。"② 先秦时，青海湖是羌人活动的核心地

---

① 赵宗福：《论青海湖的文化资源与文化特征》，《人类学研究》2018年第2期。
② （清）杨应琚：《西宁府新志》，青海人民出版社1982年版，第141页。

带；秦汉时，鲜卑吐谷浑国把环湖地区作为游牧生活的重要聚居地；西汉末年，王莽在青海湖边设西海郡；汉代、魏晋南北朝时，多个政权势力波及青海湖；唐蕃时期，"唐蕃古道"的开通途经青海湖；元明时，众多重大历史事件发生在青海湖地区；清后期至民国时期，朝廷大员专程祭海并会盟蒙藏首领。青海湖是中国最大的内陆咸水湖，位居我国最美五大湖泊之首，其文化价值更是在中华文化史上独领风骚。文学方面，以青海湖为题材的文学作品数不胜数，如诗歌《西海谣》《企喻歌辞》等，散文作品《青海赋》《平青海文》《青海湖，梦幻般的湖》等，助推了青海湖文化的提升与传播。艺术节会方面，21世纪以来的"青海湖国际诗歌节""青海湖国际雕塑与大地艺术节"等，把青海湖文学创作和传播提升到了前所未有的层次，在国际上产生了影响。[1] 特别是民间信仰方面，生活在环湖地区民众的"祭海习俗"古已有之、播及深广。祭海的形式有遥祭、近祭、民间祭三种，旧时举行遥祭，就是每年由高级官员在京城西郊设坛祭祀，行三望或四望礼；近祭就是每年秋季在青海湖畔举行的祭海会盟仪式，旧时由钦差大臣作为主祭、西宁官员陪祭，各族民众参与祭拜，祭祀时供奉羊、猪、牛、糖果、酥油、酒、五色粮食，设置一对龙旗、四根御杖、一条哈达，汉文、满文、蒙文的祭文各一张，然后上香、朗诵祭文、行三拜九叩之礼，祭祀仪式多达10余项。[2] 民间祭就是民众自发举行的"祭海"仪式，以表虔诚的祈愿。先在经旗杆上拉起经幡，再在祭祀台或煨桑台上煨桑，并不停地向煨桑台敬献酥油、糖果、五谷粮食和酒等祭品，伴随桑烟的升起，参与祭祀的各族民众按顺时针方向、以煨桑台为圆心转圈诵经祈祷，同时向空中不停地抛撒风马，最后面向青海湖方向磕头祭拜，祈求神灵护佑，来年风调雨顺、人畜兴旺、平安康健。

湟水河，途经湟源、湟中、西宁、互助、平安、乐都、民和等地，全省境内流域总长约336公里，流域面积16120平方公里（不含大通河）。《西宁府新志》有载："湟水，其源出西塞外，流入县治。

---

[1] 赵宗福：《论青海湖的文化资源与文化特征》，《人类学研究》2018年第2期。
[2] 拉毛卓玛：《环青海湖民族的祭海仪式》，《青海社会科学》2012年第4期。

// 河湟方言文化与民俗学特质研究

古湟中之名,繇是水也。汉志:'临羌县西北塞外,有海、盐池,北则湟水所出,东至允吾入河。'元和志:'湟水一名乐都水,出青海东北乱山中。'按乐都即今碾伯,故行都司志以湟水为碾伯河,非也。盖湟水自西塞入境,又加西、碾二邑诸水汇入,皆谓之湟水,非独碾伯河也。一统志云:'城北北山之阴,有苏木莲河,疑即湟水。'尤非。按苏木莲河,今北川河也,亦入湟水,非即湟水也。余核各水志,唯水经注考订最确,此古人精细胜今人处。注又云:'东入经戎城,故西零地。'十三州志曰:'城在临羌新县西。'注又云:'东入经戎峡口,又迳西平城北。'是湟水自塞外而至,迳西平城北,咸无南注之文,安得以北川河为湟水。余按今名以合前水。盖湟水发源不一,西北拨洛充克之乌兰哈达及暨莫挥兔泉水会流,约百余里至丹噶尔东(西)南河拉库托尔及图尔根,众泉会流约七十余里,亦至丹噶尔统汇成河。由西石峡进口,名为西川河,此湟水也。又正北拨科峡山泉及黑林口,泉水分流,约百里至白塔尔峡门堡汇为一水,约四十里至北川暗门。又阿尔探打坂泉流由东峡约八十余里,亦至北川暗门。三水总汇,从水洞而入,名为北川河,此苏木莲河也。二川之水统于临城之刘家河湾,汇成一河。由城北东流。又正南之马鸡沟山泉,约三十余里至申中暗门,由南川直入湟水,此南川河也。经小石峡、大石峡,径碾伯县东南行一百里至李土司享堂,与大通河会。又行一百一十里,至皋兰县张家河湾,入黄河。"[1] 湟水春涨时河流汹涌,旧时在春涨渡河或靠牛羊皮筏横渡,或靠木船摆渡,河水湍急、险象环生。受湟水滋养,河岸两侧花红柳绿、万象生机,芦苇丛中白鸥、麻鸭、鸳鸯嬉戏游动;泛舟河面捕捞鱼虾乐趣横生,一派"春江水暖鸭先知"的生动情景。清代诗人吴栻在《东溪春色》中将湟水流域的春涨风光描画得鲜明活泼,"小桥长短接春溪,柳色青青草色萋。十里云霞涵秀色,一行烟雨入新题。波开水镜鱼游岸,影动沙矶树绕堤。借问都是何处去,双柑斗酒听黄鹂"。借着踏青,民众在河岸边野炊,把酒言欢、酣畅淋漓。"花儿"中唱的"盘石根来桦丝

---

[1] (清)杨应琚:《西宁府新志》,青海人民出版社1982年版,第142页。

· 64 ·

棍，湟水岸上的探春；旁人亲来果然亲，把好人愁成个病人"①就是对湟流春涨盛景的再现，抒发了伤春思人的情怀。

3. 动植物类词语

据不完全统计，青海境内陆栖脊椎动物270多种，其中经济兽类110种，各种鸟类294种；野生植物2000余种，其中，经济类植物1000余种，药用植物680种，名贵药材50余种。因青海地区动植物资源丰富，现仅取二三物种为例，解读它们在河湟文化中"扮演"的有趣角色。

（1）动物类

河湟地区有句俗语"羯羖瘦呵尾巴夵着"，用来形容人穷志不短、有骨气，比如："你在甭赞，你的金饭碗我也有眼热着，我们羯羖瘦呵尾巴夵着，个家的辛苦个家吃得！""赞"这里有说大话、吹牛的意思，"眼热"就是羡慕，"个家"就是自己，"个家的辛苦个家吃得"就是自己付出再多的辛苦也心甘情愿、心安理得，劳动换来的报酬让人感觉踏实。这里面的"羯羖"是河湟地区对山羊的称呼，清代周伯度《本草思辨录》记载："山羊，好登历山崖倾仄处，略无怖意。其肾气之充固，非它畜比。"② 河湟地区的"羯羖"有时也作"驹驴"。还有"野狐儿"，它是犬科动物，学名赤狐，别名红狐、火狐。形似犬而略小，通体浅棕色或浅黄色，尾蓬松粗长，下垂拖地。多以啮齿动物为食③。俗语有"野狐儿尖，野狐儿的皮子叫人穿"，意思就是虽然野狐儿很狡猾，但它也有被捉住的时候，揭下的狐皮做成衣服供人们取暖。这句话也是在告诫人们，为人处世不要偷奸耍滑，事实总有昭然若揭的时候。河湟地区还有"野狐儿拾上了一苗儿针"的故事，讲的是一只野狐儿从未离开自己生活的地方，有一天，它机缘巧合地终于离开了家，走着走着，在路上发现了一枚绣花针，于是捡了起来，因为它从来都没见过绣花针，也不知道可以用它来干什么，所以就将绣花针视为宝物，爱不释手，逢人就拿出来炫耀，后

---

① 滕晓天：《青海花儿话青海》，香港银河出版社2002年版，第165页。
② 转引自谷晓恒、李晓云《青海方言俗语》，语文出版社2013年版，第95页。
③ 朱世奎主编：《西宁方言词语汇典》，青海人民出版社2003年版，第24页。

来这件事被大家传开了，一说起"野狐儿拾上了一苗针呐"大家都哈哈大笑。生活中人们常用这句话讽刺那些没有见识还喜好吹捧的人、那些做事没有投入全力而取得一点点成绩就无限放大的人。

"花儿"中唱道："凤凰山是座八宝山，老龙王，脚踩着南山嘛泪了；尕妹是麝香鹿茸丸，吃不上，吃上时百病儿散了。""麝"属于鹿科动物，当地汉族民众称其为"獐子""香子"，藏族民众称其为"拉瓦"，麝的性格孤僻、胆小，雌性麝和雄性麝都是独居，它们主要生活在海拔4000米左右的高山疏林灌木丛地带。"麝香"取自雄性麝，因其腹部有一个麝香囊，待雄性麝性成熟期到来时，麝香囊内就会分泌麝香，其香气浓烈。唐代诗人韩愈有"蜀纸麝煤添笔媚"的诗句，指的就是一种添加了麝香的高品质墨。宋代洪刍在《香谱》中也曾指出，麝香可与多种香草花卉配制成香料，且用途广泛。《神农本草经》中将麝香位居"诸香之冠"，《本草纲目》也强调麝香具有"通诸窍、开经络、透肌骨、解酒毒、消尿果食积"等多种功效。麝香作为香料其品种名目繁多，放在香囊中的麝香若香粒如豆瓣，且瓣粒分明，故称其为"豆瓣香"，若香状如小豌豆，粒粒圆润，又称其为"豌豆香"，若香如蚁蛋，晶莹透白，故称其为"蚁蛋香"。又因香囊中香料的形态可将麝香分为"独香""日月香""三和尚"等。"鹿茸"就是雄性鹿尚未骨化的幼角，富含激素样物质和蛋白质、钙、磷、镁、骨质、胶质等多种成分，能生津补髓、益血助阳、强筋健骨，是多种滋补药的主要成分。青海地区的鹿茸产量较高，其中以白唇鹿为佳品。"花儿"里提到的"麝香鹿茸丸"是泛指灵丹妙药，此处把姑娘比作"麝香鹿茸丸"，具有强调、肯定的意思。因为在爱人心中，心爱的姑娘正如这名贵的、包治百病的灵丹妙药一般，可解相思之苦。

（2）植物类

河湟地区一种叫作"黑白刺"的植物随处可见，春暖花开时，黑白刺盛开的花朵娇艳欲滴，金秋收获季，万千刺果儿多彩绚烂。"黑刺"成活率高，撒上刺种，三年便成林。其树皮呈青墨色，刺长而尖硬。多年生的黑刺，其茎粗细有碗口大，附近民众多用其制作农具的铁把、头把等；其细茎韧度较强，不易折断，又可用于制作"荆叉"；其柔韧的细枝，又是巧妇们编织篮筐的上好材料。黑刺结成的刺果呈橙黄透明色，味道酸甜沁香，其中富含的维生素C含量是猕猴桃的2倍至3倍、山楂果的20倍、甜蜜橘的100倍，含有的微量元素和氨基酸都有20多种。"白刺"又叫小果白刺，属于蒺藜科落叶灌木，生长在海拔2000米或3000米的草原、荒漠、沙丘、沙滩等地。它的小枝呈灰白色，枝顶端刺状，属单叶肉质，常在嫩枝上数片簇生；白刺开的花是形状较小的五瓣白色小花，排成顶生的蝎尾状花序；其果实呈浆果状，味酸甜，可药用亦可酿酒、制醋、制作饮料等。白刺常分布在西宁、民和、乐都、循化等地，海西最多，常有大片灌木林。因其耐旱、耐盐碱，所以它是青海地区防风固沙的重要植物。关于黑白刺还有一个有趣的传说。相传有位老人酷爱栽种，可他栽种的花木常遭到牛羊啃踩，且果实苦涩无味。老人为改变现状苦寻良方，但未能如愿，最终含恨而亡。后来他的两个儿子立下誓言，势必要完成父亲的遗愿。于是他们备齐干粮、拿着工具，哥哥在山的阳坡、弟弟在山的阴坡，终日劳作不休。日复一日，哥哥晒成了黑脸儿，弟弟荫成了白脸儿，最后也因劳累过度，兄弟俩牺牲在各自的山头。可是就在他们栽种的地方，不久后便长出了浑身带刺的树丛，后人为纪念兄弟俩，将这种植物分别叫作"白刺""黑刺"。人们采集刺果儿，酿造饮料、果酒，青海的这种"刺果儿"因营养价值高、纯天然无污染而享誉海内外。

马林诺夫斯基曾说："语言是常被视作人类特具的机能，和人的物质设备及其他的风俗体系相分开的。……但是在研究实际应用中的语言时，却显示了一字的意义，并不是神秘地包含在一字的本身之内，而只是包含在一种情境的局面中（context of situation）由发音所引起的效果。……语言知识的成熟实就等于他在社会中及文化中地位的成熟。于是语言是文化整体中的一部分，但是它并不是一个工具的体系，而是一套发音的风俗及精神文化的一部分。"[①] 地方风物词作为河湟地区的语言知识，被一代又一代的民众广泛使用和传播，随着时间的推移，它们逐渐成为承载该地文化生活传统的"标识"，可以

[①] ［英］马林诺夫斯基：《文化论》，费孝通等译，中国民间文艺出版社1987年版，第6页。

说，它的成熟标志着它在社会中、民众中、文化中、习俗惯制中的不断成熟。(地方风物词例举详见文末附录)

四 方言成语

现代汉语通常把成语分为"雅成语"和"俗成语"[①]。所谓雅成语，就是源于古代书面语的成语，比如南辕北辙、螳臂当车、汗牛充栋、坐井观天、杯弓蛇影、画龙点睛等，它们往往有自己的文献出处；所谓俗成语，就是历代劳动人民口头创作、口头运用的口语色彩较强的成语，比如七上八下、胡言乱语、说三道四、毛手毛脚、歪七扭八等。河湟方言成语就属于这种俗成语，通常为四字格，形式虽短小精悍但意义却饱满深刻，形象生动地反映了民众丰富的生活内容和心理情感，生活中人们口耳相传，使用至今。

地道的方言土语虽不讲究工整，但却把目的意义形容到极致，用最形象的语言道出最真实的状貌。如"野狐加狼"，狐狸和狼是最狡猾、凶狠的动物，将这两种动物放在一起形容两个恶人狼狈为奸，让人顿感其可恶至极；"岜金尿银"，拉出来的金子、尿出来的银子，把某种财大气粗、挥霍无度的状态形容得淋漓尽致；"一点半个"，从数量上看"一点"已经很少，一点的半个就更少，意思是少之又少，比如："我不太爱吃糖，不过有时候盛情难却，吃上一点半个。"意思是吃那么一点点。有时候也形容偶尔、不常，比如"今年过年回趟老家，一年就回这一次，夏天一点半个回去一趟"意思是夏天偶尔回去，基本不回。"干死噎活"，"死"和"活"相对，干得死去活来，吃下去噎到不行，形容吃的东西没有一点水分，干噎得无法形容。这种看似夸张，细细品来却又在情理之中的语言效果，是当地民众颇为青睐的，大家在日常生活中时时言说，使用频率高、范围广，久而久之传承至今。

河湟地区方言成语的语义特征主要表现为较强的传承性和借用的互动性。较强的传承性主要是指对古汉语的继承和沿用。比如"死眉瞪眼"，意思是做人办事死气沉沉，一点也不机灵。《红楼梦》第一

---

① 温端政：《汉语语汇学教程》，商务印书馆2005年版，第67页。

百一十回有:"偏偏那日人来得多,里头的人都死眉瞪眼的。"① 河湟方言中此词沿用至今,不论词的形态还是词义都没发生变化。比如:"这个人家一天好死眉瞪眼的,来个人也不知道问一声的。"意思是这个人怎么整天死气沉沉的,也不知道问候一下来人。再如"少调失教",意思是没规矩,行为散漫。《金品梅词话》第四十回有:"好大胆丫头!新来乍到,就恁少条失教的,大剌剌对着主子坐着。"② 此词在沿用过程中词语形态发生了改变,河湟方言多用"小调失教",比如:"这个娃娃小调失教的,一点也没有规矩。"但词义没发生改变。借用的互动性是强调河湟方言成语常借用汉语普通话和少数民族语言中的词汇。比如"信马由缰",意思是由着自己的性子和喜好漫无目的地闲逛。老舍的《四世同堂》中曾写道:"他气昏了头,不知往哪里去好,于是就信马由缰地乱碰。"河湟方言借用此词,但在词语形态上将其改变为"由马信缰",词义也延伸为自以为是地干某事。例如:"我就忙了一会儿会儿没顾上看,家就由马信缰地把那些晾下的水倒掉了。"意思是我就忙了一会儿没操心到,他就自以为是地把晾凉的开水倒光了。再如"一挂麻郎","麻郎"是藏语词,意思是全都、全部的;"一挂"是河湟汉语方言,意思是一起、全都。用汉语词和借来的藏语词一起构成了这个方言成语,意思保留了两组词汇的本义。例如:"走的前头把电脑了一挂麻郎的插销哈拔掉。"意思是在走之前把像电脑一样带插头的电器断电。虽然是词语的借用,但实质上也是文化的互动和交流。河湟方言中这种民族词语的借用情况屡有发生,这正是河湟文化包容性和多元化特点的有力证明。

温端政对成语性质界定为:汉语熟语语汇中二二相承的表述语和描述语,这对于汉语熟语语汇内部语类的划分有较强的可操作性。因此,这个对成语性质的表述,既适合汉语通语成语,也适合汉语方言成语,汉语方言成语,就是汉语方言熟语中"二二相承的表述语和描述语"③。(方言成语例举详见文末附录)

---

① (清)曹雪芹:《红楼梦》,人民文学出版社2008年版,第127页。
② 徐复岭编著:《〈金瓶梅词话〉〈醒世姻缘传〉〈聊斋俚曲集〉语言词典》,上海辞书出版社2018年版,第639页。
③ 温端政:《汉语语汇学教程》,商务印书馆2005年版,第67页。

第三节 "宾语前置"的语法结构

河湟方言不仅遵循现代汉语发展规律,反映该地区的社会历史风貌,而且受到一些他民族和外来语的影响,逐渐形成了一套具有地方特色的语言风格①。其中就包括独特的句式结构——宾语前置,这种语言风格呈现出的是各族群间的文化融合。

一 "宾语前置"的成因

徐通锵指出:"在我国国内,各少数民族(不管来源上有无亲属关系)大多与汉族处于大杂居、小聚居的情况,因而语言间的相互影响,无论就其深度和广度来说,都相当深刻,语言间因相互影响而出现的相似性、结构类型上的类同性和因来源相同而在结构上有发生学的共同特点等现象自然也就纠缠在一起,不易区分。"② 随着时间的推移,族群间通过战争、移民、商贸等形式,产生复杂的语言接触,这种接触既可以是不同语言间的接触,也可以是不同方言间的接触。中国社科院罗美珍曾指出,不同族群间的接触产生的语言结果是:接触中,某个群体的语言使用功能逐渐萎缩,被另一群体的语言替换;相接触的各类语言,语言结构互相渗透并扩散,最终达到各自的丰富和发展;相接触的各类语言,结构上混合或融合,最后因为渗透的深入而产生一种质变的语言③。也就是说,族群间相接触,可以产生语言的替换、影响、混合、融合等结果,而河湟方言的形成便是第三种结果。

从语音、词汇上看,河湟方言与普通话差别不大,但语法的主要特征有所改变。普遍的情况是,语言接触中语法的借用和融合较难发生,除非是在较稳定的双语社区内经过长时期的接触而改变④。回顾历史,河湟谷地作为一个多民族聚居地,早在汉代就已建置,一直以

---

① 杨静:《青海汉语方言 SOV 句式研究综述》,《语文学刊》2009 年第 2 期。
② 徐通锵:《历史语言学》,商务印书馆 2001 年版,第 77 页。
③ 罗美珍:《论族群互动中的语言接触》,《语文研究》2000 年第 6 期。
④ 马梦玲:《西宁方言中 SOV 句式浅析》,《青海师范大学学报》2002 年第 12 期。

来是青海文化、政治、经济、教育的中心，后又有戎、羌、党项、吐谷浑、吐蕃等民族在此繁衍生息。据史书记载，青海地区的土著是一些少数民族，诸如戎、羌、吐蕃等民族，后涌入大量汉族移民，民族成分就复杂起来，族群间的接触和交往日益频繁，促使当地文化、习俗、语言呈现出复杂独特的风貌，所以说河湟方言的独特就是这种多族群语言交融的结果①。

形成河湟方言这种"S-O-V"句式，语言学家们看法各异，有的认为是古代汉语已有的句式在方言中的遗留，有的认为是受其他语系或语族的影响，后来学界有了比较一致的看法，认为这种句式不是先秦汉语"S-O-V"句式的遗留，而是受周边少数民族语言影响产生的②。因为先秦汉语"S-O-V"句式具有显著的句法条件：①疑问代词作宾语在动词前；②否定句的代词宾语前置于动词，但名词宾语仍后置。例如："三岁贯汝，莫我肯顾。"（《诗经·魏风·硕鼠》）"吾谁欺，欺天乎？"（《论语·子罕》）"不患人之不己知，患不知人也。"（《论语·学而》）与先秦汉语"S-O-V"句式相比，河湟方言"S-O-V"句式显然不受这些句法条件限制。[韩] 郑光编《原本老乞大》中认为，谓语在宾语前是汉语的特点，"很显然，这是 S-V-O 形式的汉语语法受 S-O-V 形式的蒙古族语影响的结果"。而《原本老乞大》中的汉语反映的是元朝时期的汉语口语，这种语言受蒙古族语的影响较深。《原本老乞大》21 右中："俺家里书信有那没？书信有。"③ 26 左："俺自穿的不是，要将投乡外转卖。"④ 因青海地区的蒙古族是世居民族，故方言中的"S-O-V"句式不排除受蒙古语影响的可能。可见，汉族与各少数民族交相杂居，促使族群接触、语言接触的发生频繁，河湟方言在这样一种语言环境中不断发展，逐渐形成了独具特色的"宾语前置"句式。

---

① 张成材：《试论青海方言的形成》，《青海社会科学》1992 年第 1 期。
② 杨静：《青海汉语方言 SOV 句式研究综述》，《语文学刊》2009 年第 2 期。
③ 马梦玲：《西宁方言 SOV 句式类型学特点初探》，硕士学位论文，南京师范大学，2007 年。
④ 同上。

二 "宾语前置"的语法结构

由于汉语自身缺乏严格意义上的形态变化,因此,汉语的句型变化并不靠词形的异变和语法模式的变换,在表达语法意义时,最重要的手段是依靠语序和虚词,更多地依靠语序来确定语法结构的关系,故而,语序成了汉语各级语言单位进行组合、连词成句的重要手段[1]。方言中独特的语序表达,在交际中更能彰显丰富多彩的语法表达。河湟方言这种"S-O-V"句式具有严密的结构和系统,同时又表现出了与普通话迥然不同的风格。

普通话的基本语序为"S-O-V",动词作谓语时在宾语之前。河湟方言正好相反:

首先,陈述句中,宾语在动词之前。比如:"你饭吃(你吃饭)""同事们早上树植起了(同事们早上植树去了)"。倘若主语和宾语都在动词前,这时就要靠它们的先后顺序来确定主语和宾语。比如:他我的肚子上踢给了一脚(他在我的肚子上踢了一脚)。老师你的作业上写给了一段话(老师在你的作业上写了一段话)。其中"我的肚子""作业"这些名词在具体动词之前,做宾语,它们之前的就是代词,做主语。

其次,当出现"哈""哩啊"(常连读为[lia])"哩啊嘛"这些标志词时,就表示宾语要前置了,这些词则在语音上有舒缓语气和停顿的作用:

疑问句时,句尾有"哩啊"。比如:你们家里家长有哩啊(你们家家长在吗)?早上的会几点开哩啊(早上几点开会)?你们班里学生几个有哩啊(你们班有几个学生)?这个娃娃谁家的是哩啊(这个孩子是谁家的)?

选择疑问句时,当第一个动词后出现"哩啊嘛",宾语一定前置。比如:你中午来哩啊嘛不来(你中午来不来)?娃娃学校里走哩啊嘛没走(娃娃去没去学校)?你工作服穿哩啊嘛不穿(你穿不穿工作

---

[1] 宋卫华:《西宁方言的宾动式及其语法特征》,《青海师范大学学报》1995 年第 8 期。

服)？以"哩啊嘛"为标志的问句常常有"究竟"要如何的意思。

出现两个以上名词、名词性短语、代词，它们都在动词之前，宾语后常出现标志性词"哈"。比如：家哈我冇见（我没看见他）。我书柜哈收拾清楚了（我把书柜收拾好了）。娃娃你的车子哈骑上了（娃娃把你的车骑走了）。另外，表示疑问时，这类句型的句尾常以"哩啊"相配合，从而达到反复疑问的目的。比如：你办公室哈收拾利索哩啊？（你能把办公室收拾干净？具有质问的语气）；你我的快递哈拿上哩啊？（我的快递你还拿得上吗？表示委婉地询问）。交际过程中可能会受到语流的影响，"哈"这个音节往往发音轻而短，有时微乎其微，容易忽略，所以错误地认为河湟方言中的宾语前置是无条件的，其实，这个音节的辅助作用不可或缺[①]。

当"有""是"充当动词时，常出现"哩啊"。比如：我这一次出差一个礼拜有哩啊（这次我出差有一个礼拜）。他你的干大大是哩啊（他是你的干叔叔）。当动词是"没有""不是"时，"哩啊"不出现。比如：他我的对象不是，小李我的对象是哩啊（他不是我的对象，小李是我的对象）。

第三，如前所述，河湟方言宾语前置时，动词前会出现一些辅助音节为标志，有时在动词后也会出现辅助性词语，这时，谓语动词不能单用。这一点与普通话中的"把"字句极为相近。比如：你排长哈还是看给个（你还是去把排长看看）。你这个书给他借给个（你把这个书给他借一下）。但是，"把"字在河湟方言中又不是都省去，而是以一种独特的含义存在，这与普通话中的"把"字句，在语法和语用上都相去甚远。比如：你把你吃，他哈甭等（你吃你的，不用等他）。这里的"把"，相当于普通话中的"尽管"，另外，普通话中的能愿动词被排在主要动词前，起到修饰、限制主要动词的作用，而河湟方言中，常把能愿动词放在主要动词之后，这样可以更好地起到强调的作用[②]。比如：你事情多着，消停一会儿的要哩（你事情真

[①] 陈萍：《试论青海方言的使用特点》，《青海师专学报》（社会科学版）2000 年第 5 期。

[②] 张筠：《西宁方言的民俗文化研究》，硕士学位论文，青海师范大学，2010 年。

多，必须消停一会儿)！沙发单单脏哈子，洗的要哩（沙发单子脏死了，必须洗一下)！

最后，河湟方言中被强调的对象，在语序上通常要置于动词前。这种规律不仅包括词与词之间的组合层次，而且在整个句子的表述上同样具有严整性①。比如：这点儿上，博物馆就是不（问题的重点是这里是不是博物馆)？他办公室里几盆花有哩啊（问题的重点是几盆花)？正是这种强调问题重心的需要，询问的主体无一例外地进行了前置。不仅如此，在普通话里表现凝固性、整体性很强的句子，在河湟方言中因受到逻辑上强调重心的位移，同样产生前置现象：普通话中的连动句，其构成连动短语的几个动词间，不论自身多复杂，连用的动词总是紧密地结合在一起表达一个"整体"意义，用它来充当谓语，构成的连动式也只是一个单句。比如"他们看完电影打球去了"。所以，连动短语中的几个动词间语音不停顿，一旦存在语音停顿，便成了复句。而河湟方言却表现出与普通话截然不同的风格。比如：你窗窗开哈着上班去了（重点是你开着窗户上班去了）。他自行车骑上着买去了（重点在他骑自行车出门买东西了）。河湟方言中，无论是语法结构上的前置特征，还是语义上的特殊表达，都以强调的目的背景为契机。

第四节　活泼的民间俗语

游汝杰曾指出，方言和民俗中的口承语言民俗关系最为密切。这其中的口承语言民俗指的就是用口头语表达的民俗，如民歌、曲艺、秘密语、吉利词、忌讳词、谚语、语言游戏等。想要了解地道的口承民俗，对方言的调查研究显得尤为重要。

一　谚语

谚语，是劳动人民智慧的结晶，它形式短小，内容生动，包含着

---

① 宋卫华：《从方言的特殊表达语序审视其语法语义特征》，《青海师范大学学报》2004年第6期。

第二章 河湟方言的独特表达

丰富的生产知识和生活经验，同时又阐释着深刻的哲理和教训。河湟地区的各族民众都钟爱谚语，汉族有"学下谚语不用，说起话来费劲"，藏族有"话无谚语难说，器无把柄难拿"，蒙古族有"没有无谚语的话，没有不缝掇的袄"，土族有"水里头泉水最清洁，话里头谚语最动听"，撒拉族有"话美在谚语，人美在胡须"的说法。可见，谚语以其独特的韵味被广大民众青睐，并忠实地学习，执着地传承着。河湟地区谚语取材广泛、内涵丰富，有关天文、时令、农事、人情、风俗、劳动、智慧、学习等方面的谚语数不胜数，其内容的丰富、措辞的俏皮、理趣的深刻被世代劳动者传承至今，它们的主要作用或阐释缘由，或进行劝诫、警告，或用以起兴。本书试将河湟地区的谚语按照内容、题材和修辞手法分为四类进行阐释，分别为生活理趣类、劝诫他人类、经验方法类和比兴类。

生活理趣类谚语饱含丰富的哲理，具有较为深厚的教育意义。在日常生活中，常以谚语释"理"，内容丰富、形式活泼。比如："三九天送柴是兄弟，吃饱了送饭是假意。"严冬三九寒冷难耐，此时"送柴"的人才是会真心付出帮助的朋友，但一切都好转了再来嘘寒问暖的假意一定要辨明。"人心要实，火心要空。"生炉子的诀窍是火炉里留下空隙，好让柴火着得旺，而做人的诀窍则是对人真诚、实在，简短的句子用最常用的、人人熟知的生活常识作比，道出为人处世的道理。"人眼不开，天眼开着"，民间视天是最公正的，人眼看不到的，天眼一定会看到，人间的不公正总有一天会昭然若揭；"人前教子，人后劝妻"，这是民间为人夫者约定俗成的得体做法；"淡淡长流水，酽酽不到头"，比喻的是生活安排有计划，不铺张，生活便会长久安定；"一九二九，袖里筒手；三九四九，冻死黄牛；五九六九，冻着狼吼；七九八九，冻死黄毛丫头；八九九九，隔河看柳；九九尽，收拾打牛棍；九九加一九，犁铧牛儿遍地走。"这是农业区的人们在长期劳作中，根据物候节气总结出的关于生活、生产经验的"九九歌"。这类饱含生活理趣的谚语，常以最生活的画面或场景，解释最地道的生活之理，特别是让孩子们在形象生动、充满画面感的趣味言说中，明白做人做事的原则和规矩。

日常生活中，民众常会在碰到一些情况或问题的特殊场合想要劝诫别人，从而达到警示的效果，可是倘若直接说"这件事不能做""不能怎样怎样"，对方很难接受，那么就要找到一种委婉的表达方式进行劝阻，此时，劝诫他人类谚语所发挥的作用显得尤为突出。比如，"借钱"的话题极为敏感，有些人甚至因为此事跟亲戚朋友闹得很不愉快，可是怎么劝诫他们避免这类事情再次发生呢？老话有"亲戚若要好，甭打钱私交"。讲的就是亲朋好友间最好不要存在金钱的利益瓜葛，否则其中的尴尬真的就是哑巴吃黄连。年青一代在成长过程中总会遇到始料未及的各种状况，初出茅庐的莽撞会给自己带来很多麻烦，此时，父辈们便会经常劝诫"逢人只说三分话，不可全抛一片心"。这是提醒他们防人之心不可无，说话办事要在真挚诚信的前提下做到有分有寸。生于20世纪五六十年代的父辈们一路走来颇多艰辛，儿时生活的艰难、成长的不易让他们养成了勤俭节约的生活习惯，所以面对小辈们的"月光族"、信用卡消费、各种"局"、夜生活等都很难理解，甚至极度排斥，此时，听到他们最多的一句劝诫就是"吃不穷穿不穷，计划不到一辈子穷"。无论现在生活条件多么优越，作为一个成年人就要计划好自己的生活，否则痛快一时、难过一世。

经验方法类谚语，是人们在长期的生活劳动中，总结出的具有一定指导意义的生活经验，有的反映生活规律，"茶饭看的饼饼儿，针线看的纽门儿"，这是河湟当地的老人总结的生活规律，主要是说为人媳妇，饭菜做得好坏看看烙的饼子就知道，针线做得好坏看看衣服上缝的扣门就清楚；有的总结生活经验，"能吃仙桃一颗，不吃烂杏儿半背斗"，夏天瓜果丰收，但也不能因为解暑就贪嘴，比如杏子，虽然富含较多的维生素，但较之桃子多食可能引起腹泻；"洋芋就是半个粮，没有肉油人也胖"，在粮食短缺的时候，洋芋是最好的充饥作物，虽然比不上肉油，但也不至于饿肚子；有的揭示生活哲理，"小殷勤儿买转帝王的心"，时不时给别人点"小殷勤"，难办的事总有转机；"婆娘丑了好，衣裳破了好"，意思是过日子要低调，不显山不漏水。

比兴类谚语中"比"就是"以彼物比此物"；兴，就是"先言他物以引起所咏之词"，起到联想、寓意、烘托气氛、象征等作用。河湟地区的谚语常被用来作为说事传情的比兴之语，谚语有"话没有引子咋说哩,树没根子咋长哩"。就是对谚语"比兴"手法的形象阐释。"驴拿棍赶,人拿情感",要让驴托物赶路,就得不停地用棍子赶着,而人与人之间相处,要让对方折服就得动之以情,用真心换真情,前半句用动物作比,后半句讲理;"养儿园中的瓜,养女墙外的花",养个儿子总会扩枝散叶、开花结果,养个女儿终将成为别人家的媳妇,用"瓜"和"花"作比,讲的是生活中的老理;"山不说大小要景致,人不说大小要本事",山不论大小,论的是景致的好坏,出门在外人也不论长幼,论的是一身的本领。比兴类谚语就是用大家最为熟悉的事物作比,以此来阐释生活中的处事之道和为人之理。

　　河湟地区的谚语以其独有的文化特色彰显着该地区浓厚的民俗传统。首先,通过谚语我们可以领略到淳朴的高原农业文化特色。比如:"一九二九,袖里筒手;三九四九,冻死黄牛;五九六九,冻着狼吼;七九八九,冻死黄毛丫头;八九九九,隔河看柳;九九尽,收拾打牛棍;九九加一九,犁铧牛儿遍地走。"高原农业区的人们在长期劳作中结合物候总结出了适宜"交九"后的生产生活经验,形象生动、便于记忆。"一年庄稼两年苦,三百六十天背日头,过年当个社火头,光阴过好解忧愁"道出了庄稼人的艰辛,同时劝诫大家吃苦就有回报,不必把自己的辛苦常挂在嘴上,踏踏实实过好自己的日子比什么都强。再如:"冬吃萝卜夏吃姜,不劳医生开药方。""洋芋就是半个粮,没有肉油人也胖。""清明的辣子谷雨的瓜,播种莫让时节差。""火里的菜籽,泥里的青稞。"这些谚语中提到的萝卜、洋芋、辣子、瓜、菜籽、青稞都是当地民众的主要农作物,掌握好它们的播种时间悉心栽培,庄稼必然大获丰收。其次,在活泼的谚语表述中,高原畜牧业文化蕴藏深厚。比如:"骆驼的脖子长,吃不上隔山的草。"旧时在青海地区驯养骆驼,利用骆驼极耐饥渴的特性,用以长途驮运和骑乘。"不宰黑牦牛,难见黄板油。"黑牦牛是青藏地区独有的高原牲畜,它对高原地区较为恶劣的生态环境具有极强的适应力,比如在空气稀薄、寒冷、牧草生长期短等恶劣环境条件下生活自如。"马圈牛棚向东南,夏遮热来冬抗寒。""牛要日饱,马要夜草。""冬草夏不食,夏草冬不食。""若要养奶牛,月月四两油。"生活在青藏高原的牧民们对待牲畜就像对待自己的儿女一般,他们的生活来源和依靠就是家里的这圈牲畜，所以在生产生活中总结出了大量适用于畜牧业的民谚指导劳作。第三，谚语中的很大一部分内容是在言说河湟地区民众的日常生活习俗。比如："家有千缸油，不照双捻头。"即使家里再富余也要懂得节省。"随婆娘少生闲气，随阴阳少遭祸事。"在家多听老婆的话就不会起争执，旧时人们遇事占卜吉凶后方敢行事，以求避灾祸。"会看的看女婿，不会看的看光阴。"意思是看女婿重在看人品，而不是人家有多少钱。"人前教子，人后劝妻。""唱旦的要扭哩，买卖人要吼哩。"这些都是民众在日常生活中通过自己的生活经历总结出的生活智慧，折射出的是河湟地区民众淳朴的民风和健康的生活理念。

深邃的哲理性和描述的形象性是谚语独具特色所在，因为它"不仅仅停留在事物的表象，而总是引申出一种普遍的思想，提高到一定的哲学高度，给人启迪，发人深思"[1]。一系列警言妙语如同生活的良方，给人以深省、启示，再加上活泼的描述，其形象性足以让人身临其中，以他物悟己理。（谚语例举详见文末附录）

二 歇后语

歇后语就是"俏皮话"，前半部分是"假托语"，作比喻，后半部分是"目的语"，讲结果。因使用时常省去后半部分，故而称其为"歇后"语。歇后语有寓意、谐音两种类型，通过描画生活中的熟悉场景，反映人们的思想情感，总结生活、处世、劳动等方面的经验，具有幽默、讽刺的特点。河湟地区的歇后语行文俏皮、形象、生动，融入了丰富的方言词汇，短小精悍的语句包含丰厚的智慧、哲理，绚烂而有意义。本书将歇后语分为寓意类和谐音类两大类。

寓意类歇后语通过类推和联想，用客观存在的或者想象中的事物做比喻，在了解喻体性质的基础上揭示寓意。这类歇后语又可根据喻体的不同，分为人神类、动物类和其他类。

人神类歇后语常以人们熟知的人神或角色为第一人称，配合各自具有典型性的事迹和行为，直接表意，使其前后意义顺理成章，读之

---

[1] 中国民间谚语集成《西藏卷》编辑委员会：《中国民间谚语集成·西藏卷·前言》，中国ISBN中心2001年版，第6页。

有恍然大悟之效。"白蛇娘娘喝雄黄酒——现了原形",《白蛇传》中白娘子喝雄黄酒现原形的桥段家喻户晓,以"现原形"来讽刺那些整日戴着面具假模假式的虚伪之徒;"陈世美不认贤妻——嫌穷爱富",陈世美所作所为被世人唾骂,贴在他身上的标签就是"嫌穷爱富、忘恩负义",这则谚语也是前后两部分内容顺理成章的典型;"麻婆娘照镜儿——点点乱",麻脸婆娘照镜子,满脸的麻子一点一点的"点点乱",西宁方言里"点点乱"另有一层引申义,意思是不守规矩,男女关系混乱,这条歇后语表面上看也是前因后果、顺理成章,其实又是拨开表层云雾探寻深层意义的类型。"猫鬼神钻到仰尘里——一踏一个窟窿","猫鬼神"是河湟地区的民间邪神,日常生活中如果对所供奉的"猫鬼神"毕恭毕敬,它会帮助主人招来急需、所缺之物。[①] 这里用猫鬼神作比喻,将"一踏一个窟窿"的动作描画得惟妙惟肖。

  动物类歇后语常以昆虫、家畜和各种动物为例,看似描述它们为人所熟知的外形状貌、生理特点、生活习性等,实际上是通过这些字面意义暗示人们在生活中应对各种危机、解决各种困难、化解各种矛盾的方式方法。比如:"猴儿手里叼枣——妄想",猴子本就机灵,想从它手里抢吃食,真的是妄想,暗示办事难度大;"拿上骨头打狗——有去没回",狗本就爱啃骨头,拿着骨头打狗是无济于事,暗示白下功夫,事倍功半;"城头上的雀儿——大炮俩震哈的",旧时西宁城楼上栖息着许多鸽子、麻雀,城楼附近每天都有几次鸣放报时的醒炮、头炮,日久天长,鸽子、雀儿听见炮响也不惊慌,比喻经历过艰难困苦的人再遇难事就不怕了;"牛角上抹油——又尖又滑。"其实此类歇后语常说前半句为宜,"那个事估计没戏吧,反正我觉得是猴儿手里叼枣"又或"那个人我了解,就像牛角上摸油了!""又尖又滑"其实是谐音"又奸又滑",听者一听便心知肚明。

  另外,还有用生活中其他事物作比的歇后语,比如:"八月的花檎——红丢丢儿","花檎"是河湟地区特有的小果子,味道酸甜,形状似杏子。"红丢丢儿"就是红彤彤的意思;"娘娘山起过雨——

---

① 鄂崇荣:《青海民间信仰》,中国社会科学出版社2016年版,第42页。

满铺满盖","过雨"就是阵雨,娘娘山的阵雨雨势极大,把整个山都淋湿了,"满铺满盖"就是绰绰有余的意思;"大风窝里吃炒面——口难开","大风窝"就是大风天,大风天在外头吃炒面,还没张开嘴,炒面就被大风刮没了。

谐音类歇后语的解释部分巧用谐音或摹声,言此而意彼,一语双关。"六个月没下雨——半眼汉","半眼汉"是"半年旱"的谐音,西宁方言"半眼汉"是愚蠢、有精神障碍的人;"门神里卷灶爷——话中有话","话中有话"是"画中有画"的谐音;"缸瓦盆倒核桃——瓜拉拉","瓜拉拉"是象声词,模拟核桃倒入盆中的声音,在这里用来比喻能说会道;"阿奶叫鸡儿——就就就","就就就"是赶鸡时常用的象声词,河湟方言中"就就就"有立即、马上的意思,这里前半段用象声词模拟,后半段表达立即马上。这类歇后语常常是后半部分的某些词的一个义项与前半部分的词义相照应,这种照应又同时满足两个方面,词义照应和谐音关联。① 通常情况下,人们更愿意只说出前半句,留下后半句让听者玩味。

作为一种独特的表达方式,歇后语以其独有的语言风格广泛流传于河湟民众中,颇受大家喜爱。在日常表述中,可以结合自身实际随即取材,道出生活理趣和生产经验,其民俗文化内涵深厚而纯粹。其一,通过歇后语,我们可以洞察到河湟民众的民间信仰习俗。受原始宗教和万物有灵论的影响,青海地区的民间信仰表现为多神信仰。上有天爷,下有土地爷,火有火神,水有龙王,家有福禄财神、灶神、喜神、观音、菩萨等②。比如"土地爷的拐杖——神棍棍",就是河湟地区民众对土地神的信仰。河湟地区的各类农事祭祀活动中,主要围绕土地神的有田社、土主、关方神、后土等神灵信仰。《诗经·周颂·载芟》就有载:"载芟,春籍田而祈社稷也。"③ 可见田社之俗久已有之。春分时节全家老少结伴祭祖,祭祀祖先前先祭后土,为后土献上供品,然后点香、焚纸、磕头祭拜。再祭祖先,为祖先敬献各种

---

① 米海萍等:《青藏地区民族民间文学研究》,中国社会科学出版社 2012 年版,第 340 页。
② 赵宗福等:《青海多元民俗文化圈》,中国社会科学出版社 2012 年版,第 156 页。
③ 柴剑虹等主编:《诗经 楚辞》,九州出版社 2001 年版,第 361 页。

第二章　河湟方言的独特表达

肉食钱粮，燃香焚纸，磕头祭拜，最后分享食物。目的是求得新的一年庄稼五谷丰登、人畜兴旺康健。另外，再如"财神爷放账——没利""见了阎王爷磕头——饶命""城隍爷出府——朝北不朝南"等，都是从民间信仰层面上总结出来的生活理趣。其二，通过歇后语，折射出的是河湟民众在物质生活层面上的民俗传统。比如"扫脚面的裤筒——拖泥带水"，20世纪80年代，"喇叭裤"在西宁市区风靡一时，裤腿状似喇叭、长过脚面，大街小巷的青年男女人手一条，被称为"中国时尚界最初的冒险"，它曾是一代人的记忆，虽然已成历史，但这段记忆在歇后语中保留了下来。还有"三十晚上借蒸笼儿——我蒸你煮"，除夕守岁的传统保留至今，守岁是阖家团聚尽欢，以便早迎财神接纳祥瑞的习俗。有的家庭举行小型聚会，唱歌、跳舞、讲故事等，大家各显特长；有的家庭由德高望重的老人主持，让晚辈们叙说自己过去一年的成长和收获，总结经验、教训，再由家长们嘱咐相关事宜。事毕大家可自行活动，行令喝酒、玩牌九等。等到零点钟声敲响之际，各家各户烧醋坛、点松盆、放鞭炮，辞旧岁迎新年。还有"大风窝里吃炒面——口难开""正月十五贴门神——来迟了""扁担串在桥洞里了——担不起""夹着唢呐打盹儿——事儿没当事儿干""河滩里栽牡丹——好景不长""瓦渣儿里拌砂灰——小气""洋蜡滴到石头上——浸给了"等，涉及的是物质民俗的各个方面，包括服饰、住宅、饮食、生产等，特定的地域条件、时令特征和生产技术，使得河湟地区的物质民俗具有自身独特的民俗文化意蕴。其三，歇后语以其俏皮、活泼的语言风格传承了河湟民间口承民俗。比如"张果老的玉鼓——唱天下太平"，河湟土族传唱的"道拉"中，《八洞神仙》就是传统曲目之一，张果老是"中八仙"中的一位，唱词有："四洞神仙张果老，骑驴逍遥过九州，四季进财来。""戏台底下淌眼泪——替古人担忧"，"搭台唱戏"的传统流传至今。旧时的大户人家多在喜庆时节邀请戏班来家里唱戏助兴，如贺寿、结婚时。后来各地设有专门的戏台，每到戏班来唱戏，家家户户的大人小孩都端着小凳子在台下听戏。河湟地区流传较为广泛的民间说唱有平弦、越弦、贤孝、下弦、道情、打搅儿、太平歌，民间戏曲以皮影戏和眉户戏为代表。"山头上唱少年——调子高"，"少年"就是"花儿",其浓厚的乡土气息,浓郁的泥土芳香,是"花儿"语言艺术的显著特征。生活中的一切都可以通过"花儿"倾诉,有的是固定唱词,有的是即兴创作。高亢悠扬、旋律优美的"花儿"倾注了人们对生活、对爱人、对亲情、对友情的向往与追求。(歇后语例举详见文末附录)

三 惯用语

"惯用语"顾名思义就是人们在日常生活中常用的、使用起来广普化的语词。它是民众长期生活生产中口头创造的产物,常用来比喻一种事物或行为,相当于一个词或词组,使用自然,结构简明生动,表意诙谐有趣,但意义往往不能简单地从字面上去推断。河湟地区的惯用语具有典型的地方特色,活跃在各民族群众的日常交流中,通过词语的生动表达,体现饱满的乡情、丰富的情感,彰显民众纯真、质朴、活泼、幽默的民族性格。按其外部结构可以将惯用语分为短语型惯用语和句子型惯用语。短语型惯用语又可细分为三字格惯用语、四字格惯用语和多字格惯用语。其中三字格惯用语使用较为广泛,例如:

  吃模糊 旧时在红白喜事等场合混饭吃的人。
  打背捶 故意背人行事,获取好处。
  打兴头 扫兴。
  戴高帽 过奖。
  卖酸奶 装糊涂。
  伏上水 巴结。
  连轴转 不分昼夜地劳作。
  耍老刀 耍滑头。
  散摊子 解散。
  抢汤水 为私利而争先恐后。
  带把子 说话时夹杂脏话。
  点眼药 打小报告。
  溜尻子 溜须拍马。
  有下数 成竹在胸。
  敲边鼓 吹耳边风。

第二章 河湟方言的独特表达

寻碴头　惹是生非。
抽底板　中途退出劳动。
敲竹杠　占便宜。
窝里害　在家霸道不已，出门胆小怕事。
贱骨都　贱嗖嗖的样子。
磨洋工　偷懒、懈怠。
当东家　承办喜婚丧葬的人。
连锅端　彻底。
抓耳朵　好强，争名誉。
打头阵　充当前锋。
吊膀子　男女亲昵的行为。
装行情　不懂装懂。
打和声　凑热闹。
大满口　水或食物温凉了。
老婆舌　唠叨，讲是非。
吃独食　私吞。
泼凉水　扫兴。
干撩乱　瞎忙活。
执巴浪　性格直爽。
翘尾巴　骄傲自大。
唱花脸　充好人。
半瓶醋　不虚心的人。
耍手腕　使诈。
拉黄鱼　单位司机拉私活挣钱。旧时，从青海湖到西宁的路上，人们常手持湟鱼一对，作为给汽车司机的车费，请求搭乘。
耍笔杆　卖弄学问。
劝偏架　办事不公正。
眼中钉　看不惯，记恨在心的人。
宽心丸　把心放到肚子里的好话。
借东风　行方便。
敲门砖　求人办事时的钱礼。

旋手罢　边取货，边付款。

四字格惯用语在外部形态上与成语具有一定的相似性，但二者存在较大差异，见表2-3。

表2-3　　　　　　　　　惯用语与成语的差异

	出　处	结　构	语　义
惯用语	多出自民众口语	结构固定，定型性弱，可随意填字、拆分	浅显易懂，具有大众化和流行性
成语	多出自史书典籍	结构严密，定型性强，不能随意填字、拆分	丰富深刻，具有传承性和说服力

四字格惯用语，例如：

空爹手儿　手里什么东西都没拿。

打脸板板　特指做事不用心、经常掉链子的人。

二斯斯儿　事不关己高高挂起的冷漠状。

隔水堵河　意同隔靴搔痒。

好眉端端　平白无故地、好端端地。

机溜下家　机灵、反应快的人。

盘四搭脚　把腿盘起来坐着。

实干念儿　确实、的确。

疯张冒失　慌慌张张、毛毛躁躁的样子。

灰不绌绌　不白净、脏兮兮的样子。

多字格惯用语常以短语的形式存在，简短的语言道尽生活的苦辣甜咸。例如：

把荞面没当成五谷　"五谷"指代粮食，把荞面不当粮食，意思是小看人了。

干萝卜干操心　凡事都要过问、操心。

拆东墙补西墙　东拉西扯的不从根本上解决问题。

吃席呵拿个手巾　"手巾"就是手帕，吃席还要带上个手帕擦嘴，意思是干什么事就要有干什么事的样子，事前准备要充分。

苍蝇的尕花脸　意思是谁都有个脸面。

冻萝卜遇上铁镲镲　冻萝卜本来就硬，再用铁镲镲肯定刮不出萝卜丝。意思是双方势均力敌、矛盾不可调和。

顶上罗儿就是天　"罗儿"就是锣。意思是借着自己的小权利就作威作福。

佛面上刮金　指那些贪婪、爱占便宜的人。

狗皮袜子没正反　意思是事情怎么办效果都一样。

狗肚里存不住二两油　心里装不住事情、手里存不下钱。

给个脸好染大红　就是蹬鼻子上脸。

好厨子一把盐　做饭连盐都放不合适就不必论其他了。

脚面上打滚　相当能狡辩，为人狡猾。

尻门翻着领豁里　狂妄自大，用人在前不用人在后。

狼老鸹守死狗　守株待兔、不知变通。

没有大一尺的帽子　万事都有度。

瘸子腿上拿棍敲　意同雪上加霜。

日子长着树叶儿　形容时间还很长。

热手甭逗冷货　不要没事找事。

不疼的手往磨眼里塞　没事找事，无事生事。

耍下的猴儿就是戏　说话办事要诚实守信，言必行、行必果。

三天两后晌　坚持的时间不长。

弹嫌鸡蛋没缝缝　鸡蛋里挑骨头。

狗嫌猪不爱　谁都不喜欢、嫌弃。

指望下的窝里没兔儿　托付了的事情没办成。

句子型惯用语，顾名思义就是用一句话讲明道理，这些简短的句子在生活中随处可用，要么摆事实讲道理，要么通过借代劝诫他人。例如：

嘴上犟着，心里烫着　言不由衷，嘴上说的不是心里的话。

一嘴咬一口李子，谁不知道谁的底子　谁都对谁知根知底，无须隐瞒。

西番见酒，羯羠见柳　遇见了自己最喜欢的东西或事物。

驮子驮上，鞭子挨上　又要干活又要受气。

一拨一转，不拨不转　做事情没有主动性，必须有人督促着才行。

铁里不去,铜里不来　水平有限。

头都磕了,揖作不下　已经下了很大的工夫在一件事情上,就要坚持到底,不能半途而废。

骡子不死,毛病不改　就是江山易改,本性难移。

卖馍馍的,把托笼洗去　就是该干什么就干好,不要瞎胡闹。

腰来腿不来,跌倒起不来　办事、劳动时偷奸耍滑,不用全力;身体状况差。

较之于谚语和歇后语,惯用语形成了自己独有的风格特点。第一,形式多样,活泼形象。惯用语有三字格、四字格、多字格的短语型和句子型等形式,语言结构凝练,形式丰富多样。使用过程中随意性较强,不用拘泥于固定格式。语言生动形象、活泼有趣,多用当地民众普遍熟悉的人物或事物,言说的过程就是情景再现的过程。比如"空夅手儿",手里什么东西都没拿,就那样闲夅着不知所措。河湟民间有个不成文的规矩,晚辈去看望长辈,不管是不是年节都要随行带点礼物,不用特别贵重,像水果、点心、小吃或各种生活用品都行,表达晚辈对长辈的尊敬。有的孩子不懂礼数,就会落得"空夅手儿"的埋怨,虽然不是什么大的过错,但也显得尴尬。再如"瘸子腿上拿棍敲",腿已经瘸了,再用棍敲真的是不近人情、雪上加霜,形容得生动至极。生活中常能听到:"眼看眼月底没钱了,还要交这个缴那个,再就瘸子的腿上拿棍敲哩啊!"一句短小精悍的惯用语道出了月光族的艰辛。第二,寓意深长,耐人寻味。比如"没有大一尺的帽子",仔细想想确实如此,谁能戴得了大一尺的帽子?万事万物都有一个合适的度,只要把握住这个度不偏不倚,就能走上持之以恒的成功之道。再如"苍蝇的尕花脸",在我们生活的场域内,苍蝇算得上是最卑微、最令人生厌的物种了,就连这样一只小小的蝇虫都有自己的脸面,更何况是人类社会。所以告诫人们说话办事不能失德、失信、失了老祖宗的颜面。第三,诙谐幽默,富于讽刺。言说过程中只要有惯用语的点缀,语言风格就会变得轻松俏皮,再严肃的话题也会被化解得诙谐有趣。比如"日子长着树叶儿",日子要一天一天过,倘若遇上让人不开心的事或者发生了解决不了的难题,就会有度日如年的感觉。这时如果能听到诸如"没有怕,日子长着树叶儿,能有个啥麻烦"的劝解，心里会好受很多，因为随着时间的推移，什么困难都会被解决掉。再如"吃席呵拿个手巾"，有时候常常会发生这些情况：上课忘记带课本、考试忘记带准考证、开会不带笔记本、爬山不穿运动鞋、出门不带身份证，这时候就会听到："你吃席去是不是还要拿上个手巾哩啊！"用一种幽默的表达方式讽刺这些事前不好好做准备的人，看似是批评，但也诙谐，同样是责怪，但表达方式不同，获得的效果就不尽相同。

活泼的民间俗语以其俏皮的形式、凝练的语言、丰富的内涵，记录和传承着河湟地区各族群众的生活与智慧。它生发于民众、繁盛于民众、口耳相传于民众，其民俗属性与生俱来。伴随着各族民众的生活节拍，民间俗语也似音符般悦动在充满民俗意蕴的文化乐谱上。作为民俗事象本身，民间俗语传达着民族心理和思想，言说着地方性知识赖以存在的传统；作为民俗语言，它又承载着该地区厚重的民俗文化传统，彰显的是绚烂多姿的多元文化色彩。

小　结

言说过程中，活生生的口语是第一性的，它们随着社会发展不断变化，其中大部分民众言说的口语是土生土长的方言。河湟谷地作为青海地区重要的"移民地"，聚居着来自五湖四海、各个民族的人们，他们将自己的乡音融汇在河湟方言中，使得河湟方言不断接受"他族语言"的影响和熏陶。虽然辽阔的北方方言区中河湟方言的生存地域狭小、使用人口较少，但生长在这样一种不同语系、不同语族的多语言环境中，长期的语言接触和融合，使得河湟方言呈现出自己独特的地域语言风格，同时，它在生动、丰富的"土层"民间用语的过程中，以口耳相授的形式，保留和传延着河湟地区深厚的历史文化传统。

第三章 河湟方言的民俗文化内涵

"语言",是人类特有的一种以语言为物质外壳、以词汇为构筑材料、以语法为结构规则的符号系统和信息载体;"民俗",亦即民间风俗习惯,是人类社会长时期相沿积久而形成的习俗惯制、礼仪、信仰、风尚等民间文化传承现象的总和。是经群体、社会约定俗成并流行、传承的民间文化模式,是人类社会特有的一种人文意识形态,是规范个体行为、社会秩序和调解社会心理的非主流模式,在一定程度上,也是制约社会文明进程的基本要素[1]。相对于主流的正统文化,以民俗语言和语言民俗为主体的文化形态,是一种语言—民俗双向互动的文化产物。河湟文化在动态发展的过程中,其习俗惯制、口传文学、仪式规程在保留传统的、久已有之的历史韵味的同时,其鲜活的生命力和丰厚的民俗文化内涵被河湟方言的"活态化"传承。

第一节 承载传统文化的"活化石"

一 方言中留存的传统民俗生活

"传统"是一种约定俗成的带有普遍意义和典型意义的东西,并非个人的体验和创作,人们往往将其与"文化"联系起来,形成"传统文化""文化传统"[2]。民俗学意义上的"传统"则是强调文化的地域性、历史性、传延性,民众采用非官方的形式将某种民俗事象

---

[1] 曲彦斌:《民俗语言学》,辽宁教育出版社2004年版,第9页。
[2] 王娟:《民俗学概论》,北京大学出版社2002年版,第3页。

通过口耳相传、文字记录的方式世代传承。河湟地区自羌人入驻以来历经1500年历史，各兄弟民族的文化早已融入河湟汉族文化中，并以其独特的文化气质促成河湟地区多元民族民俗文化的繁荣景象。虽然文化内容和信息有日渐趋同的发展态势，但作为经历了千百年风雨的传统文化，无论在传承过程中如何转型、如何变异，都必将以其厚重的文化底蕴、顽强的生命力不断流传扩布。

"解瓶子"　汉族订婚礼俗。男方备好砖茶2包、酒2瓶，酒瓶口塞上红枣，用红布封好瓶口，再贴上"××两姓永和好，秦晋世代结良缘"的小对联，由媒人带去女方家。如果女方答应联姻，便拆开酒瓶，与在场亲朋分享。若女方不同意，便将男方带来的礼物原封不动退回男方家。

"走茶叶"　汉族的婚俗。提亲说媒时，由媒人带上茶包（用红纸包裹而成），到女方家求亲。第一次带小茶叶包，叫"提亲茶叶"，前去介绍情况，如果女方接受了，媒人便送去正式的茶叶——"头回茶叶"，分别送给女方的大伯、舅舅、叔叔等，待女方首肯，媒人再送"二回茶叶"——就是把茶叶、核桃、桂圆用红纸包成两大包贴上"囍"字，也叫作"挑果茶"。随着社会的发展，青年男女开始自由恋爱，媒人的意义相对弱化，"走茶叶"的传统随之变异。男方的心意可以随时告知女方，到了拜见双方父母的阶段，男方可以根据女方的喜好送上礼物以表心意，待双方父母达成共识，男方便可以携带贵重礼物（戒指、项链等）登门求婚。

"铺炕"　汉族的婚俗。结婚当天，送亲奶奶（由娘家人选择的四世同堂、儿女双全、家庭兴旺的妇人）负责把新娘完好无损地交给新郎。新娘被接入婚房后，送亲奶奶端来委托厨房专门烧好的两道菜，并备有酒，邀请新人喝"和酒"，每人两杯，寓意成双成对、长长久久。喝完酒后，送亲奶奶主持举行一个简单的仪式，新人行叩拜礼，礼毕，新娘新郎要抢着上喜床，争抢枕头，谁先抢到枕头，寓意婚后谁就当家做主。最后，送亲奶奶撒帐——手捧红枣、桂圆、核桃、花生撒于喜床之上，寓意早得贵子、有儿有女。现代婚俗中"铺炕"慢慢被男女双方的朋友欢聚一堂——闹洞房的形式取代。过去的撒帐也被提前到新婚早晨进行，由男方家享有声望的女性长辈在新娘进门前就已经撒好。"铺炕"也褪变为日常用语，就是睡前简单地铺床。

"坐式棺"　又叫作"八抬轿式棺"，是旧时汉族的一种葬具。棺木外形似八卦亭，顶部为宝塔形，棺身高5尺左右，棺内约2尺见方，内设固定座椅，座椅前有一长条桌，桌上除一对红烛外还可放置各种冥器，配有绘画而成的2扇门和4扇窗户；棺木尾部有一活动插板，可以将尸体拖入棺内；棺木底座略大于棺体，呈八角形，各角画有八卦符号，角身刻有"壽"字。这种棺木仅限于功业卓著、曾为家乡树勋的杰出人物使用。棺木的下葬有其特别的程序：先挖宽墓穴，然后在墓穴内打一偏洞，洞深高于棺屋，下棺后，周围用砖箍成塔状，直至棺木全部箍于塔内，最后掩土埋葬。这种棺木如今已不复存在。

"罐罐茶"　河湟农区的一种饮茶方式。饮茶时，在粗瓷砂罐内盛清水，再加适量的茯茶、花椒、青盐，把砂罐放在灶门一侧煎煮，叫作燉茶、燎罐子。煮沸后再用筷子搅动，继而改小火熬，待茶水浓酽后停火。饮茶时，把砂罐拿到炕桌上，再配上锅盔、焜锅就着喝。到了冬天，砂罐可以燉在黏土做成的火盆上，架在羊板粪或劈柴上熬煮。农妇常用罐罐茶款待亲朋。如今各家各户早已改变了烟熏火燎的灶门和泥土盆，砂罐也改为各种精致的金属器皿。

"古古馍馍"　撒拉族传统食俗。撒拉族人家的媳妇出满月或家里办喜事，亲朋邻里家的小孩子就一拥而来，争抢主人家散出的"古古馍馍"。主人家觉得散"古古馍馍"一方面增添了喜庆的气氛，另一方面又达成了自己乐善好施的心愿。抢到"古古馍馍"的孩子会很高兴，因为他们分享到了主人家的喜悦，沾了喜气。制作"古古馍馍"时，先将面发好，在面里倒入清油和匀（类似炸油饼用的面），然后取适量的油面揉成圆坨擀薄，再将擀好的面切成若干等份的小正方形或小菱形，最后将切好的小面片逐个下入油锅中炸至金黄色为宜。

"抓周"　汉族礼俗。周岁当日，给孩子面前摆放书籍、算盘、笔、字典、尺子、印章等物，让孩子随意抓，若抓了书，寓意孩子将来读书好；若抓了印章，寓意孩子将来会管事当领导；若抓了算盘，寓意孩子将来会成为买卖人挣钱、管钱；若抓了尺子，寓意孩子将来会成为一个出色的裁缝。但是不论孩子抓到什么，家长都会说一番吉祥如意的话，在希望孩子健康成长的同时，也寄予了父母们望子成龙、望女成凤的期盼。

"打平伙"　西宁汉族的交际风俗。旧时，百姓终年忙于劳作，除年节外，很难吃到肉食。所以在农闲时，几家人凑钱买只羊，在人家里或在野外宰食，吃剩的再平均分配给大家。现在逐渐演变成凑份子，形式不拘一格，聚餐、游玩，费用常按AA制分担。

"神山崇拜"　青海藏区的民间信仰传统。藏区民众赖以生存的是山，对其威胁最大的也是山。因此，在各种自然崇拜中，最突出、最隆重的莫过于对山神的崇拜。有的神山被整个藏区崇拜，如阿尼玛卿雪山；有各部落共同供奉的神山，如年保叶什则神山；也有各部落供奉的神山，如雍仲吉合则神山。藏区民众每年祭祀神山，历久不衰。据史料记载，苯教称阿尼玛卿圣山"玛念奔拉"，教徒把阿尼玛卿视为自己的神灵，被尊为苯教教义的保护神和大护法神。"年保叶什则"主峰的东、南、西、北和正门左右两侧诸峰均为守山的"门神"：正门左侧的叫"拉耶尕吾"（白色神牛），右侧门的叫"加什达玛吾"（红色神虎），北面山关的叫"帕隆知玉"（方形磐石）……诸山峰都以其山势形态特征得名。正如果洛歌谣唱诵的："拉西拉岗让茂山，本是玛地一名山；邦相宝木朗钦山，本是玛地门户山；凶暴魔龙大酋长，年钦格托玛雅山，洛吾仁青邦巴山，本是管家珍宝山玛加拉茂嘎尔山，还有杂嘎等座山，都是善恶业成山。"

"花红例施"　汉族民间礼俗。诸如寿器落成或油画竣工时，主人为工人献礼：通常是1幅寿桃、长红绫或红被面1幅，还有的另赠送坐斗1升（粮食15斤），再加现钱40元左右，如今此习俗在农村还有所保留。

"气死猫儿"　一种灯具。旧时西宁地区较为流行的一种油灯，拳头大小，粗砂瓷，形似小壶，顶部有一个2厘米左右的孔，用来添油。使用时壶内灌满清油，用棉花搓一条长约20厘米的眼子，从壶嘴塞入壶中，壶嘴处留下1厘米的长度用以点灯。因为壶嘴很小，不易被猫舔食清油，故而得名。

// 河湟方言文化与民俗学特质研究

"避班辈" 河湟地区汉、藏、土、回、撒拉等世居民族的民间禁忌。通常是小辈在长辈面前忌高声喧哗、污言秽语,端茶递饭忌用单手,忌在长辈面前摔摔打打、骂骂咧咧,忌来回走动晃眼,忌抖腿等。

"酩馏" 河湟地区特产。是一种低度白酒,由农户自己酿造,用来待客、馈赠或自己饮用。酿造过程为:先将青稞簸净、煮熟、晾冷,然后撒上甜米醅放在背斗里放置3天,待发酵后,改盛入缸里,再撒上酒大曲,封好口。12天左右后,成酒已经起霉菌,将酒糟倒入锅里,紧封锅口,将锅和酒缸、瓦筒子连在一起,再在酒缸里盛满清水,烧火煮糟,蒸汽通过酒缸遇冷变水,通过其夹层流出,便成为酩馏酒。

除了以极强的生命力始终伴随民众生活的民俗事象,一些古老的传统习俗因习得的那辈人早已黄土掩身,那一套约定俗成的规程失去了履行主体的言传身教,那一套相沿成习的用语失去了言说主体的口耳相授,所以想要打开尘封已久的传统生活画卷,只有通过语言文字领略发生在某时某地的鲜活景象。因而方言作为传统文化的"活化石",在保留文化信息的过程中,具有其他文化遗产无法替代的重要作用。在语言系统中凝聚着几乎所有的文化成果,我们通过语言可以认识、了解、分析各种文化现象,甚至早已经消失了的文化现象。语言学家拉斯克曾说,若要知道史前远古时代民族的起源及其亲属关系,就没有比语言更重要的材料了。的确,伴随社会的发展,文化也随之进步,那些早已尘埃落定的历史只有凭借语言才能被撩开神秘的面纱,以其厚重的质感让世人折服。

二 方言承载的传统信仰

民间信仰是长期历史发展过程中,民众自发产生的一套神灵崇拜观念、行为习惯和相应的仪式制度[1]。赵匡为曾指出,民间信仰与传统宗教同时起着相互补充和发展的互动关系,正是这种互动关系,让中国社会民间信仰经久不衰,长期保持活力。这类信仰满足个人实现功利性愿望,它与人为宗教不同,可以更直接反映民众在现实生活中

---

[1] 钟敬文:《民俗学概论》,上海文艺出版社1998年版,第187页。

第三章　河湟方言的民俗文化内涵

的物质诉求、精神慰藉，具有鲜明的功利主义的"请神拜佛、烧香求签"，成为民间信仰的主要表现形式，佛道不分，抑或佛抑或道，广大群众对佛教和道教的区别并不关心，他们认为佛教的菩萨和道教的神仙一样，从而出现了一批亦佛亦道的信仰组织"玉皇、关帝、观音、弥勒、真武、妈祖、龙王、财神"等神祇，成为大多数民间信仰普遍崇奉的偶像[①]。河湟地区民间信仰滋生在这片沃土而源远流长，饱含浓郁的乡土气息，意蕴深厚，慰藉勤劳善良的民众避祸添福，具有丰富的地域性和民族性，折射着民众的心理诉求和意识传统，是河湟地区民族民间文化传承和发展的基石。虽然有的信仰传统在发展过程中流变、消逝，但其与生俱来的文化气息始终感染着民众的心理意识，影响世代河湟人的心路历程。

"胖婆娘"　河湟地区春节社火表演中，常会出现"大身子"的胖婆娘，她怀里抱着火神爷，如果前来看社火的人中有待娶媳妇的小伙子、有婚后求子的、家中有病人的，都手捧一条大红被面，找时机给胖婆娘"搭红"（把准备好的大红被面搭在胖婆娘的脖子上），然后燃放鞭炮，并跪在胖婆娘面前虔诚地祈福，保佑自己心想事成。胖婆娘待祈福之人默念后，根据诉求"吩咐"（默念咒语，意思大致为祈福者只要虔诚行事，胖婆娘都会帮助他实现愿望），说罢从自己怀中抓一大把糖果、核桃、红枣等馈赠给祈福者。一旦事后祈福者的愿望在三年之内实现了，便要还愿。

"背日月镜"　旧时的汉族婚俗。"日月镜"是铜制、圆形，有正反两面的镜子，背面直径约15厘米，象征"日"；胸前镜直径约10厘米，象征"月"，镜子背面的短柄上有一小孔，姑娘出嫁时在这个小孔上穿上红线，背在身上（从左肩到右腋下斜背）。民间相传此俗源于文成公主进藏时携带的日月宝镜，相传可以安慰新娘远嫁时难过的心情；同时认为"日月镜"有"日""月"双面，象征男女阴阳和谐，祈福新娘、新郎和婚圆满。

"洒十二精药水"　旧时河湟地区汉族的丧葬习俗。民间凡横死者，或死亡年龄在30岁以下者，出殡安葬后，家中要洒12种中药熬

---

① 赵匡为:《新世纪中国民间信仰问题》,《中国社会科学院院报》2004年第3期。

煮的药水压煞,直至"断七",民间认为横死者怨气郁结,游魂难散,本身属煞,若接地煞会使家舍不安,而十二精药正是镇压煞气之物,将此药洒遍家院各处,便能使游魂远离,诸煞俱避,这12种中药的成分有:月精宫桂、天精巴戟、地精芍药、日精乌头、人精人参、吞精杜仲、松精茯苓、道精远志、鬼精鬼箭、神精茯神、山精桔梗、兽精狼毒,每味药都称为"精",故名曰"十二精药"。民间有"十二精药洒遍地,一切凶煞永敛迹"的说法。

"叫伴儿"　旧时的一种育儿习俗,通常认为人有三魂七魄,如果婴儿晚上有惊厥、昏迷或号啕大哭不止,是"伴儿"(魂魄)离体的原因,为缓和孩子的痛苦,就要把伴儿叫回来:家长把孩子的衣服夹在腋下,从房门到孩子的卧室边走边叫:"娃娃娃娃家里来,渴了喝水来,饿了吃饭来,冻了穿衣来,甭害怕了家里来。"每天早晚叫三遍,连续三天。后来,成年人出现病痛,也有叫伴儿的习俗,只是方式有所改变:夜深人静的时候,在自家厨房内的灶门洞前点上三炷香,锅内放三颗大红枣并盛满水,给擀面杖系一根长长的红线,把红线的一头放在灶门洞口,然后用系了红线的擀面杖在锅里搅动,一边搅一边默念:"某某某家里来,渴了喝水来,饿了吃饭来,冻了穿衣来,甭害怕了家里来。"多念几遍,一旁要有另一个人答应,如果锅内的红枣都凑到一起了,说明伴儿已经回来了。如今"叫伴儿"习俗已逐渐简化。

"送火把"　土族人家过元宵节有"送火把"的习俗。天色渐黑时,各家各户的孩子都在自家院落里点火把,点好火把后,持火把围绕每间屋子、牛羊圈逐一熏,熏完后持火把走出家门,跳过门口早已煨好的几个火堆,最后把火把送到离家远的偏僻的地方,家里其余的人围绕门口的火堆跳一跳。通过"熏房屋""送火把""跳火堆",达成人们祛除灾祸、祈求家人安康、牲畜兴旺的美好愿望。

"过鸡架"　旧时汉族禳验小儿夜间止溺的仪式。小儿夜溺不止时,家长会等公鸡上架后,由母亲抱着孩子在鸡架下穿行数次,一边穿行一边说:"公鸡公大哥,母鸡母亲姐,你的娃娃白天吃白天屙,我的娃娃白天吃夜间屙,今夜架下过,夜里不再屙。"通过"过鸡架",孩子的症状会有所缓解。

"放禄马" 禄马是一种方印式的木刻艺术造型，中间刻一匹飞马，四周篆署八卦符号，然后用朱砂、墨汁、红色作印色，在白纸或黄裱纸上印千百张，再剪出禄马的形状，供在佛龛前，点上酥油灯，烧香叩拜。每月初一、十五清早登山烧香、煨桑，然后把禄马纸放在帽顶，双手托起迎风撒向天空。民间用放禄马的形式祈求天马赐福禄，转祸为福，化凶为吉。

"闯姓" 河湟地区汉族民间育儿习俗。一种是通过求神问卦，选定闯姓的方位和吉日。吉日晨起时，母亲抱着婴儿，父亲带着锅盔同去事先选定好的方位，一路上碰见谁就认谁，无论男性女性，无论什么民族，解下他们的1粒纽扣，并用他们的姓保之。另一种是选定多儿多女且生肖和待"闯姓"孩子相和的人，上门拜访，对方答应后便可以带着孩子去，并以其姓保之。

"地方神装脏" 民和官亭镇每年都举行二郎神装脏仪式。所谓"装脏"，就是土族群众按照一定的年限旧历，将村庙中村神旧的"装脏"取掉，装上新的，装的多为十二精药、蛇、喜鹊、麻雀等物。装脏仪式前，把村庙内的村神请到提前搭好的白色帐房里，供于香案。村里每家都要出一位代表参加装脏，先将神像里的旧脏取出，再装上新脏，装好后用木塞塞住，花匠重新上彩，再由阴阳师傅念经点睛，法师念号赞神威力和恩德，同时众人面向黄河南祈祷。到夜深人静时，守村庙的大派头或庙倌燃烛焚香，燃三道黄表纸，背起神像到附近的深山中挖一个可以藏神像的洞，将其藏好，共藏二十一天或四十九天。在此修炼期内，村庙门要用阴阳师画的字符封好，一切人员不得入内。待修炼期满后，将村庙前帐房打扫一新，并在村庙前竖起一杆二三丈高的木杆，木杆顶端上制有两条一丈长的"宝盖"（纸幡）。午时，全村人齐聚庙前，跪地向帐房里的神像磕头祷告，同时阴阳师傅开始念经，法师手拿法器，双腮插着钢钎，边舞边跑向藏神像的地方，此时大小派头将神像挖出请到神轿内，敲锣打鼓将神轿抬回村里，在村里留守的人们燃放鞭炮，燃香跪迎神轿。待神像被供上帐房里的香案后，大小派头先后敬献鲜花、蒸饼、清水等，燃三道黄裱纸，法师"提神"（接触神力，抖落钢钎），表演神鼓舞，阴阳师傅念经。随后大小派头"献牲"，给事先准备好的羊"搭红"，阴阳师傅算卦，给羊身上撒上清水，羊一抖落身体表示神已经悦纳，之后宰杀。下锅的羊肉不放任何调料，待熟后，敬天、敬地、敬本村守护神。待结束，大小派头将杆顶端的"宝盖"点燃，将神像连同香案抬回村庙供奉，此时"装脏"结束。

"本年禳解" 又叫"本年禳验"，是汉族寿诞礼俗。年过半百后，遇到自己所属生肖值年的元旦进行禳解。主要是在生肖值年元旦举行庆寿活动，仪式同寿材落成庆寿仪式相同，差别就是由儿子、儿媳或女儿、女婿向老人敬献红色衬裤、红布、红绫裤带，即日穿上或系上，即为禳解。通过禳解，达成人们祈愿身体康健、一切顺遂的心愿。

"求儿女" 相传土族入驻三川后，一神山开裂，显出一座佛像，当地人将其供奉在庙里，称其为"过尔土地地"，后来人们没有儿女的前去求儿女，自此有了向"过尔土地地"求儿女的习俗。供奉在庙里的神像常以数层绸缎包裹，不露面目，案下置一石箱，当面放有两个直径约15厘米的冈，里面放了诸多男女鞋子。前来求子的人烧香拜佛后，将手伸进冈内摸鞋，摸着男鞋意为将生男孩，摸着女鞋意为将生女孩。待来年愿望得以实现，还要来庙里还愿。

"走湫子" 旧时常因缺水而发生民间纠纷，人们每年以"走湫子"求雨。五月初十道教佛教弟子各穿教衣洁面净手，在庙内念诵经文、斋戒。五月十一取水长者八人，洁面净手，点灯、燃香、叩头、念诵经文。随后到东沟山九眼泉摆香案、敬献果品、诵读祭文。再将两支扎有红布的白玉石水瓶倒扣在其中一眼泉中，待九分钟后取出绑在松枝上用红布扎紧，再向泉神焚香叩拜。取水者高举松枝水瓶返回村里，村民举行接水、验水、祭奠仪式。随后到该村湫地滩走神路、踏太极阵，结束后返回平安。接水队和取水队在窑房村会合，佛道弟子手持燃香跪街，村民向两队泼水、焚香、化裱。信教群众同时焚香跪拜，法师唱道歌。回寺庙后，两旁群众向两支队伍洒水，村民在庙前排队跪拜，点灯、燃香、化裱，将圣水敬献上堂同时诵读安水祭文，火把、醋坛绕堂，仪式结束。

"烧圣水" 互助地区久有烧圣水习俗。首先选定时间村民们集中于大场院，场院内支起一口大锅，锅中放入小麦、柏香、水烧开，火中放入三块石头,待石头烧红以后由娘娘的"马轿"赤手抓起石头放入烧开的水中,此时圣水烧成,村民们随即分享锅中的水,以此消灾治病。

"五山池" 《西宁府续志》记载:"五山池在称东南120公里,大力架山顶,六月积冰,遇旱祷之,若得水样,以示其准。"[①] 农历六月十八是祭祀五山池的吉日,清晨,信徒们携带五谷前往五山道帷一带祭祀、煨桑、宰羊、赛马、咏歌,以求五谷丰登、人畜两旺、家人安康。

"献冰" 流行于河湟地区的民间习俗。腊八黎明前,各家各户到河边打冰,将打好的冰背回献在佛前、中宫、庄廓各角、附近田间,祈求来年风调雨顺,五谷丰登。

"咬鬼" 旧时流行于河湟地区。除夕之夜人们守岁不眠,于是烹煮猪头或猪蹄家人共食,称为咬鬼。

"天社" 汉族在天社(九尽十日社,是为春社)或清明节上坟祭祖。上坟时整猪祭献于祖坟前,向祖先烧纸焚香,祭祀后,将猪肉剁开切碎并将各户带来的馒头收齐,一并分发给大家,然后在坟前聚餐。聚餐结束后依次从坟头滚馒头,女性环跪一起接之,滚给谁就象征谁会来年得儿女。

"朝山" 汉、藏、蒙古等族的信仰活动。信徒们进入名山大寺敬香拜佛,希望得到菩萨保佑。通常朝山者来此地转山,民间以转一圈可洗净一生罪孽,转十圈可以避受地狱之苦,转百圈可成佛升天。

"祭中宫" 汉族祭祀风俗,一般四季八节或每月初一、十五,除烧香、敬茶、献酒外,凡患有疾病、修造动土、家门不祥等,都要祭祀。祭祀时请法师或主祭官陈献各种祭品,同时取七堵墙上之土或房中四角之土,一同献于中宫,主祭官行祭拜礼,念诵经文。

"看出行" 民间出门必须看出行,对正月第一次出门尤为重视,出行日按"建、除、满、平、定、执、破、危、成、收、开、闭"十二宫宸选择,以"满、成、开"日为佳。各月出行也有禁忌,据《增广玉·匣记通书》载:"出行正子午,二申丑未辰,三月寅申吉,

---

① (清)来维礼、杨方柯等:《西宁府续志》,青海人民出版社1982年版,第32页。

四子卯为长，五月寅申午，七月午申强，八未申酉亥，九子五吉祥，十月子亥酉，十一子寅昌，每月已宣防。"①

河湟地区是多元文化相交融的地区，这里的民众把民间信仰视为各民族、群体间和睦相处、文化共存和谐的润滑剂。除在各种历史文献和档案碑刻中的记录，民间信仰仪式本身就是一种独特的复合文本，这种民间信仰类的文化展演，始终将口述和行为表达贯穿其中，具有传承历史记忆的民俗功能。其内核为广泛认同的"神圣性"，这种"神圣性"始终保持着民间信仰与其他宗教、文化交流对话，向外辐射和自我调整，并在此过程中彰显自己的存在价值。在现代文明加速解构传统社会的过程中，青海多民族民间信仰不断通过自我调适，以新的形式与内容有机地渗入处在传统与现代之间的青海各民族社会文化中；同时，在自我调适的过程中，青海多民族民间信仰在包容吸附现代文化因素的基础上，在传统与现代之间保持某种平衡性与开放性，并凸显多元文化的共存与和谐共享②。

第二节　生活场域内方言的民俗学特质

一　日常交际中的方言民俗

日常交际中"大多数人都是'多面手'，都有一个或大或小的'语库'（repertioer），在不同场合，跟不同的人在一起，说不同的话；不但是用的字眼儿有所不同，句法也会有出入，甚至语音也会起变化，可以说是'随宜取用，不拘一格'"③。作为社会的产物，语言自然反映着该社会的物质文化、精神文化，与之相对应的，社会的物质文明、精神财富、文化内涵也因该群体所使用的语言而发展变化。如果说汉语承载着整个中华民族的传统文化，那么河湟方言在反映中华

---

① 《增广玉·匣记通书》线装本。
② 鄂崇荣：《青海民间信仰——以多民族文化为视角》，中国社会科学出版社2017年版，第238页。
③ 吕叔湘：《语言作为一种社会现象——陈原〈语言与社会生活〉读后》，《读书》1980年第4期。

文化共性的同时，也忠实全面地映射着这一地区的传统文化。生活在这片土地上的民众在日常生活、工作中自然而然传递着当地的历史传统和文化信息，所以说方言就像一个有生命的"语库"，它所承载的文化供民众"随宜取用，不拘一格"。

场景一：

小陈：今儿的课上完了冇？（今天的课上完了吗？）

小楚：还有个公共课，听去的要哩啊。（还有一门公共课，还得去听。）

小陈：赶紧不去着？（怎么还不去？）

小楚：中午来了个大一的，辅导员让我领上了图书馆里去一趟！

小陈：做啥哩着？（干什么呢？）

小楚：了解一挂专业藏书，再家哇啦哇啦的，就一个羊肺肺压不到锅底哩！①

"羊肺肺压不到锅底"是一句"斜话"，意思是做事不够深思熟虑、浮躁、急于表功。斜话又叫"斜杆"，是河湟方言中以幽默讽刺见长的俚语，俗语有"山西人的乱弹，西宁人的斜杆"。斜话在当地民众的日常生活中普遍流行，在插科打诨的同时，以这样一种独特的表达方式道明事情的关键所在。常见的斜话还有：

卖馍馍的，把托笼洗去　该干什么干什么去。

穿的小姑儿鞋，吹的娘家牛皮　拿别人的东西充自己的脸面。

矬子里拔将军　比喻凑合应付。

曹操得的瘾儿病　比喻像曹操一样疑心很重。

好人头上磨难多。

王麻子瞅哈的贾家店　民间传说有位姓王的盲人，第一次到贾家小店住店，感觉不错，就常来光顾，后来此店破落，卫生状况变差，人多不光顾了，而此王姓人却常顾不衰。讽喻不识时务者，或墨守成

---

① 课题组搜集于田野作业中，因当事人要求均为化名。

规者。

　　猫儿不上树嗬狗没逼上　　逼急的时候什么都能干。

　　好吃屎的狗，沿墙根儿跑着　　形容那些有坏毛病的人，总是死性不改。

　　抓雀儿嗬撒点秕谷子哩　　比喻做事要投资。

　　会水的鱼儿浪打死　　告诫行事要小心谨慎。

　　野狐儿拾了一苗针　　民间传说，有一个野狐精拾到一枚绣花针，锋利、闪亮，高兴地把玩不已，不知什么用场却到处宣扬。讥讽将一件普通东西视为珍品，而到处邀功的行为。

　　空手难进亲戚门　　去亲戚家串门总要带点薄礼，否则面子上挂不住。

　　赃官杀人不用力　　贪官断案才不管是非曲直，只要没贿赂他，终难逃一劫。

　　话说三遍淡如水　　若把一件事总是挂在嘴上翻来覆去说不停，听者就会反感。

　　骑的骆驼赶的鸡，高的高来低的低　　大小不一，高低不齐。

　　人有大小嘴没大小　　出自民谣："大口小口，每年五斗。"民国以前西宁量麦用"宁升"，每升小麦10斤，每斗是500市斤，人们以五斗为每口人每年留粮的标准。意思是不论大人小孩都要穿衣吃饭。

　　用"羊肺肺"以彼物比此物，起到联想、寓意、烘托气氛的作用。提起羊肺，就不得不提流行在河湟地区的美食"羊杂碎"。羊杂碎是维吾尔族以及回族等信仰伊斯兰教少数民族的传统美食之一。由羊的心、肝、肺、肠等原料混杂烩制而成。制作过程讲究"三料""三汤""三味"。"三料"包括主料和副料，主料又叫三红，有心、肝、肺，下锅时切成碎丁或薄片；副料又叫三白，包括肠（生油的）、肚（生味的）、头蹄肉（架碗充数的），下锅时切成细丝或长条。"三汤"有如下说法：百姓居家过日子，买一副羊的五脏，下锅煮好，连汤带水趁热吃，这是"原汤杂碎"；也有怕杂碎存在五脏异味的，就先把洗好的杂碎过热水氽一下，滗去汤汁，再将杂碎蒸熟切好，重新入锅添水放料炖煮，这是"清汤杂碎"；另外，还有路边小摊把杂碎不断往一口锅里续，一锅汤用文火常煮不换，甚至叫卖几年汤就熬几年，汤稠如油，色酽如酱，醇美味存于汤，这是"老汤杂碎"。"三味"是吃羊杂碎必不可少的三味配料，一盘春意葱茏的香菜末儿、一盘红灿灼眼的辣椒面、一盘洁白晶莹的食盐。深冬腊月的早晨，吃一碗热腾腾的羊杂碎，寒冷瞬间被逼走了。

场景二：

薛阿姨：这两天把你再冇见（没见），儿媳妇养下了（生孩子）嘛？

曹大妈：初九着（语气助词）养下了。

薛阿姨：丞娃（男孩）嘛丫头？

曹大妈：（笑眯眯的，从包里掏出两个红鸡蛋塞给了薛阿姨。）

薛阿姨：哎呦，看好（语气词）得了个大头孙子呗！那早好啊！

曹大妈：儿娃子（小男孩）早就是个名声呐，将后（以后）好（语气词）调皮着！

薛阿姨：那早（语气词）还待（在）医院哩啊嘛？

曹大妈：冇，家里回来着！

薛阿姨：那月子来，你伺候着嘛？

曹大妈：再家俩儿请下着个月嫂啊，白天好松番（轻松）着，早就晚夕（晚上）里了看给个。

薛阿姨：那好啊，不是把你给扎（费事）坏哩啊，还要看娃娃，还要做饭。

曹大妈：啊来（就是），我们哩吧的，婆婆伺候月子着说，鸡肉一点啊冇见，尽喝掉汤汤了，早现在的月嫂培训下的着，讲科学着，一天给月婆子做下（做了）5顿饭哩啊。

薛阿姨：就啊，我们姑娘的头上着，那个月嫂操心着胡嘟（非常、特别）好，荤素搭配了，下奶的了，家门挖清（知道、明白）着。

曹大妈：就是啊，你们姑娘的娃娃来，可家（已经）上托儿所哩啊吧。

薛阿姨：9月份放给了，我们也松番点，不是绑着挺挺（栓的牢牢的）的着。

曹大妈：怪不洒（怪不得），我说你阿门（怎么）一个人哪。正好把你碰上了，问个，娃娃一到晚上就喊（哭），一到晚上就喊，再阿门了好，白天好好的着啊。

薛阿姨：奶吃着好着冇？

曹大妈：好着啊，家妈妈的奶多着啊。

薛阿姨：你不成了给娃娃斩（擦斩）给个，我们的那个那会也就是。

曹大妈：那成哩啊，我阿门心里有下来（没想到）。好，好，好。

薛阿姨：那早好，好好当奶奶呗，我们几个人过两天了看月来啊！

曹大妈：那再多谢呗，到时候打电话。①

  谁家生了儿子或孙子时，家里人第一时间煮红鸡蛋赠送给邻里亲朋，这是河湟地区的传统习俗。在冷水里放入可食染料"赤红"，等颜色均匀化开后放入鸡蛋，大火煮沸，再用中火煮8分钟即可。中华民族传统文化中，红色代表吉祥、喜庆，同时它又是鲜血的颜色，象征新生命的诞生、生命力顽强不息。将煮熟的红鸡蛋奔走分送给亲朋好友，一则表示有喜讯送来，二则表示家里添丁散叶、子孙满堂。馈赠之时通常为双数，两个或六个（忌"四"），意思是好事成双、六六大顺。

  "擦斩"属于河湟地区民间信仰范畴。通常是在人们生病或出现不适，比如婴孩哭闹不止、大人久病缠身时，民间认为是鬼怪作祟，用此法可以祛病禳灾。擦，用驱邪物围绕病人画圈，表示驱逐；斩，在擦的同时用刀在身上做劈斩状，表示鬼怪会害怕退缩。一般擦斩由长辈执行：先用擦斩物馍馍（三块）或烧纸（三张）盖住受斩者的脸，然后挥刀做劈斩状，每斩一次都要向受斩者吹口气，默念"神庙

---

① 课题组搜集于田野作业中，因当事人要求均为化名。

第三章　河湟方言的民俗文化内涵

里去，鬼墓里去，哪里来的哪里去，若是不去，左有鞭麻，右有黑碗，打入十八层地狱，永世不得翻身"。同样的做法重复三遍，然后让受斩者在擦斩物上唾三口唾沫，把擦斩物拿到十字路口烧掉，刀就放在受斩者枕头下面。如今的擦斩淡去了过去的繁冗，长者可以随意取一小块儿馍馍对当事人进行擦斩，默念的话也可以根据当事人具体的身体状况自行拟定，不需要依照旧时的口诀。这种信仰行为在心理层面上确实能起到缓解焦虑的作用。

"看月"是河湟地区的生活习俗。产妇生完孩子坐月子期间，家里的女性亲戚、产妇的女性朋友都要前去看望。"看月"时可以给产妇带红糖、红枣、鸡蛋、阿胶、曲连（油锅盔）等有益恢复身体的食物。在通常情况下，"看月"忌男性前往，相传男性身上杀气大，一旦进了"月房"会冲了婴儿，孩子因此会身体不佳、哭闹不止。另外，河湟地区有的人家还有"看十天"的习俗，孩子出生第十天，产妇的娘家妈妈带着精心准备的东西，比如孩子的衣物、用品，给产妇补血补气的食品等前去看望。

场景三：

　　大李（东家）：这一家（这家餐馆）菜的味道阿门个？
　　小刘：好着！大师傅（大厨）可能是青海人吧！
　　大李：他的这个"糊茄儿"是招牌菜，大家试当（试试，尝尝）个！
　　小高：嗯！有家里做哈的味道哩啊！我好像听办公室的人也说过这一家！
　　大李：这儿的这个大师傅就我们的地方菜做着好！
　　小刘：你有吃过吧？味道阿么个？
　　小王：好吃！这种做法我们那儿没有！
　　大李：今儿小王有哩啊着，我点哈子一挂（全部）是我们西宁的特色菜！吃的惯者冇？
　　小王：挺好的！
　　小刘：你来了有一向（一段时间）了吧，适应了冇？
　　小王：还行，就是有点冷。我们那儿，这个时候早穿T恤了，在这儿还得穿件外套。

　　大李：就是，我们这儿到三月稍微好点！

　　小王：现在已经三月了呀！

　　小高：大李说的是农历三月，得到阳历四月哩啊！

　　大李：今儿的菜点着多着，主食我再有要！

　　小王：够了，足够了，我看这些都得打包呢！

　　大李：不成了一会儿一家（每人）喝上一碗炒酒吧！也有特色着！家（他）这儿一挂是青海的特色啊！

　　小王：酒也能当饭吃？

　　在座一片哗然……①

　　"羊肉糊茄儿"旧时是一种节令食品。相传赵公元帅（赵公明）"头戴铁冠，手执铁鞭，面黑而多须，跨虎"②。专职保佑百姓纳财祈福，所以民间把七月二十二定为"财神节"。这一天，家家户户点灯鸣炮，有财神庙的，大家都去进香许愿，祈福生意兴隆、家财兴旺。而吃羊肉糊茄儿就成了这天的食俗，农谚有："七月二十二，羊肉糊茄儿。"一取茄子与肉荤素搭配，祈愿饭食无忧、生活和谐；二取茄子之"长"，意为长长久久；三取茄子与肉末"多子连根"之意。如今"七月二十二"的这种饮食习俗已经淡化，"羊肉糊茄儿"也不再是节令食品，民众日常餐桌上时时可见。

　　农谚有："三月三，脱掉袄儿换布衫。"以释物候春暖。河湟地区到了农历三月才会变得暖和。这一天，当地农业区的百姓举行"跳神会"。各家停止农活，聚集在一起请巫跳神，为求人畜安康、风调雨顺。跳神结束，各家带着准备的吃食到野外游玩、聚餐。

　　"炒酒"亦作"糟酒"，是河湟地区一道独特的美食，通常在冬至日吃。冬至节俗始于汉代，《汉书》有载："冬至阳气起，君道长，故贺。"③ 到了唐宋时，此俗盛行，俗语有"过冬至，宰聋子"。明清

---

①　课题组搜集于田野作业中，因当事人要求均为化名。
②　马书田：《中国俗神》，团结出版社2007年版，第117页。
③　（汉）班固：《汉书》，中华书局2012年版，第259页。

时,帝王在这一天举行祭天大典,宫内百官向皇帝呈送贺表,大臣们相互祝贺。而民间不仅把冬至视为节日,同时还有一些民俗活动。河湟地区在冬至这天早晨都要吃炒酒,不仅醒脑暖身,而且暖胃,更为"久"之意,寓意身体健康,长命百岁。明时朱国桢《涌幢小品》中有:"凡冬月客到,以肉及杂味置大碗中,注热酒递客,名曰'头脑酒',盖以避寒风也。"[1]古时的这种"头脑酒"与"炒酒"有异曲同工之处。《金瓶梅》第76回:"到次日……西门庆早起约会何千户来到,吃了'头脑酒'起身,同往郊外送侯巡抚去了。"看来吃炒酒的习惯古代就有了。制作时先将羊肉汤盛锅待用,再将煮熟的羊肉切成碎丁倒入汤内,随后将蘑菇、豆腐、木耳切丁下锅,放好佐料,待汤烧开后即可食用。冬至晚间常吃饺子,河湟地区把饺子叫作"扁食",相传这与战国名医扁鹊有关:有一年冬天格外寒冷,大家的耳朵被冻烂,扁鹊见此心中颇为急切,决定教大家做"祛寒娇耳汤"。把羊肉、辣椒、祛寒药材煮熬,煮好后再将这些东西剁碎,然后用面皮包住,捏成耳朵状的"娇耳",下锅煮熟就可以吃了。大家吃了"娇耳"后,浑身发热、血液通畅、两耳变暖,通过一段时间,病人的烂耳朵也变好了,这一天就是冬至。为感谢扁鹊的救命之恩,家家户户便把冬至日吃"扁食"的习俗传承至今。

语言,也就是说话,好像是极其稀松平常的事儿。可是仔细想想,实在是一件了不起的大事[2]。语言是鲜活的,方言更是活生生地贯穿在我们生活的点点滴滴。也许方言乡音甚重,可是其中根深蒂固的"乡土根性"无法取代,也许方言无关痛痒,可是其中蕴含的传统生活古已有之,方言中饱藏的历史轨迹、文化传统厚重深远。方言,就像一个便捷的"移动硬盘",将承载的历史传统和文化内涵保存其中,在悠然闲适的生活氛围里,彰显着它之为母语的根本,与此同时,在信息交流中及时输出有效资源。的确,方言的差异越小,沟通度就越高,越便于人们的言语交际、信息交流。可是,语言除了它的工具性外,其还是人类文明前进的见证者,它的背后积淀着多元文

---

[1] (明)朱国祯:《涌幢小品》,王根林校点,上海古籍出版社2012年版,第171页。
[2] 吕叔湘:《人类的语言》,《语文新圃》2005年第3期。

化的异彩纷呈。

二 方言在民间礼俗中的呈现

"语境化暗示"（contextualization cues）或"情境信息"，是在具体语境中采用的言语的、副言语的、非言语的符号，这些符号帮助交流双方理解彼此谈话的完整意义，其实质是在言语行为中表现出来的一系列言语意图，这些言语意图使合乎规范的自然言语行为具有符号性和特定的意义①。在语境中研究方言有助于更为深入地挖掘方言所承载的地方文化和民俗传统。鲍曼在《在语境中进行民俗的田野研究》中也曾指出，民俗存在于一个相互关联的网络中，我们应当研究语境中的民俗，个人的、社会的、文化的因素会赋予民俗以形态、意义和存在的基础②。作为民俗文化的承载者，方言在特定语境中承担重要角色，特别是在民间礼俗这样特定的语境中研究方言，其实就是挖掘河湟民俗文化的过程。

1. 婚嫁礼俗语言

俗语有"男大当婚，女大当嫁"。婚俗从古至今传延下来，形成了自身一套复杂多样的规程。而各地方又因地域、民族、文化等因素不同表现出了各自不同的特点。以河湟地区为例，其婚俗在保留了传统遗风古俗的基础上，又吸收了新鲜元素而充满现代气息。

出嫁前一天，女方家的亲朋好友携带贺礼前来祝贺，叫作"添箱"。过去，前来添箱的人要携带合适的礼物，比如被面、枕头、衣服、毛毯等，到了现代有所简化，可以根据自己的心意，比如化妆品、饰品、家居用品等，也可以直接送红包。前来"添箱"的人们欢聚一堂，主家备下宴席招待，以示谢意。等到"添箱"的宴席结束后，大家来到待嫁女孩的闺房，这时，母亲把给女儿准备的陪嫁物品以及亲友馈赠的各种礼物铺摆开来，给大家"摆针线"。然后在准备好的箱子里抛撒红枣、桂圆、钱币等，一边撒一边说吉利话："装箱了！出嫁了！以后生活安康，家庭和睦！响了有？"若大家回答：

---

① 刘榕：《文化语境与翻译》，《福建师范大学福清分校学报》2005年第1期。
② 同上。

"响了!"说明箱已装好,抛撒的钱物充足,倘若大家回答:"冇响!"说明还得往箱子里抛撒钱物。

国内结婚的规程各地差异不大,故不作详细赘述,现将河湟地区婚礼中一些独特风俗、语词摘编如下:

"娶亲奶奶" 过去,男方要选择一位生辰八字、属相与新人不犯冲,而且家中四世同堂的女性当"娶亲奶奶",在结婚当日凌晨同新人、媒人、伴郎、男方亲朋一同前往女方家迎亲。

"拦门盅" 结婚当日早晨,娘家人提前在家门口摆好一张圆桌,桌上备有一套酒具和酒。前来娶亲的队伍在进门前被娘家人拦下,给他们敬酒。除了新郎每个人都要干干脆脆喝下四杯或六杯酒,寓意"四季发财""六六大顺",酒喝得不干脆,娘家人就不让进门。

"上马席" 娶亲的人们进门后,女方家设宴席招待,根据每家情况有"八盘"(取"八福长寿"之意)或"六碗"(取"和顺"之意),象征大吉大利,事事顺心。女方家长还要给入席者分送"礼钱"以示谢意。这时的新娘、新郎不入席,而要吃女方家长为其准备的"滚蛋饺子",象征着团团圆圆,把财富紧紧包在里面。宴席结束后,新娘要行"辞娘礼"跪拜双亲,感谢父母的养育之恩,新郎也行跪拜礼,以谢双亲对新娘的养育之恩。

"撒筷子" 新娘被娶亲队伍接出门的时候,由兄长背起,新娘手握一把红筷子,临出门时把筷子撒向屋内,不能回头看,意思是姑娘出嫁了,但带不走家里的财富。

"压轿娃" 新娘接出门后,旧时要上轿子,此时要有一位男童坐在轿子里"压轿"。"压轿娃"必须是一位生肖不与新人相冲的男童,陪新娘一同坐在喜轿中,守住娘家为新娘装好的陪嫁箱子。到婆家后,压轿娃和新娘一起下轿,下轿时男方还要给压轿娃红包,没有红包就不下。

"下马席" 新娘娶进门要脚踩红毯,进门后,男方一位德高望重的长辈主持简单的仪式:主婚人致贺词;两位新人行鞠躬礼:一拜祖宗,二拜高堂,三拜来宾;证婚人证婚;新人简单介绍婚恋史;最后由亲朋送入洞房,宾朋们可以借机"抢喜床"(在喜床上、被褥间藏有红包、钱币、红枣、桂圆、核桃等,抢得越多越吉祥)。礼毕,由男方家人摆一桌"下马席"答谢，随同新娘而来的"送亲奶奶"、伴娘、兄长们一同入席。新娘、新郎不入席，由男方家长为其端上两碗"长面"，寓意长长久久。

"冠戴"　由娘家为新郎准备的一身衣物。包括一身新衣（意为新人新生活的崭新开始）、一双新鞋（意为脚踏实地地生活）、一条新腰带（意为把两位新人紧紧拴在一起）。在"摆针线"结束后，当着娘家亲朋的面，新郎将冠戴一一换上。

"禳床"　请家里德高望重的"全活儿"（家中双亲健在，自己与伴侣和谐恩爱，儿孙健康）长辈上新人的喜床，手拿一对油包儿（面里酿有油的馒头），一边将两个油包儿以底相击，一边和拍唱颂禳床词："我老汉上炕踩四脚，踩着新人们儿女多。我禳的床儿四四方，把新人坐到床中央，左转三转，踏得百病消散，右转三转，踏得牛羊满圈。双脚踏在象牙床，踏得白虎离了床。"唱颂结束后，随即抛撒花生、核桃、硬币、红枣、喜糖，以此祝福新人早生贵子、和和美美、富贵满堂、甜甜蜜蜜。在场观礼的人都可以争抢抛撒物，抢得越多越吉祥。

另外，河湟地区有在喜宴上颂唱答谢词的习俗，答谢操办婚礼的亲朋好友，同时也为渲染热闹的婚礼气氛。

敬谢媒翁词：

> 给媒翁大人（对媒人的尊称）升了个杯（举杯敬酒）。常言道："刘皇叔东吴招亲，多亏了乔老先生；牛郎织女天河口配婚，多亏了太白金星。"天上无云不下雨，地下无媒不成亲；子女和好多亏了二位媒翁。来来往往讲说了金玉贵言，喜定了百世良缘；两家说成了一家，金砖配上了玉瓦。南山修寺，西山垒塔，修的寺儿修起了，垒的塔儿见顶了。大人的大功告成了，理应当好好儿酒席款待才是，酒轻宴薄，升起个杯，一头儿承谢（鞠躬致谢）了！①

---

① 青海省西宁市文联编：《河湟民间文学集》，第五集，西宁市文联编印1983年，第192页。加点字为本篇论文作者所释。

第三章 河湟方言的民俗文化内涵

敬谢岳父母词：

给岳父母大人升了个杯。常言道："养儿园中的瓜，养女墙外的花。"花开结籽，多亏了两厢的娘母。一来教茶教饭（教守厨艺），二来教针教线（教受针线活），最是娘母的恩宽。常言道："十月里怀胎母难，腾湿挪干怀中抱。"一斤养成千斤，养大成人了；理应给娘母扫床叠被，端汤燎水（盛饭端茶）是人前之大礼。古人留旧：男大当婚，女大当嫁，布彩之禧，人之大伦。理应当好好儿酒席款待才是，酒无好酒，宴无好宴，只升着一杯儿水酒，一头儿承谢了。①

敬谢众亲友词：

早（现在）给远近的众亲友升了个杯。常言道："亲戚的恩重，朋友的义深。"远路风尘，摇鞍动马。贺礼彩帐，好似海儿照月；人前之礼，很是增长了精神。理应当好好儿设起酒宴，宾客相待是礼，酒无好酒，宴无好宴，只升着一杯儿水酒，一头儿承谢了。②

婚礼涵盖了民众的生活习俗、审美取向、宗教信仰、伦理道德等多方面的内容，其中传延下来的习俗规程是集体智慧的结晶，因为参与婚礼的所有人都能成为婚礼文化的传承者，包括新娘、新郎、新人父母、媒人、娶亲奶奶、主婚人、送亲奶奶、喜客等。他们根据自己在婚礼中担任的身份，以相应的语言和行为扮演自己的角色。无形中，大家成为民俗文化的主要传承人，是民俗实践经验最丰富的民俗活动操持者和民俗知识集散者……这些人在民俗行事中都有突出的技

---

① 青海省西宁市文联编：《河湟民间文学集》，第五集，西宁市文联编印1983年，第192页。加点字为本篇论文作者所释。
② 同上书，第194页。

艺和才能表现，他们往往是世代相续的民俗文化传人和习俗社会规范的主要支配力量①。在此基础上，通过语言承载的习俗惯制凭借这些民俗活动的操持者、民俗知识的集散者保留和传承下来。

2. 丧葬礼俗语言

通常情况下，人们都希望已逝的亲属在另外一个世界得到安宁，故而，古往今来的中国人都非常重视丧葬礼俗，一方面是为了悼慰亡灵，使其得以安息，另一方面也是在最后时刻尽一点孝道。河湟地区的丧葬礼俗更是有其自身独特之处。

"小殓" 儿孙们在长辈弥留之际守护在其床前，为他洗脚、修剪指甲。如果长辈是男性，儿孙们会为他刮胡子、理发，如果长辈是女性，则为她整理衣物、发型。咽气前穿好寿衣，再用红布条将两侧大臂、腰、双脚绑住，并为其修容、定相，黄裱纸覆面，身盖红布苫单。

"烧黄昏纸" 小殓后，由孝子在逝者身旁烧三刀纸，意思是人走了，给那个世界打声招呼。

"点引魂灯" 有时也叫"指路灯"。人去世后立即点燃油灯，将其置于尸体头前或脚后，一段时间后再放到屋内门顶上，意思是可以指示亡魂入冥的路径。

"倒头饭" 小殓后，家人在一个小碗内盛满蒸熟的小黄米，上面插两支用白纸条粘糊的筷子，摆在亡者头边，寓意逝者在去往冥间的路上不会挨饿。

"倒头献子" 小殓后，家人在逝者身旁敬献的大馒头，通常为一副（12个），寓意逝者已逝，以求去往极乐世界时无风雨雷电，无饿鬼缠身，一路坦途。

"成孝" 通常情况下，如果在中午以前去世，包括在半夜去世，则在下午成孝，如果在中午以后去世，则在第二天早上成孝。成孝前，请来德高望重的长辈缝制孝衣孝衫等物。成孝时，吹鼓手开始吹吹打打，孝子孝孙们来到灵堂敬香、焚纸、磕头叩拜，然后由长者给大家分孝，拿到各自的孝衣孝衫后，孝子穿长孝衫、戴孝帽、双脚各

---

① 乌丙安：《民俗学原理》，辽宁教育出版社2001年版，第323页。

遮一块白布，孝媳穿孝衫、戴搭头、双脚各遮一块白布，孙子们戴孝帽、双脚各遮一块白布，重孙辈的只戴孝帽，帽上缝有一块红布。待穿戴整齐后，再在灵堂磕头跪拜，为亡者祷告。

"请亡"　正式祭奠开始前，灵前敬献爵（酒）、明（净水）、德禽（鸡）、刚猎（猪头）、柔毛（羊肉）、时果、献子等祭物，孝男女全体跪地，齐聚于宽约2米，长若干米（由孝男女队伍长短而定）的孝布下，吹鼓手奏乐，主事先生行昭告礼，跪读告文，最后孝男女队伍在家院或外街走一圈，以示对众神灵的敬畏。

"祭奠"　第二天正式祭奠，逝者生前的亲朋好友、同事邻居前来祭奠，带烧纸、香、献子、花圈等物，在灵前磕头、烧纸、焚香，最后献上礼金。

"望骨"　入殓后，亲友与孝眷们齐聚灵堂前，各持一炷香，俯首默哀。这时，逝者娘家的男性长辈揭开其蒙目巾，并按娘家男性、亲友、孝男、孝女的顺序瞻仰遗容，但不能号啕大哭，寓意是灵魂入冥就不会遇到倾盆大雨。瞻仰结束后众亲行跪拜礼。

"送亡"　祭品与请亡时的大致相同。孝男女们按男左女右的顺序在灵前排开，由长子烧纸焚香，随后吹鼓手奏乐，阴阳先生摇阴阳铃、鸣钵、念"送亡经"，主事先生读送亡祭文，读罢将祭文烧毁，孝男女排成长队再在家院或外街走一圈回到灵前，由丧官抛撒祭物，众人可以争抢（抢得越多越好，有祛病禳灾的意思）。

"入殓"　就是把尸体安放在棺内。入殓前，先用绸缎把棺内四壁糊好，女性选红色，男性选黄色，棺盖内侧用蓝色绸缎糊好，棺底铺一层青麻杆。入殓时，长子抱尸头，其余人抬尸体，先入脚，再将身体平放棺内，身体两侧放上死者身前的喜爱之物，如书、毛笔、画册等，用柏木墩将棺材内部填实，最后盖上棺材盖。

"守灵"　起灵前的每个晚上，家眷要守灵，灵前的长明灯不能灭，香也不能灭，要随时续上，隔三差五烧点纸，意思是众亲最后陪逝者一程。

"起灵"　逝者在家被祭奠三天或五天后下葬。下葬前，亲眷揭开棺木瞻仰，之后就用木钉钉住棺盖，抬起棺材出门。这个过程中要焚香烧纸，孝男女可以号啕大哭，以示失去亲人、人冥两地的痛苦。

// 河湟方言文化与民俗学特质研究

"泼墓穴" 祭灵时，向灵前放置供烧纸的陶盆中倒入祭奠时的酒菜、茶汤等，待灵柩抬至墓地时，由丧官把陶盆中的祭物泼洒入墓穴，作为一种冥供。

"回灵趋吉" 送葬队伍返回丧家时，由丧家在大门前置一长凳，凳上放一块白布，白布上放一把菜刀，旁边放一把净手水壶。进门者必须先洗手，由阴阳先生一边帮助浇水洗手，一边口诵"回灵趋吉咒"，洗完手必须动动刀才能进屋。寓意把邪祟之物斩杀在门外，以防跟入家中。

"幛子" 丧礼祭祀用品。取一块长3米的面料，将挽联缝制于面料上在灵前祭挂，出殡后，由丧家将挽联取下烧于坟前，幛子留用。

"献子" 向丧家吊唁的亲友除携带烧纸、焚香之外，还要携带馒头一副12个，吊唁结束后，由丧家分部分献子给前来吊唁的亲朋以表谢意。

河湟地区俗语有"阿舅是骨朵的主儿"（舅舅是骨头的主家），意思是舅舅是娘家的根，是娘家的代表。所以在河湟汉族丧葬礼俗中，有起灵前一天举行娘家人"望骨"仪式，娘家舅舅和丧主在此过程中所说的丧事诉词极富地方特色。

丧　主：今天把尸亲大人（死者的娘家人）请到我们家里来，吃头（吃的）有吃头，喝头（喝的）有喝头，只有两杯水酒，先讨个你的喜欢！

娘家人：好！（喝下酒）

丧　主：尸亲大人，还有两杯，你再喜欢个好么？

娘家人：二位丧主爷儿，既然这么个事，你二位光（只）升（敬酒），我光喝也不成呐！你俩儿得叫出个名堂来，你升的是啥杯儿？

丧　主：连报带请的杯儿！

娘家人：好！（拿起酒杯欲饮）报的病故，那我的老娘娘（姑姑）是因药而亡还是因晕而亡？

丧　主：哎！不是因药，也不是因晕，是因病治疗无效而

第三章　河湟方言的民俗文化内涵

亡！（交代母亲的死因）

娘家人：哦！你们这些儿孙我的老娘娘哈孝心有哩冇？

丧　主：有哩，有哩！

娘家人：好！（将酒喝下）

丧　主：给尸亲大人再升个"衣寝棺椁"杯儿！

娘家人：好！（喝下酒）给我的老娘娘穿了几件衣？

丧　主：按理说，应该穿给十一件，上六下五才对，可是，因为家境贫寒了一点，只穿给了七件。（交代给死者的穿戴）

娘家人：也成哩！那棺椁阿门者哩？

丧　主：因为家里的条件，只有棺（棺材）没有椁（棺材外套的大棺）。（交代棺椁的分量）

娘家人：既然这么个，我的老娘娘头顶的啥？背靠的啥？脚踩的啥？

丧　主：头顶的是三十三天（实际是三尺三寸布），背靠的是二十四孝（就是二尺四寸枕），脚踩的是十八层地狱（就是一寸八厚底鞋）。

娘家人：好！（喝下酒）

丧　主：尸亲大人，还有个"留念"杯儿哩！

娘家人：老娘娘的穿戴、铺盖（被褥）还有大房全部拿上去哩！

丧　主：尸亲大人，你看在儿孙多、家境贫寒上，给儿孙们让下点。

娘家人：那就把我老娘娘的穿戴、铺盖全部让下！但大房一定拿上走哩！

丧　主：尸亲大人，你看我们儿孙多，盖几间房好钱儿也冇有，你把大房也让下个吧！

娘家人：那好，把大房暂时让下，但以后还是不让，我当阿舅的要走个远路，经过这儿还要坐哩！所以不让！

丧　主：多谢！

娘家人：还有个事儿要问，那就是经事（诵经之事）如何，丧宴如何？

· 113 ·

丧　　主：经事上好说，吹鼓手（乐师）一个，老师傅（念经的道人）一个，丧宴上说好十大碗席摆着哩！

　　娘家人：好！

　　丧　　主：尸亲大人，还有个"望骨"杯儿！

　　娘家人：好！（喝下酒，来到灵前，烧纸磕头，并用手绢在亡人身上掸一掸）念道：老娘娘，天有天主，地有地主，我是你个骨主（死者的娘家人），你生前为了你的儿孙，一把屎一把尿地拉扯他们，现在你却离开了，你的功劳大着哩！老娘娘，你上天无路，钻地无门，你还是脚轻手快地往前赶，在阳世上投胎做人！

　　丧　　主：好！把尸亲大人请到房里坐！①

　　古往今来，中华民族的信仰因素往往支配着人们的丧葬行为。逝者已逝，他们去往的世界其实是活着的人描画的，目的就是让大家在体味生命短暂和脆弱的同时，感悟生命的宝贵。人类通过丧葬认识了自己，告慰了亡灵，于是，所有那些在活着的人看来能够让逝者获得愉悦的方式，都从生的、鲜活的世界"移位"到了那个被描画出的所谓的另一个世界，人们从类似模拟现实生活的过程中感到某种精神慰藉，永恒的归属感从而产生。在此过程中，习俗惯制因各地不同的乡风民俗各有特点，河湟地区的丧葬习俗被极富特色的地方语言保留传承，参与其中的民众作为一个个完成此项民俗事象的行为主体，用语言、行为、情感赋予丧葬礼俗传延的生命力。

　　3. 祭祀礼俗语言

　　不论是禳灾祛祸、祈福求吉的功利心理，还是认祖归宗、延续香火的民族情感，人们总会在相应的节令举家祭祀，一方面为达成愿望，另一方面也无形中将此俗世代传承。

　　腊月二十三"祭灶"，祭祀灶神。因有"女不祭灶，男不玩月"的习俗，故由一家之主（男性）完成祭礼。把灶老爷的画像贴在自

---

　　① 青海省西宁市文联编：《河湟民间文学集》，第八集，西宁市文联编印1984年，第119页。

家灶台上，画像前点燃两支蜡烛、将祭品摆放好：点心、蛋糕、糖、巧克力、水果4盘或6盘，最前面摆上香炉。祭灶时，焚香跪地行叩拜后，默念祭语：

> 灶老爷，今天是2011年农历辛卯年腊月二十三，给您老人家祭灶的日子，我是张氏门中的张××，这是我的家，在西宁市城西区西关大街×号×号楼×室，我们家共3口人，我是户主张××，我的媳妇是褚××，姑娘是张××，托您老人家的福，今年我们家平安顺利、粮食充足，家人身体康健、工作顺利、没病没灾，还请您老人家上天言好事，下地降吉祥，保佑我们生活越来越好，家人身体健康、万事顺意。①

念完祭语后再叩拜三次，把祭品逐一取出、拨开，放在祭台上（旧时要取一点祭品在蜡烛上烤热贴在灶台上），同时说："您老人家吃上个！"再倒杯酒，献在灶台上（有的人家不献酒），最后放炮、焚烧画像，送灶老爷升天。通常情况下，祭语的规程如上，内容因各家情况不同略有差异。

藏族腊月二十四"祭灶"，也是男人祭祀。通常在灶台的上方墙上做一个小圆泥坯，泥坯下安放一个小木架，叫"灶爷板"。祭祀时，在小圆泥坯上涂一层白泥，泥坯象征"灶家阿娘"的脸，涂白泥意思是"给灶家阿娘洗脸"，灶门象征灶爷的袖子，也涂抹白泥，然后点灯放桑，献上面片、猪肉，然后在锅盖上放草料和碎豌豆，象征灶马的饲料，同时念《六字真言》。然后磕头祷告：

> "灶家阿娘，您走时空夒去，挖磨琐碎（指小病小灾）的带着走；来时空夒来，金银财宝带上来。"② 旧时的祷告词："灶家阿娘你去了好话多说，瞎话少说，挖毛琐碎带着去，金银财贝带

---

① 访谈对象：张春生；访谈时间：2013年；访谈地点：西关大街。
② 赵宗福主编：《中国节日志·春节（青海卷）》，光明日报出版社2014年版，第240页。

着来，米面成柜，粮石成仓……"① 现在大多只磕头，不祷祝。

关于汉、藏两族祭灶时间的差异，有一个藏族传说：

> 汉族的"灶家娘娘"骑着毛驴，驮带的东西多而沉，走得慢；藏族的"灶家阿娘"骑着一匹青马，不用驮带许多东西，只吃些面片就足够了，走得快。虽然汉族的灶家娘娘早行了一天，但她们却同时到达了天上。

土族祭灶祭的是"灶爷妮妮"（土语，意为灶爷奶奶）。厨房东北角墙上用黄泥、白石灰涂一个圆圈，圆内贴一张写有"东厨司令灶君娘娘之神位"或"东厨司令之神位"的黄纸，黄纸下绘有两匹灶马，还放着一块供板，用来点灯和供馍。祭灶时，先将一张大黄纸折叠起来，两端剪成碎条，将碎条折出皱子，搭在神位上，意思是灶爷妮妮上天穿的新衣。20世纪80年代，土族人祭灶神准备一碗水、一碗草、一碗豌豆（灶神的马吃的料）、糖瓜儿（小米做成的饴糖）、灶饼、黄裱等物，现在则不专门做灶饼了，而是将炸好的"普适佐"供在神位前，然后点两盏酥油灯，燃三支香，将一碗豌豆（灶神的马吃的料）、一把梳子、苹果供在神位前，用土语虔诚祷告：

> 灶爷妮妮，2011年的今天，上天宫的时候，多说好话，不说不好的事。保佑家人平安，来年五谷丰登，风调雨顺，国泰民安。如果家里的女人们有做得不妥当的地方，还请您多多包涵。②

祷告完后，就将刚搭上去不久的神衣、去年贴的写有神位的旧黄纸、绘有马的灶马纸取下来烧掉，表示送灶爷妮妮上天了。

大年三十有上坟祭祖的习俗。因民间有祖先信仰（认为祖先灵魂

---

① 赵宗福主编：《中国节日志·春节（青海卷）》，光明日报出版社2014年版，第240页。
② 访谈对象：胡成辉；访谈时间：2011年；访谈地点：胡李家村。

不灭），能护佑家族枝繁叶茂、兴旺发达，故而祭祖，一则表达家人对祖先的尊敬、爱戴，二则达成祈求平安的心愿。

祭祖时，先祭后土。取三刀烧纸、一叠往生、一叠龙票、一副面桃，敬三炷香，跪拜、烧纸，同时默念祭语：

> 后土尊神在上，今天是2011年农历辛卯年腊月三十，我是张氏门中的张××，今天来给您老人家拜个年，还请您老人家保佑我们家一方安宁，今儿我们把家里的老先人请上家里去过个年，还请您老人家行个方便！①

待纸烧一会儿后，再各取少量的祭品，围绕燃烧的烧纸泼洒。

祭完后土祭祖先，先放炮，再把准备好的祭品分盘（一副馒头，四碟小菜，祭祀的卤猪肉、糖果、糕饼、水果各一碟，一瓶酒，一瓶献茶）祭献在坟前，敬三炷香，跪拜、烧纸，同时默念祭语：

> 阿大（爸爸），今儿是2011年农历辛卯年大年三十日，我们给您老人家送点钱粮、拜个年！您老人家愿意的话，我们把您请上了家里过年走！今年家里没有啥不好的，阿妈（妈妈）身体好着，阿哥（哥哥）、嫂子退哈休着一天哄娃娃（带孩子）着；我家里也啥都好着，姑娘得了个好工作；老三两口也好着，你的孙子放寒假着家里也回来着；老四也好着，琳琳明年高考哩啊着小简休哈假了，操心个娃娃、阿妈，您老人家放心，我们工作了啥的一挂（全都）好着，娃娃们学习也好着，您老人家就保佑着明年家里也平平安安、大家身体健健康康、工作顺顺利利着。②

待纸烧一会儿后取适量祭品泼洒在烧纸周围，酒和献茶绕坟堆泼洒一圈。临行前行跪拜礼告辞。同样，祭语的规程不变，内容因各家

---

① 访谈对象：张春生；访谈时间：2013年；访谈地点：西关大街。
② 同上。

情况不同略有差异。

　　大年三十藏族也有上坟的习俗。有的人家如果亲人或亲戚长辈去世不久（一般为一年至三年），吃团圆饭前要上坟煨"擦斯"①，供"洛萨尔"（藏语，指新年祭品），包括"泽尼"、花卷、苹果等。此时，上坟的人往往不免流泪，怀念过去，情不自禁地跟已故亲人说心里话，倾诉家里的情况和愿望，安抚亡灵走好：

　　　　不要顾虑家人，因为人都是要故去的，而且神灵时刻在您的身边保佑着您，您就念着嘛呢走好，不要恐惧，将来灵魂转世成人后我们可以再次相聚。②

　　说完后到周边找几块白石放在坟上，表示洁白和光明，意思是亡灵在归去的路上没有黑暗和恐惧，就要轮回为人身，安然降临于人间。之后默哀片刻磕三个头离开。过去在农村，大年三十祭"碌碡"，大多由年轻人祭祀。碾场结束后，人们将碌碡鳍卸下存放起来，祭祀时，将碌碡集中到打碾场中央，先在碌碡上贴钱马、点一盏灯，在鳍眼中填几块猪肉，周围地上奠茶，然后焚三炷香，叩拜祷告："碌碡哥，你孽障。牛粪粘在你身上，打下的粮食我吃上。"有点打趣之意，祭过碌碡后，将其弃下，只将肉取回家。此俗又带出了一句俗语："碾了场的碌碡，死了娘娘（姑母）的姑父。"有人走茶凉的意思③。

　　朴素又含蓄的象征符号，为民众的生活增添了新鲜、活泼、神奇的色彩，这种色彩的背后聚集了民众求福、避灾的功利追求。首先，它以吉祥为主导，给予民众充分表达生活中种种情感的场域，增强民众的生活信心和勇气，牢固群体的凝聚力；其次，它以家庭、家族基本组织的利益为出发点，以其浓厚的家族意识充分展示民众心智的集

---

　　① "擦"为火，"斯"是烧，即用火烧焦糌粑，祭祀鬼神等。
　　② 赵宗福主编：《中国节日志·春节（青海卷）》，光明日报出版社2014年版，第249页。
　　③ 同上。

体创造①。婚姻仪礼的家族原则，它是人们依照一定的社会婚配原则使男女结合成夫妻的礼俗程式，婚姻的真正意义在于它并不仅仅是男女两性的结合，其目的在于祭祀祖先和使家族得以延续。丧葬仪礼是人生历程中最后一道通过仪礼，标志着人生旅程的终结。在中国民俗观念中，死亡并不等于亡者与生者关系的绝灭，两者之间存在着依托于宗族血缘关系的精神联系，正如丧葬仪礼要严格按照与逝者的亲疏远近关系安排服丧时间、服丧等级，通过一系列仪式的举行，乡邻亲眷等悼念死者的人聚集在一起，并由此重新建立新的关系。这种形象多变、简洁明快的方式，贮存着人类历史上以善变的动态心理去表现复杂精神世界的传统，无疑是一种可贵的文化创造。看待象征意义，不能只对承载它的外在事物进行感性观照，独独考虑它单纯、直接的外部表现，而是要站在一定的高度，从它所暗示的一种更广泛、更普遍的意义出发，挖掘隐藏在其表象背后的文化内涵。

第三节　民间口承文学中的方言叙述

"口承文学是民众精神文化的重要组成部分，融入了民众的生活智慧和丰富多彩的语言艺术。流行于民间的口承文学发挥了民众语言表现力和概括力的特点，作品中不但创造了各种艺术形象，同时也展示了丰富而瑰丽的想象，表现着高尚的审美趣味和深刻的理性认识，与其他民俗事象相比，口承文学具有的艺术特性是最大的特色。"②口承文学最突出的地域性特征就是方言叙述，换句话说，方言为民间文学涂上了鲜明的地域色彩，是"地方性知识"（local knowledge）最突出的表征。

一　歌谣

儿歌是最接地气的言说，童言的活泼有时流露出的却是生活的真谛。河湟地区的儿歌更是以其独特的口语气质涂写着孩童时代美好的

---

① 钟敬文：《民俗学概论》，上海文艺出版社1998年版，第240页。
② 同上。

生活画卷，传延着一方土地上民众的历史文化。

1. 儿歌

> 翻、翻、翻油饼，麻雀扎的红头绳，你搽胭胭我搽粉，天上掉下来个油骨都儿我俩啃。啃里啃里岜下了，尕碟碟儿里挖下了，尕箱箱里锁下了。①

这个游戏主要是女孩子玩儿，两个小女孩一边唱儿歌，一边手拉手跟着节奏翻转。"搽"是涂抹的意思，"胭胭"就是胭脂，河湟方言中往往会出现类似的叠韵现象，比如哄小孩吃饭："阿们光吃肉着，吃上点面面！"很多名词都有叠韵的现象：碟碟（碟子）、箱箱（箱子）、桌桌（桌子）、碗碗（碗）、勺勺（勺子）、本本（本子）、盆盆（盆子）、单单（床单）、桶桶（水桶）等。但也不是所有的名词都可以叠韵，比如"笔"不能说"笔笔"，"书"不能说"书书"等。"骨都儿"就是骨头，西宁方言中老人骂孩子时总说："这个贼骨都儿（对顽皮孩子的称呼），收给个风（"收风"就是收拾，给点颜色看看）的要哩！"

> 金子脚，银子脚，点喽，码喽，点到一个二半脚。②

六七个女孩站一排，单独的一个女孩一边念唱词，一边和着节拍用自己的一只脚按顺序踢其他人的脚，唱词结束时，停在谁的脚上，谁就背刚才踢脚的人走一圈，然后游戏重新开始。"码"在这里是动词，有按顺序排列的意思，如："你把桌子上的书码着齐齐的（你把桌子上的书整理好）！"

> 官兵抓贼，猫头两掴，过金桥，过银桥，问你大老爷好

---

① 访谈对象：褚文秀；访谈时间：2014年3月；访谈地点：干休所家属院。
② 访谈对象：周元海；访谈时间：2014年8月；访谈地点：海湖新区。

不好。①

这个游戏是4个小朋友玩儿的,分别扮演"官""兵""捉""贼",四个字4个人各写一个字抛向高空,当纸落下后大家开始抢,谁抢到"贼"谁就开始跑,而抢到"捉"的人赶紧追,剩下的两个人在一旁观看做证。"猫头两捶"就是在头部毫无防备的情况下打了两拳。西宁方言中还有"猫尻一脚"(毫无防备的情况下踢屁股一下)的说法。

麻麻胡儿投窝来,大的不来小的来,石头窝里滚着来,老窝来,老窝来。②

两个孩子猜拳,赢了的人蒙住输家的眼睛,这时其他小朋友已经分散藏好,被蒙了眼睛的小朋友去找藏起来的小朋友,抓到谁谁就又被蒙住眼睛,游戏又重新开始了。"麻麻胡儿"就是捉迷藏,例如:"我们耍麻麻胡儿走吧!"我们去玩捉迷藏吧!

2. 顺口溜

骨节儿骨节儿当当,猫儿跳着缸上,缸扒倒,油倒掉,猫儿姐姐烙馍馍。烙了八十八半个,你半个,我半个,给荡羊娃剩下了少半个。荡羊娃来了寻馍馍,馍馍来?狼抬了!狼来?上山了!山来?雪盖了!雪来?消水了!水来?调泥了!泥来?堘墙了!墙来?猪毁了!猪来?打死了!猪尾巴顶着门槛了!③

常在哄孩子安静下来或睡觉的时候说这个顺口溜,其中"顶针"的表现手法有助于孩子记忆。"荡羊娃"就是放羊的孩子,河湟方言中把"放羊"叫作"荡羊"。"寻"就是找的意思,比如:"我的帽

---

① 访谈对象:王友明;访谈时间:2014年8月;访谈地点:电力小区。
② 访谈对象:褚文清;访谈时间:2014年5月;访谈地点:地质队家属院。
③ 访谈对象:祁媛玲;访谈时间:2014年8月;访谈地点:大通县城。

子妈妈寻去了,好像丢着超市里了。""抬"就是"叼",河湟方言中也有拿、咬的意思。比如:"狗娃把他腿上抬(咬)给了一口,疼死了!""那个娃娃一天手机抬(拿)上着啥正事不干!""班主任今儿抬(摆,表现出)着一张黑脸,小心点呐!""墁"就是"糊","墁墙"就是"糊墙"。河湟方言中"墁"还有扔、放的意思。例如:"这个钢笔用了多长时间了,再修不好,赶紧墁(扔)掉去!""将(刚刚)洗完的衣服,先墁(放)着一边个,赶紧走,电影赶不上了!"

丫头丫头你甭害,我把你送着沈家寨,沈家寨的人害,把你顶着锅盖。①

"害"就是厉害。例如:"他的那个媳妇害(厉害)着很。""顶锅盖"是夸张的说法,意思是下锅煮了,传说沈家寨的人都很厉害。

木底鞋咔哒咔,你骑骡子我骑马,一骑骑到丈人丈母家。丈人丈母不在家,大姨儿出来抓大马,小姨儿出来抓小马,媳妇出来有啥抓。大红的毡,两面儿铺,松木的桌子当中里放,乌木的筷子当中里下,红柜上摆下的大牡丹,架板上摆下的菊花碗,灶房里钻给就做饭。②

"大姨儿"就是大姨子,"小姨儿"就是小姨子,"当中"是正中间,"架板"是碗柜,"下"在河湟方言中位于动词后,作为动词的后附成分。但从它的词性看,很难把它归到特定的词类,同时也没有方位名词、趋向动词或使动动词充当句子成分,所以它对前面的动词具有很强的依附性:

第一,"下"用在动词后,表示动作行为或发展变化的结果。例如:"妈妈要的茶叶我寻下了(妈妈要的茶叶我找出来了)";"他做

---

① 访谈对象:索有延;访谈时间:2014年8月;访谈地点:大通县城。
② 访谈对象:褚文秀;访谈时间:2014年8月;访谈地点:干休所家属院。

下的木工活师傅夸着（他做的木工活被师傅夸了）"；"馍馍做下了，晾冰了拿上走（馍馍做好了，晾凉可以带走）"。

第二，"下"用在动词或动词性短语后，表示动作行为、行为发展变化的可能性，比如："礼拜三他来下哩不（礼拜三他能不能来）"；"今儿的火车迟下哩吧？（今天的火车会迟一点吧？）"；"这些面条一锅下不下（这些面条一锅煮不下）"。

> 杏核儿杏核儿憋憋，大路上来了个爷爷。爷爷领的黄狗，咬了娃娃的尕手。娃娃娃娃你甭喊，妈妈买给个花手巾，过来过去擦眼睛。达达买给个花脸盆，脸蛋洗得白净净。①

"憋"在河湟方言中是饱满的意思。比如："你的粮食长着憋（饱满）呀！""手巾"是手帕，"达达"就是爸爸。"达达"一词源于元朝，元朝蒙古人一般称尊长为"达达"。《西游记》七十三回："面如瓜铁，目若朗星。准头高大类回回，唇口翻长如达达。"② 这里"回回""达达"是汉族民间对回族、蒙古族的称呼。《醒世姻缘》四十八回："狄希陈说：'你达替俺那奴才饴定。'"③ 这里的"达"和河湟方言中"达达"的用法很接近，是子女对父亲的尊称。

> 青海人怪，喝酒不要菜，大碗小杯一起来，高原豪情难忘怀。④

青藏高原上的各族兄弟姐妹热情好客，特别像汉族、藏族、蒙古族、土族等，都有"无酒不成席"的说法，只要家中来客人，主人就会拿出酒来招待。而敬酒、喝酒更为讲究。以汉族为例，酒杯要成双成对，特别在年节，必须是4盏或6盏，放在与酒杯成套的小碟子里。饮酒之初，主人端起酒碟，先要说几句："各位朋友难得一聚，

---

① 访谈对象：申奇昌；访谈时间：2014年8月；访谈地点：互助县县城。
② 雷汉卿：《近代方俗词汇考》，四川出版集团巴蜀书社2006年版，第121页。
③ 同上书，第127页。
④ 访谈对象：褚文秀；访谈时间：2014年8月；访谈地点：干休所家属院。

聊备薄酒，祝大家万事如意、身体健康、事业有成！"然后按照辈分依次敬酒，同时要针对不同的人说不同的吉利话，比如："阿妈，您老汉家喝上个年酒，祝您身体健康、长寿多福啊！""阿哥，你喝上个年酒，祝你工作顺利、日进斗金啊！"若对方推辞不喝或少喝，主人还要借机说一些欢心的巧话劝酒，比如："一年一满呐，满满喝上个！""四红四喜啊，你喝上三个着不成呐！""再喝上个，六六大顺呐！"如此等等，受礼者会觉得主人礼节周到，却之不恭，不好不喝。

藏族群众生性豪放、热情好客，加上长期生活在高寒地区，所以奶茶和酒是必备的。虽然平日有客来访"敬茶不敬酒"，但在喜庆的日子、年节之时，有客来访必敬酒。敬酒时主人先斟满一碗（杯），捧到客人面前，这时客人要双手接过，一只手拿杯，另一只手用中指或无名指轻蘸一下酒，朝天弹一下（意为敬天神），再弹两下（敬地、敬佛），意思是青稞酒的来历与天、地、佛的慷慨恩赐分不开，故要先敬神灵。喝时先喝一口（不能喝完），主人再次斟满后再喝一口（不能喝完），主人再次斟满后，一口喝干。若非如此，便是不敬。客人喝得越多，主人越高兴。另外，藏历新年的初一清早，主妇们把"观颠"端到家人床边，让他们喝了再起床，寓意新的一年要丰衣足食、吉祥如意。"观颠"是一种八宝青稞酒，加有红糖、奶渣、糌粑、核桃仁等。藏族婚俗中酒也尤为重要。如青海藏区提亲要带"雅叙酉仓"（提亲酒），若女方允婚，男方则邀请村里的年长者和媒人一起喝"定亲酒"，结婚时，更要准备充足的青稞酒，迎亲的人们要在途中设"迎亲酒"，新娘离开娘家前要喝"辞家酒"，婚宴上亲朋欢聚同饮"庆婚酒"。

> 喜鹊喜鹊加加加，你们家里来亲家，亲家亲家你坐下，茶喝上了再扯杂。你的姑娘揉面不揉面，坐着案板上揉沟蛋；你的姑娘擀面不擀面，挟着擀杖乡道里转；你的姑娘洗锅不洗锅，坐在锅台上洗精脚；你的姑娘担水不担水，站在河沿上溜瓜嘴……做下的事儿气心肝，我一夜两天也说不完。[①]

[①] 访谈对象：申奇昌；访谈时间：2014年8月；访谈地点：互助县县城。

第三章 河湟方言的民俗文化内涵

这个顺口溜往往是家长为了激发孩子们劳动或做事情的热情时说的，孩子们怕被别人听到后嘲笑，赶紧重新振作精神投入劳动；有时也是朋友间相互打趣、嬉闹时唱念的。"姑娘"在河湟方言中就是女儿，比如："这个是王老师的姑娘！""扯杂"就是聊家常。比如："今儿早上小李我的办公室里扯杂来了！""精脚"就是光脚，河湟方言中"精"有"光着的"意思。比如："那个娃娃晚上精（光着）身睡惯了。""担水"就是挑水，"溜瓜嘴"就是不务正业、说闲话的意思。比如："在甭溜瓜嘴了，赶紧写作业去！"

山上不长草，风吹石头跑，人们不洗澡，房上马儿跑。①

青藏高原气候寒冷、干燥，土地贫瘠，多高山少林地，所以山上植被稀少，有"不长草""石头跑"的说法；又因降水稀少，故平房不像南方是尖顶房，这里大多为平顶房，所以夸张地说"马儿跑"；至于"人们不洗澡"，则是一种对过去艰苦生活的夸张表述。

一两驼毛百斤草，骆驼客靠它养老小，驼峰鞍子骑到老，一辈子不知道啥味道。②

"骆驼客"，旧时以养骆驼为营生的人，他们卖出一两骆驼毛就要花费百斤的粮草喂养它，"骆驼客"就是靠卖骆驼毛、用骆驼帮别人拉货赚钱。整天和骆驼打交道的他们只为赚钱养家，连过日子究竟是个什么滋味都不知道，一辈子就这样忙碌着，生活的苦辣辛酸只有自己体会。

穿着料子，挺着肚子，拖着调子，画着圈子，出了再大的事

---

① 访谈对象：褚文秀；访谈时间：2014年8月；访谈地点：干休所家属院。
② 访谈对象：申奇昌；访谈时间：2014年8月；访谈地点：互助县县城。

情也不离开位子。①

"料子",就是用好衣料做的衣服。讽刺那些在其位不谋其政,整天卖弄官威、卖弄权力的人。

下来像个办事的样子,进出像个贵宾的样子,吃喝像个过年的样子,返回像个打猎的样子。②

"下来"是上层领导下基层视察工作的意思,"进出"是这些领导的举手投足、下属单位对其唯命是从的状态,"吃喝"是下属单位接待领导时的一日三餐,百姓平日生活拮据,只有过年才能见点荤腥,而这些来视察的领导整天被招待得就像在"过年",视察结束时,下属单位还赠送了许多礼品,简直就像是刚打完猎满载而归的封建君主。讽刺那些不能为民办实事、虚头巴脑、爱占便宜的贪官。

大锅饭顶好,取酬不按劳,能人拿不多,懒汉拿不少,每人有一份,大家一般高,磨洋工好过,混日子逍遥,砸掉大锅饭,有人吃不消,婴儿要断奶,怎不哇哇叫。③

"能人"是工作认真踏实、肯下苦工的人;"懒汉"是工作中拈轻怕重、耍滑溜尖的人;"磨洋工"是指干活不务实,假模假式,故意拖延时间;"婴儿"在这里是讽刺那些靠吃大锅饭不劳而获、"当一天和尚撞一天钟"得过且过的人。这则顺口溜主要是揭露当时"大锅饭"的弊端所在,同时批判那些混在人民群众中好吃懒做、偷懒成性的人。

前面列举的是内容短小精悍,民众可以朗朗上口的顺口溜,下面介绍一种行文较长、有故事情节的长篇顺口溜。

---

① 访谈对象:申奇昌;访谈时间:2014年8月;访谈地点:互助县县城。
② 访谈对象:褚文秀;访谈时间:2014年8月;访谈地点:干休所家属院。
③ 同上。

第三章 河湟方言的民俗文化内涵

《除恶霸》

西宁地方四个川，南川有个沙尔湾，沙尔湾有个薛斗娃（薛斗娃：姓薛的小伙子），方圆十里是恶霸。欺负娃娃打老汉，抢山占林霸水泉，骑上骡子踏庄稼，他说骡子是龙马。他把穷人给下的扎（给下的扎：弄的人头疼、害怕），人人恨得直咬牙，哪个要把他的账拉下（账拉下：欠账），一挂压在阴山下（一挂：全部），有朝一日还清账，老半儿的嘴里寻上牙（寻：找）。

阳坡的石匠张二爸（张二爸：张二叔），兄弟三人是汉子家，为人忠厚不吃硬，惜老怜贫人人夸，祖传的手艺实话好，打下的磨扇格巴巴（磨扇：磨盘）。这一年张老二要成家，恭喜的客人乱如麻，执客正在摆酒席（执客：红白喜事上专门支应客人的人），乡老跑来把话发：大家都把话听下，薛老爷叫我在门上把，不准给张家把喜恭，新媳妇要交粮差四斗八，哪个胆敢进张家，薛老爷要把骨拐砸（骨拐：脚上的骨头）。众人害怕惹是非，忍痛不再去张家，张石匠听了这番话，气得心肝快要炸。若要住在沙尔湾，只有除掉薛斗娃，弟兄们一并商量定，这一天要去把他拿。

冻萝卜遇上的铁镲镲（厉害的人遇上厉害的人），薛斗娃听得有些怕，放了个大话没顶啥，谁知道张石匠胆子大，张石匠弟兄们力赛牛，碰到他们的手里要吃苦头。光棍不吃眼前亏，先躲一躲再下手。躲过初一到十五，西宁的官衙里告状走。张石匠弟兄叶子麻（叶子麻：干劲大），不抓住薛斗娃不罢下（不罢下：不罢休）。擦麻等到鸡叫唤（擦麻：天快亮的样子），初一等到十五完，罗家湾山上没等下（没等下：没等着），一挂等到索尕加（一挂：全都）。躲在大树坑的桑牲家，躲里躲里着急了，要去西宁动官衙。薛斗娃出了桑家门，看见石匠在巷道口等，斗娃妄想冲过去，接连打马三十鞭。仇人一见眼前亮，新仇旧恨一起发。老二抓住马扎环，老大一棍将他打下马，老三箭步冲上来，绳捆索绑像猪娃（猪娃：猪），棒棒打，石头砸，打得斗娃叫阿大（阿大：爸爸），拿脚踢，扇耳瓜（扇耳瓜：扇嘴巴），看你

· 127 ·

把众人再欺压。

薛斗娃，造孽大，三锤两棒气断下。南川人听见死了薛斗娃，男女老少笑哈哈，张石匠不亏是个汉子家，为民除害功劳大。人不逗虫虫咬人，越忍越耐越害怕。瞎人逞势民遭殃（瞎人：坏人），好人受害官不见，官衙不管百姓管。百姓们同到官衙前，各庄子都把禀帖打，闹得官衙没办法，顺水推舟了事情，免了石匠死刑罚，说一千，道一万，有胆除害人称赞，说了罢，不说了罢，说来说去说实话，还是万民百姓力量大。①

《日本飞机炸西宁》

我说话你别听，公安局在东城楼上打大钟，他给百姓们发警报，日本人太可恨，四十八架飞机来西宁。这些鬼子不害怕，几千里路上来干啥，他们跑到西宁来轰炸。

城里的百姓乱成麻，城外的群众莫害怕，日本飞机嗡嗡响，三架三架排成行，声音越来越近了，由西向东飞过了，缸粗的炸弹掉尽了。地下炸下的大坑坑，墙上扫射扫下的大窟窿，房子炸塌了几十间，法院街炸死驴一条，饮马街炸死人几个，唯有把山西人卖羊杂炸下得惨，四肢不全头不见，只留下上身何像个肉墩墩（何像：好像），实在惨，还有一家没活成。

公安局满街喊，没发的炸弹加小心。城里人商量怎么办，跑到乡下去避难，有人跑到殷家庄，有人跑到熊家山，有人跑到乐家湾，有人跑到判子山，有人跑得更加远，一跑跑到上五庄，上五庄烧的猫儿刺，尻子扎着没出去（尻子：屁股），睡的打泥炕，尻子烫着挨不上，背子骨烫成干腔腔（背子骨：后背。干腔腔：胸脯），铺方毡，盖方毡，两头何像扇子扇（何像：好像）。

日本人太凶残，把我们害得说不成，日本人太凶残，西宁逞凶炸得欢，样样得意回太原，飞得高没看见，到了兰州挨弹弹，

---

① 张奋生搜于大南川。

高射炮威力大，一架一架地打趴下，看你逞凶不逞凶。①

"发音的呈现方式是民间文学与其他文学的根本区别，民间文学的魅力和多样性都取决于发音。发音（方言）使得民间文学不需要刻意抒情就富有情感，成为民间文学最鲜明的地域表征和各地主要的文化传统。各地不同的方言导致了民间文学的发音世界的差异，同时，也使民间文学完全融入当地的社会生活和文化之中。"② 这类叙事型顺口溜，以叙述完整的故事情节为特点，语音上注重韵律和谐，比如"薛斗娃听得有些怕""放了个大话没顶啥""谁知道张石匠胆子大""绳捆索绑像猪娃""不抓住薛斗娃不罢下""张石匠弟兄叶子麻"，句末都押[a]韵，不但唱诵的时候朗朗上口，也便于民众对此类长篇铺排顺口溜的记忆。民众常把家喻户晓的事例、传说、故事改编成顺口溜，一方面为了让大家将诸如英雄事迹、历史故事等传唱下去，另一方面也是为了给平日里单调的生活增添一些休闲娱乐色彩。

二 民间故事

民间故事有广义的和狭义的，广义的民间故事包括故事、神话、传说等所有叙事型的散文作品；狭义的民间故事是除了神话、传说，那些以口头形式流传的、保存的、以人与人之间关系为基础的、有广泛社会背景之下的、完整而富有趣味情节的、表现民众生活思想和愿望的作品③。本书关注的是狭义的民间故事，即民间文学中的故事门类。河湟地区的民间故事又被叫作"古今儿"，讲述着从古到今民众的生活状貌、审美情趣、习俗惯制、民族信仰等，题材广泛、内容丰富。通过感受河湟地区民间故事活泼的方言表述和生动有趣的故事情节，深入挖掘这种地方口承文学鲜明的地方特色，饱满的民族情感和生动有趣的本土情怀。

---

① 张奋生搜于大南川。
② 万建中：《民间文学引论》，北京大学出版社2006年版，第44页。
③ 王娟：《民俗学概论》，北京大学出版社2002年版，第19页。

1. "狼外婆"型故事

"狼外婆"型故事,属于幻想故事范畴,情节大多是家人被狼外婆吃了,留下孩子们(或其他家庭成员)在别人的帮助下与狼外婆斗智斗勇,最终将其消灭。虽然我们把"讲故事"也称为"说瞎话",意思是说了就算,不能当真,可是"虚构"不是"瞎编",它是建立在生活基础上的一种艺术层面上的合理想象。经过讲述者千百次加工了的虚构,可以有效地让题材表现得更集中、更真实。"狼外婆"型故事通常具有丰富的教育意义,一方面是让孩子懂得孝顺父母,"老奶奶穿衣吃饭都不熬煎(发愁),日子过得胡嘟舒坦(舒服,安逸)呐",另一方面强调家的重要性,教育孩子从小就有守家护院的意识,认清伪善的恶人,保护好家人的安全。

《花牛犊儿的故事》

那早会儿(很早以前),有个老奶奶冇儿冇女,养着个花牛犊儿,花牛犊胡嘟(特别,格外)孝顺老奶奶。

花牛犊儿一天一个抵角(牛角)上挑的柴,一个抵角上挑的水回来了。老奶奶洗脸、烧水都不愁。春天,花牛犊请上犁铧哥帮他种庄稼;秋天,邀上镰刀哥、碌碡(石制农具,用来轧脱谷粒或轧平场院。)哥帮他收庄稼。老奶奶穿衣吃饭都不熬煎(发愁),日子过得胡嘟舒坦(舒服,安逸)呐。

有一天,黑麻(天彻底黑了,比喻已经很晚了)了,还不见花牛犊儿回来,老奶奶心慌(着急)着坐不住了,哭着去寻(找)她的花牛犊儿,路上碰见了碌碡哥,便问:碌碡哥,见了我的花牛犊儿了冇?

碌碡哥说:见了,他叫野人婆儿(传说中的一种妖怪)吃掉了,我们把他冇救下。今晚夕(晚上)野人婆还吃你来哩说。老奶奶一听吓坏了。

碌碡哥说:奶奶,你甭害怕,今晚夕你把油饼饼儿烙下,奶茶炖(熬,煮)着糊糊的(浓稠的),我给你帮忙来。

走着走着,老奶奶又碰上了鸡蛋哥、锥子哥、剪子哥、刀刀哥、癞肚呱哥、钉锤儿哥、抹布哥、牛粪哥,都说了和碌碡哥一样的话。

第三章　河湟方言的民俗文化内涵

老奶奶回到家里，赶紧烙好了油饼饼儿，炖好了酽（浓）奶茶。擦黑儿（夜幕刚刚降临）大家都来了，吃饱喝足后，就藏到各处去了。

半夜里，野人婆儿来了。一进门就跳到炕上问：阿奶（西宁方言中对老奶奶的称呼），我先你的阿扎儿（哪里）吃？

老奶奶说：你就大腿上吃，大腿上肉多。

野人婆儿将要往大腿上啃哩，锥子哥从毡边（床板上铺的毛毡）底下跳昂着出来往野人婆的嘴上攮（狠狠地戳）给了一锥锥（锥子）。野人婆儿疼着直叫唤：哎哟，这个阿奶的腿上长刺者。

野人婆儿又问：阿奶，阿奶，我再阿扎儿吃？

老奶奶：早你腔子（胸部）上吃。

野人婆将（刚刚，正要）往腔子上啃哩，剪子哥从汗褟（背心）里跳昂出来了，铰（剪）掉野人婆的上嘴唇儿。野人婆儿疼着喊者：哎哟，阿奶的腔子铰人哩。阿奶，阿奶，你好好说，我实话往阿里吃？

老奶奶回答说：你实话往腰里吃，腰里的肉软者。

野人婆儿将（刚刚）要往腰里吃，刀子哥跳昂出来戳给了一刀刀。野人婆儿急了，抓住老奶奶就想啃，钉锤哥跳出来，把野人婆儿的前门牙打着捅（卸）掉了；野人婆儿想到缸里喝点水哩呀，癞肚呱哥跳昂出来咬给了一口；野人婆儿想到灶火门上点柴皮子，嘣！一声呐，鸡蛋皮皮炸瞎了她的眼睛呐。野人婆儿吓慌了，手碰着锅头上去了，抹布哥跳昂来着扇给了两个满脸花（扇了两个大巴掌）。野人婆儿冇吃住（受不了了），往外一跑，叫牛粪哥滑给了一个大马趴（摔了一跤），碌碡哥从门头顶上滚下来了，把野人婆砸成了肉饼饼。①

"胡嘟"这里是程度副词。它跟普通话里的程度副词"非常""最""很""极""挺"（口语）意思相近，比如："那个电视剧胡嘟（特别）好看。""新生把教室打扫着胡嘟（挺）干净。""公园里的

---

① 访谈对象：杨翠花；访谈时间：2014年3月；访谈地点：桥电家属院。

花儿开着胡嘟（格外）好看。"但它又不完全与普通话中的"非常""最""很""极""挺"（口语）一致，因为"非常""最""很""极""挺"不能修饰行为动词，但"胡嘟"可以修饰行为动词，比如："今儿早上差点迟到，胡嘟跑了一阵子。"（今天早上差点迟到，跑了一阵子。）"今年冬天的雪胡嘟下了一阵子！"（今年的雪下得很厉害。）"娃娃考试没考好，爸爸胡嘟骂了一顿！"（因为孩子没考好，爸爸骂了一顿很厉害。）河湟方言的特别之处可见一斑。

"宁可三日无粮，不可一日无茶。"正如这句俗语，"奶茶"是藏族必不可少的饮品。藏区属于高寒地区，长期过着游牧生活，牧民们劳动结束喝上一碗热腾腾的奶茶，不但驱寒取暖还可以暖胃提神，而奶茶也被当地人视为款待客人的佳饮。受藏族传统生活习俗的影响，河湟地区其他民族对奶茶也情有独钟。奶茶的制作分两步：首先，将砖茶揉碎，放入壶中加水煎熬，待茶水色泽变深，关火备用；接着把牛奶倒入锅中煮，快煮熟时放入盐、花椒粉、草果粉等，用熬好的茶水冲匀，一锅清香可口的奶茶就煮好了。年节里，有客来访时端上一碗热腾腾奶茶，放入红枣、桂圆（取红火、团圆之意）等，如果客人只喝茶不吃枣等，表示对主人不尊重，但若连茶带枣等吃得干干净净，主人便皆大欢喜。一碗醇香的奶茶，在增添了节日气氛的同时也令客人欣喜万分。

2. 机智人物故事

机智人物故事的效果在于强烈的喜剧性，故事结束后的笑声中传达着民众对现实的认识和感悟。这类故事大多采用讽刺和夸张的表现手法，用模糊性的语言笑料讽刺当权者的愚昧、贪婪、吝啬，借此表达民众敢于向统治阶级和权威阶层挑战与抗衡的智慧和勇气。此类故事反映民众的思想情感、价值取向、道德观念、社会评价[①]。

《卖油郎解梦的故事》

那早会儿（从前）有个皇上爷（皇帝），做了个睡梦（梦），

---

① 米海萍等：《青藏地区民族民间文学研究》，中国社会科学出版社2012年版，第138页。

第三章 河湟方言的民俗文化内涵

梦见花儿（花朵）一挂（全都）败掉了（凋谢了），早起里（早上）醒来着思磨（想）给了半天，觉着冇好着（不吉利），就熬煎（悲观、伤感）开了，一天个儿（一整天）把脸放下（拉着脸）着冇高兴呐。有一天，他把两下里的大臣（左右大臣）们叫着一处儿让给他解梦。大臣们有的交头接耳，有的你看我我看你（面面相觑），谁都不敢说个啥。皇上爷看他们说不下个啥（说不出什么），就越心慌（着急、烦躁）了，再冇办法着就个家（自己）思磨（琢磨）着。过了一会儿，旁边一个大臣给皇上爷献了一计：贴皇榜解梦。皇上爷听了胡嘟（特别）高兴就同意了。第二天，城里把皇榜贴给着围了好些人议论着，就是（但是）谁呀不敢揭皇榜，因为榜上说：解对了重赏，解错了杀头。皇榜贴出去三天了，还是冇动静。

第四天，来了一个卖油郎，只是跟上大家看热闹着，冇识字着，榜上写下的啥东西他冇挖清（知道、明白）着。后头他问旁边的人着，旁边的人把皇榜上的意思给他说给了，他挖清以后偷偷笑下了（笑了），嘴里默语（自言自语）着：就这么个哇（原来是这样啊）！说着（边说）过去一把把皇榜揭上下来了。榜前站着的衙役看见以后喊给了（大声训斥）：这个可不能开玩笑，谁揭上下来的谁说去哩啊（去给皇上解梦），说错了砍头哩啊。

卖油郎笑着说：去就去呗，这个有啥哩啥（这有什么了不起的）！

衙役看他胆子这么大，就把他带上皇上爷跟前去了。皇上爷见了卖油郎以后心里思磨着：这么个娃娃，能说出来个啥？心里有点放不下。

皇上爷问：你多大了？

卖油郎说：十七了。

皇上爷问：你是做啥的？

卖油郎说：我是个卖油郎。

皇上爷说：那你把皇榜上的意思都看清了冇？

卖油郎说：我不识字儿，他们给我说给了个。

皇上爷心里打鼓着：连个字儿都不识，阿门（怎么）给我解个梦哩啊？但是有办法，皇榜已经揭了。

　　皇上爷问：你能说出我的睡梦阿门个（怎么样）？

　　卖油郎不慌不忙，笑呵呵地说：那花儿败掉了，就是该结果子了呗，这么简单的事还用想嘛。

　　皇上爷一听恍然大悟，高兴坏了（特别高兴），赏给了卖油郎一大笔银两，卖油郎平安无事、高高兴兴拿着钱回家了。①

　　故事情节简单，人物构成清晰。故事以"难题"开篇，铺排了皇帝的困惑，朝廷的官员在皇帝的权威面前畏首畏尾、思前想后、束手无策，如"熬煎""心慌""脸放下""你看我我看你""思磨"等词渲染了皇帝为一梦境的极度焦虑，朝廷上下重臣的胆战心惊。在此情况下，他们把难题推给劳动人民，谁料民众的智慧是无穷的，一个小小卖油郎就将问题解决了。"笑下了""就这么个哇""这个有啥哩啥"表现了卖油郎不屑朝廷权势，遇事处变不惊，用自己的聪明机智回击朝廷的重压，一方面讽刺了官场的趋炎附势，另一方面歌颂了劳动民众不畏权贵、机智勇敢的民族精神。

3. 历史人物故事

　　这类故事的主人公是历史上的著名人物，比如清官、民族英雄、领袖、行业祖师等。长期的生活工作中，民众把这些著名人物的典型事迹、传说故事摘编成通俗易懂的小故事广泛流传，一方面具有纪念意义，另一方面为教化民众。

《小偷知耻的故事》

　　清朝的时候，西宁城里有个知府叫杨应琚，他大人有大义，一时个（历来）以德服人、劝恶从善。一次个（有一次），一个贼娃子（小偷）偷了别人家的牛，叫（让）牛主人抓住了，贼娃赶紧给牛主人赔不是着：我有罪哩啊，你阿门惩罚好都成着，就是千万甭让杨知府知道下，再丢人着。牛主人看贼娃也孽障（可怜）着，就答应下了。

---

① 访谈对象：牟桂花；访谈时间：2015年9月；访谈地点：人民街家小区。

后头（后来）这个事情阿门（怎么）传着传到杨知府的耳朵里了，杨知府思磨（想）了一会儿，叫人给那个贼娃送上去了一块布。这个事情在城里传开了，大家都不理解杨知府为啥要这么做。有一次杨知府碰上了一个人可问（又问）这个事着，他冇办法就解释给了：那个贼娃害怕我知道他的事情，说明他还有知耻之心。人只要有知耻之心，说明还能改恶从善。

这个事情过了一段时间，有一天，一个老汉家（老人家）出门的时候，冇小心（不小心）把剑丢掉了，阿门（怎么）寻（找）都冇寻出（没找见）。过了几天，有个人给老汉家把寻出（找着）的剑送着家里去了。原来这个人那天刚好出门，看见一把剑丢着路边着，他就拾下了（捡起来收好），还一路上打问（打听）谁看见有人丢了剑，最后打问上老汉的家，就把剑送上去了。老汉家看见个家（自己）的剑寻出了，高兴坏了。但这个人把剑放下就走了，老汉家后头才打问上这个人是谁，然后把这个事情给杨知府说给了，杨知府一查，这个人就是那个偷了牛的人。①

通过介绍一位好官的清廉明理、爱民如子，表达了民众对他的爱戴，他的故事始终能教化一代人，与此同时，告诫大家要知错就改、积极向善。讲故事的时候，倘若用朴素的语言不加修饰地平铺直叙，就会失去故事的趣味性，但若讲故事的时候融入方言，就会自然而然地赋予故事鲜活的生命力，让它饱满起来，在身临其境的讲述过程中，不但吸引孩子，连成年人都会欲罢不能。故事的道德教化作用，就是通过故事讲述者的独具匠心，巧妙地、不知不觉地浸润人心。

4. 生活故事

生活故事主要是根据真实的生活内容创作而成，大多反映民众生活中的劳动经验、生产活动、勤俭持家、交友之道、经商学艺等②。这类故事常把人们的勤劳善良、聪明智慧集中在一个特定的人物角色

---

① 访谈对象：牟桂花；访谈时间：2015年9月；访谈地点：人民街家小区。
② 钟敬文：《民俗学概论》，上海文艺出版社1998年版，第249页。

中，用夸张、巧合、对比等表现手法将故事趣说出来。

《饺子的故事》

那早会儿，有个秀才进京赶考哩啊，所以成天（每天）家里坐下着念书（读书）着，再的啥都冇管着。秀才的媳妇看个家的男人（丈夫）成天念书胡嘟辛苦，就打划（打算）做上点好吃的给男人补给个身体。她专门炖了一碗香喷喷的鸡儿（鸡）端上去给秀才吃，但秀才阿里（哪里）顾得上细细地嚼，他一边看书一边啃鸡儿，一块鸡儿冇啃给两口就扔到一边，眼睛冇离开过书本，等着饿的时候，再把啃过的鸡儿拿起来再啃，结果冇小心着（不小心）一块鸡儿骨头卡在嗓子里了，他就书放下着使劲咳嗽着，咳了半天才算没事。

媳妇看见着心疼坏了（特别心疼），个家（自己）思磨着：阿门才能让他吃着又好，又不占用看书的时间？琢磨了两天着有主意了：把菜和肉剁碎，放上合适的调料拌着一处儿（一块儿），然后和面，把面擀成手掌大小的小面皮，再把拌好的菜和肉放着小面皮里包好捏牢，最后把这些捏好的小面团放进锅里用水煮，煮熟后捞到碗里，端给秀才吃。秀才一边看书，一边用筷子夹一个放着嘴里，刚吃了两个，就觉着味道胡嘟（特别）好，忍不住连连称赞：真好吃，真好吃！

就这么着，秀才一边吃饺子，一边看书，又冇（没）浪费看书的时间，又把肚子吃饱了。媳妇把秀才伺候着好，秀才每天精力充沛，书也念得好。就这么过了一段时间，秀才要到进京考试了，因为他复习着踏实，所以考试的时候发挥着胡嘟（特别）好，最后中了头名状元。等他回家的时候，他的亲朋好友都来祝贺，有人问他读书有啥秘诀？秀才眯眯一笑，说：吃着好，吃着好啊！大家听了都摸不着头脑，但是都哈哈大笑。

事情过后，秀才思磨（琢磨）着：我有今天，离不开媳妇对我的细心照顾，特别是那个味道好的食物，最好能给它起个名字，一来让大家记住，二来也为多谢我的媳妇。想来想去，他决定：把媳妇的名字王秀姣的"姣"字，去掉"女"字旁，改成

第三章　河湟方言的民俗文化内涵

"食"字旁，变成一个"餃"字，最后就把这个吃的叫了"饺子"。"饺子"的叫法就这么传上下来了。①

故事展现了一对小夫妻和谐的生活场景，丈夫苦读终于高中状元，却不忘糟糠之妻，荣归故里之时不忘妻子昔日的精心照料，为妻子做的美食起名"饺子"以做纪念；妻子心思细腻，生活的热情造就了她的聪慧、勤劳，终日操持家务任劳任怨。中国人传统观念里"男耕女织"的幸福画面就这样通过"口耳相传"的方式代代传承下来，影响一代又一代人热爱生活、积极向上。也可以把它看成是一则地方风物故事，风物故事是关于特定地理与自然空间内的风俗、物产、地名、形貌、古迹、遗址等的由来、命名、变迁及其特征的解释性故事，在民间口耳相传的过程中，自然而巧妙地将风物实景与文化意象有机交融，通过生动鲜活的人物形象、引人入胜的故事情节以及神异奇幻的想象氛围，把景物的自然美升格为社会美，将历史的真实升华为"记忆"的真实。② 这则故事饱含了民众对故土和家园的眷恋与痴迷，这种情感正与当地风物相契合，从而构建叙事文本的心理基础，其中饱含农耕文化浸润下民众对故土与家园厚重而复杂的情感以及深长的精神寄托，"对一个地方人工或自然景物形象的一种想象性叙事，是对某些风俗习惯的诠释，叙事和诠释的目的在于确认和提升景物、习惯的文化地位，并注入历史的逻辑力量"③。

"我们已经知道，有了讲故事的姿态，于是故事的兴趣也可提高，故事的本质也可明了。讲述人的表演有声有色，听众的反应有动有静，在土人看来，都是与故事本身同样重要。……故事乃是活在土人生活里面，而不是活在纸上的；一个将它写在纸上而不能使人明了故事所流行的生活氛围，便是只将实体割裂了一小块给我们。"④ 讲故

---

① 访谈对象：牟桂花；访谈时间：2015 年 9 月；访谈地点：人民街家小区。
② 梁家胜：《方言：民间叙事的表现范式——兼及训诂向度的考量》，《青海社会科学》2013 年第 5 期。
③ 万建中：《民间文学引论》，北京大学出版社 2006 年版，第 183 页。
④ [英] 马林诺夫斯基：《巫术 科学 宗教与神话》，李安宅译，中国民间文艺出版社 1986 年版，第 89 页。

· 137 ·

// 河湟方言文化与民俗学特质研究

事的过程就是陶冶情操、开阔视野、增长知识的过程，从古至今，讲故事这种教育孩子、传达信息的传统未曾中断。而将故事的生活语境和演述语境结合起来才能科学地解释故事的意义和功能①。青藏地区较之外省地广人稀，口头传统在民众生活中的重要性不言而喻，特别是传授经验、开阔视野、陶冶情操上的作用远比生活在现代媒介语境下的人们更深远。任何民间叙事作品，只有用其传统文化场域中通行的方言进行演述，才能达到最佳的叙事效果；而用剥离了文化情境的普通话或负载其他地方传统的异地方言演述，必然失去其本真的特有的艺术和生活魅力②。故而，活泼有趣的方言为口承文学增添了不少砝码，通过口承文学记录和保留下来的方言词汇更是丰富多彩。可见，口承文学无形中对方言进行合理保护的同时，对传承本土文化也具有积极的推动作用。

三 花儿

"花儿"是产生、流行于青海、甘肃、宁夏、新疆四省部分地区的一种以情歌为主的山歌，是这些地区的汉、回、土、撒拉、东乡、保安等民族以及部分裕固族和藏族群众用汉语歌唱的一种口头文学艺术形式，在青海也称之为"少年"③。浓厚的乡土气息，浓郁的泥土芳香，是"花儿"语言艺术的显著特征④。可以说极具鲜明地方特色和民族风格的"花儿"，早已成为青海地区语言文化的典型代表，丰富的内容承载着当地民众的生活传统，活泼的表达展现着当地民众的生活情趣，自由的演唱形式更是当地民众在劳作之余行之有效的解压方式。正如"花儿"唱的：

　　进来北川老爷山，
　　松树儿盘根的神山，

---

① 林继富、王丹：《解释民俗学》，华中师范大学出版社2006年版，第175页。
② 梁家胜：《方言：民间叙事的表现范式——兼及训诂向度的考量》，《青海社会科学》2013年第5期。
③ 赵宗福：《花儿通论》，青海人民出版社1989年版，第24页。
④ 同上书，第204页。

第三章　河湟方言的民俗文化内涵

　　我陪上花儿坐一天，
　　有吃儿没喝的心宽。

　　"有吃儿没喝的心宽"，只有与"花儿"同在，哪怕一整天没有吃喝，大家的心情一样好。这一句深切表达了民众对"花儿"的喜爱程度，"花儿"已经成为民众丰富的精神食粮，就算物质条件匮乏，民众的生活也会因"花儿"而多姿多彩。

　　水灵灵的牡丹清亮亮的泉，
　　吸住了探花的少年，
　　马跑了千山的出一身汗，
　　端为了才开的牡丹。

　　"水灵"是用来形容女孩的，把它放在"牡丹"的前面，起到比喻和拟人的双重作用：用"牡丹"比喻女孩，用"清亮亮"比喻少年那颗追求女孩赤诚的心；一个"吸"字，把少年见到女孩时目不转睛、一心一意的状态描摹得生动形象；"端"在河湟方言是"正是、正好"的意思，马儿都跑了一身汗，这里用夸张的手法，表达了少年要见心上人的急切心情。

　　果树栽到个沟沿上，
　　果花儿落在个水上，
　　相思病得在个心肺上，
　　血痂儿却在个嘴上。

　　前两句处景生情，以眼前之物比兴，同时又在为"花儿"定韵，从而引出下两句主题句。"却"在河湟方言中是"结痂"的意思，这里用夸张的艺术手法表现出男子因思念伴侣而着急上火的焦灼状态。"花儿"这种前两句起兴、后两句抒情言志的表现手法正是其独具特色之处：

· 139 ·

// 河湟方言文化与民俗学特质研究

>青石头栏杆玉石的桥，
>桥头上修吊桥哩；
>今儿的日子里见一遭，
>再见时迟哩嘛早哩。

这里的虚词"哩""嘛"等，使句型变成选择疑问句，比如"你去哩嘛不去""这个天到底是下雨哩嘛下雪哩啊"。河湟方言中这类虚词并不都是可有可无的，有时甚至是必不可少的，因为选择性疑问句的标志就是"哩嘛"，比如："你吃哩嘛不吃？"（你吃不吃？）"妈妈来哩吗不来？"（妈妈来不来？）"娃娃吃馍馍哩嘛吃蛋糕哩？"（娃娃吃馍馍还是吃蛋糕？）"花儿"正是因为这些虚词的点缀，才彰显出鲜明的地方特色和语言风格。

>天上的云彩黑下了，
>你看哈晴哩吗下哩？
>阿哥我为你哭下了，
>你看哈成哩吗罢哩？
>沙马（豆儿）尕当（白色的）白大豆，
>让套（水磨）水磨上磨走；
>阿若（朋友）索麻（新结交的）新朋友，
>察图（炕）尕炕上坐走。

民族词语的借用也是"花儿"的特色之一，譬如"沙马""尕当""让套""阿若""索麻""察图"。一半藏语，一半汉语，义同音异，别具风格，这种"花儿"被形象地叫作"风搅雪"。创作者往往精通汉语、藏语，将两种语言巧妙地在"花儿"里珠联璧合，使其在音韵、语义上和谐优美。

"花儿"是青藏高原上的一朵艺术奇葩，以其独特的表现形式彰显着该地区的文化个性。民众在生活、生产、节日中不断创作、传唱"花儿"，把生活中的喜悦、苦恼、酸涩、愿望表达得淋漓尽致，大家在生活中的一切通过"花儿"倾诉出来。高亢悠扬、旋律优美的歌声中，倾注了人们对生活、对爱人、对亲情、对友情的向往与追求。而河湟民众的狂欢节——"花儿会"更是别有情趣。每逢农历五六月间，"花儿会"便由民间自发组织，与会者少则几千人，多则十几万人，各族群众像过节一般，身穿鲜艳的民族服装到"花儿会"上唱歌野游。顿时，漫山遍野的歌声此起彼伏，歌声、笑声、喝彩声汇成欢乐的海洋。"花儿会"作为青海各族人民友谊、团结的纽带，维系着兄弟民族间的真挚情感，传承着青海的民俗风情，展现着这块土地独特的区域文化个性，挥洒着那份高原独有的浓郁文化气息。

"与其说是某种民间文学构成了流传圈，诸如故事圈、传说圈、歌谣圈、史诗圈等，不如说这种圈是由方言所决定的。"① 方言是民间场域中广大民众所使用的生活语言，它是融入了生活情境的、可操作层面上的现实语言，理解和研究口承文学，关键是理解其话语形式——方言。口承文学中，方言并不只是交流的工具或载体，它更是民间叙事本身。在很大程度上，口承文学依赖方言，它的叙述方式和表现范式是基于"发音"状态的"方言"，可以说方言构建了民间叙事，使其在地域文化氛围中凸显了各种层面生动的民俗属性。

小 结

传统文化正是以其源远不断的传延和形式各异的风格，书写着一部与生活息息相关的历史画卷。从民俗学的角度出发，民间语言并非从民众的口语表述活动中抽离出来静止的，它是以一种活态的语言形式展现民俗事象的动态特征。这类活态的语言行为不是一种单纯的生理学或物理学行为，而是一种动态的文化传延过程。它具有和其他民俗事象一样的传承性、规范性、集体性、扩布性特征。活态语言的行为过程就是民俗活动的完成过程，词汇或句子是这类活动的构成要素，它们是言说者对共享语言资源的运用，它们是语言活动中最确定的部分，但它们并非抽象的存在，整个言说过程就是其沿袭民俗传统的过程。

---

① 万建中：《民间文学引论》，北京大学出版社2006年版，第44页。

第四章　河湟方言的民俗文化功能

泰勒曾对"文化"有这样的界定:"文化是一个被社会成员所掌握的包括知识、信仰、艺术、道德、法律、传统以及其他能力和习惯的复杂整体。"① B. W. Robinett 在 *Teaching English to Speakers of Other Language* 中也曾说,语言是社会的交际工具,使用语言的过程也是文化传承的过程。作为文化的一部分,或者可以说作为文化本身,语言是重要的学习工具,与此同时,学习、掌握、运用语言的过程也是获得整个文化的过程。河湟方言作为凝聚一方文化的"地方性知识",记载和传承着该地区意义厚重的文化特色,从物质生活层面上的衣、食、住、行,到精神领域内的信仰、习俗、民间文学、戏曲文艺等方方面面,方言都默默传达着地方的特色文化,它被该地文化圈民众作为交际工具广泛使用的同时,也以其坚实的地方性知识体系、独特的区域文化个性、鲜明的文化认同特点传承着该地区悠久的文化传统和深厚的文化内涵。

第一节　成就"地方性知识"

一　"地方性知识"的形成

格尔兹在《文化的解释》中说:"人类活动是一种受其观念、特定社会文化背景支配的,拥有某种意义的活动,人类学家通常所观察

---

① [美]克利福德·格尔兹:《文化的解释》,韩莉译,译林出版社1999年版,第60页。

到人类行为,实则蕴含着丰富的、交织重叠的、深层次的社会内涵,他们面临的研究对象是一个个具体实在的文化体系,这些文化体系被特定的人类群体持有和认同,拥有各自的生成背景以及形成和演化历史,它以某种风格特征的符号表象来反映本质性的存在意义。"[1] 这一点正是对文化持有者传承传统文化时自然而然完成地方性知识建构的深入解读。与此同时,他指出"地方性知识"实现对文化进行不可比较的比较,它是通过对社会性对话曲线的追溯,凭借民族志的写作,把发生在彼时彼地、转瞬即逝的事件转化成一部描述它的、可供反复查阅的记载,从而使之固定于一种可供考察的形式中[2]。具体表现在:首先,"地方性知识"是一种崭新的知识形态。它有别于普同化的、绝对真理性的知识,它是意义世界以及赋予意义世界以生命的在地者的观念。其次,"地方性知识"提供了一种崭新的知识观念。它不是指任何特定的、地方性特性的知识,这里的"地方性"在阐释特定地域意义的同时,更强调知识生成的"特定"语境、立场、角度、视域、价值观等。再者,"地方性知识"意味着知识视野的流动、开放与无限的延展性[3]。一方面,"地方性"并不是指空间层面上的"地方封闭","地方性知识"也并不是被刻意人为框定与限制的知识,它是为知识的运转、交流、传延开启的广阔空间,"地方性"同时也意味着开放性。另一方面,"地方性知识"始终以正在完成的、有待完成的、未完成的样态彰显自身的知识特性。

(1)认知

倘若文化文本和文学文本同样具有容易解读的召唤性,我们便能从文本中找到具有价值性的意义存在,而这种意义相对就是千差万别或不拘一格的,其意义构成必然不会是"放之四海而皆准"的。基于此,格尔兹将其界定为"地方性知识"。他指出,想要真正解读某个文化体系的"意指结构",就要在研究中重视"文化持有者的内部

---

[1] [美]克利福德·格尔兹:《文化的解释》,韩莉译,译林出版社1999年版,第97页。

[2] 王立杰:《民族志写作与"地方性知识"——格尔茨的解释人类学理论与实践》,《北方民族大学学报》2009年第1期。

[3] 同上。

眼界",即在"不同的个案中,人类学家应该怎样使用原材料来创设一种与其文化持有者文化状况相吻合的确切的诠释"①。换句话说,通过了解和借助"文化持有者"对待自身文化的经验感知、思维方式和价值取向,可以破译他们的文化符码,这种"了解"和"借助"不是原封不动地拿来或机械式地转述,获取"地方性知识"使得文化研究者充分发挥主观能动性,探寻与"文化持有者"的积极"对话",从这个层面上看,"地方性知识"是对于文化的近距离感知与远距离观察的双重认识视野的渗透交融,是一个表述系统与另一个表述系统的概念谈判②。

河湟文化经历了数千年的漫长历程,作为有声的"活化石"——方言,传承着河湟地区数千年的文化传统,凝聚着历代民众的智慧和文化心理。这里多民族杂居,文化呈现多元性的特征,民间文化更是以其多民族、多民俗的特征实现地方性知识的建构。为准确把握某一地区的文化个性,须深入其中,通过与"文化持有者"进行积极"对话",达成文化层面上的近距离感知与远距离观察的渗透交融。以土族为例:

土族古歌《阿干之歌》:
"阿干西,我心悲,阿干欲归马不归。
为我谓马何太苦?我阿干谓阿干西。
阿干身苦寒,辞我土棘往白兰。
我见落日不见阿干,嗟嗟,人生能有几阿干。"

这支歌是吐谷浑西迁后,其弟慕容廆为表思念之情所作,《晋书·吐谷浑传》有载:"鲜卑谓兄为阿干,追思之,作《阿干之歌》,岁暮穷思,常歌之。"③ 虽然这首古歌已经被翻译成汉语传唱至今,但是通过一首古歌,在感同身受作者对兄长思念至深的同时,又可深

---

① [美]克利福德·格尔兹:《"地方性知识"——阐释人类学论文集》,王海龙等译,中央编译出版社2000年版,第73页。
② 同上。
③ (唐)房玄龄:《晋书》卷九十七,中华书局1974年版,第2537页。

入其中，习得土族的历史文化传统。

吐谷浑原属辽东鲜卑慕容氏的一支，《晋书·吐谷浑传》："吐谷浑，慕容廆庶兄长也。其父涉归分部落一千七百家以隶之。"① 晋太康四年（283年），涉归卒，子慕容嗣位。又因吐谷浑与慕容廆"二部马斗"，遂迁阴山二十余年，后乘"永嘉之乱"率部"度陇而西"，至东晋建武元年（317年），吐谷浑所辖东起洮水，西至白兰（今青海都兰县巴隆一带），南抵昂城（今四川阿坝）、龙涸（今四川松潘），北达青海湖一带，建国于羌、氐故地。至吐谷浑孙叶延时（329—351年），以吐谷浑为姓氏、国号、部落名称，繁盛期的疆域东起甘肃南部、四川北部，西接新疆若羌、且末，南达青海湖南部，北隔祁连山，与河西走廊相接。唐龙朔三年（663年），吐谷浑为吐蕃政权所灭，大部降于吐蕃，部分内徙。降于吐蕃的吐谷浑人遂降唐，被安置在甘、瓜、肃、凉州等地，还于祁连山南（今青海大通河一带）设阁门州，隶属凉州都督府，这一带为今土族聚居之地。《续资治通鉴长编》卷四十三有载："宋真宗咸平元年（998年），十一月丙朔，河西军右厢副使。归德将军斩逋游龙钵来朝。河西军，即西凉府地也。……游龙钵自言：河西军东至故原州一千五百里，南至雪山、吐谷浑、兰州界三百五十里，西至甘州同城界六百里，北至部落三百里。"② 公元11世纪后，吐蕃唃厮啰政权在河湟地区兴起，活动在此的吐谷浑人被其统治，此后，文献再无"吐谷浑"一词。至元代，文献出现"西宁洲土人""土人"等记载，这些土人所在地恰为史上吐谷浑人居住地，据此，史学家论断，这些"土人"以原吐谷浑人为主体，发展中不断融合汉、藏、蒙古等族民众，逐渐形成了一个新的民族共同体，就是今天的土族，他们的生活风俗中仍留存着吐谷浑的诸多旧俗，譬如服饰习俗、婚俗、信仰习俗等。

《北史·吐谷浑传》有载："其妻衣织成裙，披锦袍，辫发于后，首戴金花。……妇人皆贯珠末发，以多为贵。"③ 文中描述的是古时

---

① （唐）房玄龄：《晋书》卷九十七，中华书局1974年版，第2537页。
② （宋）李焘：《续资治通鉴长编》，版本不详。
③ （唐）李延寿：《北史》卷九十六，中华书局1974年版，第3186页。

吐谷浑的服饰装扮，而其中的诸多服饰文化元素沿用至今，现代土族服饰鲜明的特色就是传承了先民的遗风。"扭达"，就是头饰，20世纪40年代前，互助、大通、天祝等地土族青年妇女的头饰有"托浑""适格""素卜""那仁""加斯"等，民和有"素布都"，同仁有"跑斗"等，未婚姑娘不戴帽，只梳独辫，辫子上连一只或数只海螺贝；改革开放后，互助、大通、乐都、天祝等地的土族青年妇女，戴黑白色毡帽，帽子一周镶嵌平绒、织锦、金丝花边，土语称"斯萨卡玛"，老年妇女毡帽不镶花边、礼帽不插花，以示严肃。另外，妇女都喜戴银饰耳坠，并讲究银穗的"上五下七"或"上七下九"，互助、同仁、卓尼地区的青年妇女还配有珊瑚玛瑙项链[①]。女性服饰有长、短、内、外、单、棉、夹几种，其中长短衣均为小领大襟开叉，青年妇女长衫袖子套花袖筒，土语称"秀苏"，相传是依照彩虹设计的，用红、黄、蓝、绿、紫五色布或绸缎缝制成套袖筒，接在坎肩或长衫的肩或肩背部，另外加黑色面料和白色袖口，共为七色，分别象征太阳（红色）、大地（黄色）、蓝天（蓝色）、生命（绿色）、宇宙（紫色）、阴（黑色）、阳（白色）等，色泽艳丽。花袖上套黑色或紫色的坎肩，腰间系绣花散带或达博腰带，并配以钱搭子，穿红裙子。裤子的腰下部分有套筒，土语为"贴弯"，有蓝色、黑色、红色，已婚者为黑色，少女为红色，年长者没有贴弯。"恰绕"是绣花鞋，有长、短腰之分，鞋面绣花，鞋底较厚，在民族节日里传统鞋袜必须穿着整齐。男性服饰较简洁，过去以长衣为主，现在以短衣为主，也可长、短结合。青年的衬衫、腰带、鞋袜均有绣花，白布褐衫为小玲领大襟，胸口绣着一个四方形绣花布，土语为"西交其其格"，就是胸花的意思，褐衫的两只袖筒口以黑布、三针跳边镶嵌，领子同样镶有花边，有的也镶有水獭皮。衬衫外套有坎肩，分黑、蓝、紫色，腰间系有彩绸或绣花棉布条带子。同样也戴毡帽、礼帽，穿绣花面浅腰鞋。

土族民间有"富家厚纳聘，贫者窃妻去"的说法，其实这是吐谷浑时期流传下来的婚俗——"抢婚"，也叫"掠婚"，主要是寡妇再

---

① 马光星、闫国良：《土族文化概览》，青海人民出版社2010年版，第57页。

婚，或穷苦人家无力娶亲时在"日食"等特别情况下发生的婚俗。寡妇与男方事先约定好，由男方召集人丁前去"抢人"，多在夜间进行，也有白天下地劳动时"抢人"的。抢婚后再由中间人往来说合，双方家庭通过中间人的说合，关系逐渐得以改善，夫妻感情也得以磨合、融洽。还有一种情况是在男女双方已有感情基础，但男方家境贫寒，拿不出聘礼，女方家长嫌弃男方，不同意双方达成婚姻的前提下"抢婚"。民和地区在双方定了亲后于"日食"抢婚。男子带一把木梳，用红布套着，骑快马到女方家后，把木梳扔上房顶，喊道："快把许给我的姑娘送出来！"连喊数声直至女方家有回应后，男子调转马头离开，女方家人随即追赶，边追边骂，次日，男方以媒人、长者为代表前往女方家讨人，随后，娘家父母将女子送来。他们认为"日蚀"时世间万物混沌不清，故而不需要彩礼、酒席。现代社会，这种婚俗已逐渐消亡，但仍传承了传统婚俗提亲、定亲、送礼、择吉日、迎亲、谢宴等规程：提亲时，媒人（多为有威望的长者）带焜锅、花卷各一副（一副12个）、两瓶酒前往女方家，女方父母若同意便收下礼物宴请媒人，若不同意就让媒人把礼物带回去；定亲时，以媒人、父亲、叔父为代表带两包茯茶、三瓶酒、一条哈达、两副（24个）馍馍等定亲礼前往女方家，并送部分彩礼；送礼时，男方请媒人将彩礼分期送往女方家，通常在成婚前三个月内，有彩礼、衣料、首饰等；"择吉日"在成婚前一个月，土语称"婚宴"为"霍仁"，"择吉日"为"砣让霍仁"，即"首宴"，女方父母、叔父、哥哥等，男方参与者也类似，另请媒人，双方共同请神择定吉日；迎亲时，通常在娶亲前一天，女方家设"嫁女宴"，土语称"麻择"，届时男方请媒人送去30斤肉、三瓶酒、两个焜锅、一副花卷，商议迎亲方式，女方邀请亲朋好友前来祝贺，并为女儿"摆嫁妆"（将彩礼、嫁妆等一一摆出），此时女儿要"哭嫁"，哭嫁词大多以感谢山神、土主、乡亲、父母、哥嫂、姐妹等亲情、恩情为主。傍晚，男方派两位能歌善舞、擅长辞令的"纳什金"（迎亲人）带一只活母羊、三瓶酒、三个焜锅、新娘上马时穿的衣物等，前往女方家，此时，阿姑们赶往女方家唱《唐德格玛》，纳什金要以歌作答，被允许进门时，阿姑门从门顶上泼下清水，以求吉祥如意，进门后，纳什金上炕喝茶，吃饭时阿姑们唱《纳什金斯果》,奚落迎亲人,纳什金也要唱歌跳舞,一直嬉闹到天明;待新娘出嫁时,改发式、"坐经卷"(在堂屋桌子上依次摆放经卷、柏树枝、佛灯、红筷子、牛奶、茯茶、粮食、羊毛等九种吉祥物),由兄弟用白毡或红毡抬起,沿庭院中央宝瓶台转三圈后出门上马,随后送亲队伍(土语称"红仁切")到男方家唱《拉隆洛》,男方派人前去敬酒迎客,土语称"斯木托斯乎",到门口时,红仁切用男方事先准备好的柏树枝蘸牛奶泼洒,绕方斗撒麸皮并歌舞,院内四角点麦草火,宝瓶台点炮灰松棚,而后,两位年轻妇女在前面拉红毡,一对新人跟着红毡,怀抱红布制成的"娃娃",并肩进入院中,随后新娘到厨房灶神前改发式、穿新娘服、开口(一位妇女拿红线缠绕的擀面杖在新娘身前绕几下,说:"新娘新娘你开口,金口玉言,家里的话不要在外讲,外面的话不要在家里说,守口如瓶,莫惹是非……"而后媒人主持拜天地,念祝词:"鲜花般的阿姑,走进金子的楼门,来到金子镶成的庭院,向上天下地、千神万佛叩头!"①新人随即拜四次,入洞房,其余的人谢媒人:敬酒、撒炒面、额头前贴酥油,边唱边跳,随后设宴款待。中午,在男方院中"摆嫁妆""冠带女婿",黄昏时,双方协商奶母钱,随后离开。

土族神话《思不吾拉》中讲道:"思不吾拉思不吾拉,头上顶着蓝蓝的青天,思不吾拉,额上盘着无数的佛爷;思不吾拉,鼻子里闻见五谷的馨香;思不吾拉,嘴里衔着十二样的五谷;思不吾拉,耳朵里戴着银子的耳环;思不吾拉,眼睛就是闪烁的明亮星;思不吾拉,左肩上担着北斗七星;思不吾拉,右肩上担着南斗六郎;思不吾拉,胸脯里抱着银子的银碗;思不吾拉,左手拿着毛笔砚台;思不吾拉,左膝盖压着银子的耳切;思不吾拉,右膝压着四周的群山;思不吾拉,双手踩着天下的土地。"②这里把神山人格化,称其一手拿弓箭,一手掌笔砚,嘴衔五谷,前胸揣金,后背扣银,脚踩大地。这种塑造是源于土族民众在古已有之的民族意识基础上敬畏大自然而形成的一种民间神山崇拜。《新唐书·吐谷浑传》有载,吐谷浑宣王以"诈言

---

① 马光星、闫国良:《土族文化概览》,青海人民出版社2010年版,第57页。
② 马光星:《土族文学史》,青海人民出版社1999年版,第46—47页。

祭山神"为名,阴谋劫走诺曷钵投吐蕃,对于这种神山崇拜一直流传至今。土族通常把村落周围的山都视为神山,山上的树木不得砍伐,动物严禁捕猎,如需伐木,必须在伐木前煨桑,祭山神,念诵忏悔还净之罪的经文,并上报欲伐数目,才能进山,否则将激怒山神,遭受人丁疾患、家畜死亡的灾难,逢年节时,村民都要上山放风马(土语为"开莫日"),以求得到神山护佑,保一方平安[①]。其实土族最初信仰萨满教,萨满教源于原始社会末期,在阿尔泰语系的诸民族中,萨满是普遍流行的原始宗教,而土族语属于阿尔泰语系的蒙古语族,与土族有渊源的东部鲜卑及其后裔吐谷浑人,信仰萨满教,吐谷浑从辽东西迁至青,建立了先后三百多年的吐谷浑王国,并引入佛教,但民间仍以萨满教盛行[②]。《后汉书·乌桓鲜卑传》注中引王沈《魏书》有关乌桓葬俗的记载为旁证:"始死则哭,葬则歌舞相送。肥羊犬,以彩绳缨牵,并取亡者所乘马、衣物、生时服饰皆烧以送之。特属累犬,使护死者神灵归乎赤山。至葬日夜,聚亲旧圆坐,牵犬马历位,或歌舞者掷肉与之。使二人口诵咒文,使死者魂神经至历险阻勿令横鬼遮,护达其赤山。然后杀犬马,衣物烧之。"[③] 东部鲜卑与乌桓地理位置紧连,经济、文化多有相同,而以万物有灵为基础,并与狩猎、捕鱼、巫术活动相结合的原始信仰,正是我国北方各族萨满教的共同特征[④]。

通过对"地方性知识"的认知和理解,"可以察知并重塑别的个体的精神世界,并发现别人主观世界的概念以及其行动的原动力,在你中再次发现我,置你入我,设身处地,这已不仅仅是理解,而是分享或感知到了别的人们的生活"[⑤]。在认知的基础上,理解者对被理解的客体持有"文化持有者的内部眼界",虽然在阐释中不可能重铸

[①] 鄂崇荣:《土族民间信仰解读——地方性信仰与仪式的宗教人类学研究》,甘肃民族出版社2008年版,第32页。
[②] 同上。
[③] (南朝宋)范晔撰:《后汉书》,中华书局2012年版,第79页。
[④] 王艳梅、宋宝峰:《早期鲜卑萨满文化初步研究》,《内蒙古艺术》2008年第1期。
[⑤] [美]克利福德·格尔兹:《"地方性知识"——阐释人类学论文集》,王海龙等译,中央编译出版社2000年版,第5页。

别人的精神世界或经历别人的经历，但可以通过别人在构筑其世界和阐释现实时所用的概念和符号去理解他们及他们的文化。格尔兹曾说"文化不是决定行为的'权力'，而是使人类行为趋于可解性的意蕴的背景综合体"①。这也是认知、解释"地方性知识"的诉求所在。

（2）深描

在认知基础上，要最大限度地理解"地方性知识"的特殊性存在意义与价值，须进行"深描"。格尔兹在《文化的解释》首章《深描说：迈向文化的解释理论》中说："我所主张的文化概念实质上是一个符号学的概念。马克思·韦伯提出，人是悬在由他自己所编织的意义之网中的动物，我本人也持相同的观点。于是，我以为所谓文化就是这样一些由人自己编织的意义之网，因此，文化的分析不是寻求规律的实验科学，而是探求意义的解释科学。"②他把文化看作一个通过行为表达的分层划等的意义结构，要"深描"文化就要理解文化背景中行为的意义，这种"深描"，是探索文化意义的过程，实际上就是阐释文化的过程，这种阐释多数集中在对具体的地方性文化的解释上。

"於菟"，是一种流行在青海地区的巫风遗俗，作为一枚极具地方性文化意蕴的象征符号，它承载着当地民众源远流长的文化传统，在青海多元民族民俗文化中彰显着自己浓厚的文化特色。唐仲山曾对"於菟"的深度描写，有利于建构当地在民间信仰层面上的地方性知识体系：

"邦"：十一月初八晨，由头年选的人家将山神庙中二郎神像请回家、供奉，傍晚由法师主持"邦"活动。法师在一木棍顶端切缝嵌上事先叠好的纸，分别向两侧互粘成平顶伞状，下方是一长条形、有二十四个棱形孔的纸，粘于木棍的杆上。一般前一天买纸做"邦"，做好的"邦"在神前供奉一夜，次日发散给村内幼童，有驱邪赐福之意。傍晚，村内青年男女集中到举行"邦"的人家，将携带的烧

---

① ［美］克利福德·格尔兹：《"地方性知识"——阐释人类学论文集》，王海龙等译，中央编译出版社2000年版，第5页。
② ［美］克利福德·格尔兹：《文化的解释》，韩莉译，译林出版社1999年版，第3页。

第四章　河湟方言的民俗文化功能

烤馍、烙饼、哈达及酒等物供置于佛像前的供桌上。再挂两个大的"邦",中间挂一筛子,饰以纸制麦穗状物,下置簸箕。届时,男女青年分坐两边,不能混杂。由法师挑选六名男子,各持奶茶、酒、线香、邦馍馍、酥油灯等六种物品,围圈站立,回答法师提问。其问题规定成惯制,不得改变,回答者除特定答案外可随意回答:

问:堪才毛赞才?
答:赞才。(回答内容固定)
问:赞才是阿里有哩?
答:(赞才是)家里有哩。(回答内容固定)
问:却拉卡镶总果切兹给应?(你手里拿的是什么?)
答:(根据实际情况各自作答)
问:给谁给着哩?
答:(各自作答)
问:却窝什嘎的格呢嘉什嘎的格?(你汉语说得好还是藏语说得好?)
答:窝什嘎的格(藏语好)。(固定)
问:却吉波岗那有格?(你的舒服的快感在哪里?)
答:拉赫巴森呢有格。(从心里面来)
问:却肉赫撒有格。[你有没有相好的(异性)伙伴?]
答:有格(或没格)。(根据实际情况各自作答)
问:打赫撒没呢齐兹个有个格?[(异性)伙伴没有的话,怎么办呢?]
答:拉伊恋郭个(唱拉伊——藏族情歌)。
随后便开始即兴唱拉伊。①

唱完后,由法师以牛角卦在羊皮鼓上左右旋转各三圈扔到鼓面上,呈正反一致时,还得唱,直到一正一反。若不会唱,则学驴、鸡等叫声,出洋相,再算牛角卦,如此逐一进行六遍。结束后青年男女

---

① 唐仲山:《青海"於菟"巫风调查报告》,《民族研究》2003年第3期。

对歌,选定意中人,并交换"邦"礼物("邦馍馍"、葡萄、糖或核桃等),而后选一地方约会。当地人说不清"邦"为哪种语言,也不知道其寓意,仅对其猜测为:情人幽会;结伴成伙集会;交换"邦馍馍"等礼物。"邦馍馍"只在"邦"会期间制作,通常在面(或稍加发面)里调入清油、鸡蛋、糖等烙制而成,每锅烙两个,各呈半月状,上面用刀切出小块纹路,便于交换时掰开,口感酥软香甜。各家会多做一些拿给孩子们作为"邦"礼物,相互馈赠时,只掰取一指节或更小的块儿,以示贵重,有的小孩则故意将羊粪或土块用糖纸包好,换取别人的馍馍,因"邦"会在晚上进行,故相互交换礼物时不易察觉,事后察觉也无妨,就当成孩子们的嬉闹罢了,家中当年有丧孝的不做邦馍馍[①]。除了"邦馍馍",还有"干起勒",是在"邦"会上专供求子用的馍馍。状如桃形,正中间竖划一道刀痕,四边各划若干线条。"邦"会上那些久久未育、想生儿子的女子,拿着特地制作的"干起勒"供奉在神像前,意为求子;或由男子拿两瓶酒前去向法师说明心意,法师向神像祈祷:"佛爷,请给这个人一个儿子。"说罢,法师将一个"干起勒"送给求子者,求子者揣馍馍入怀中随即回家,所献之酒由法师赠予聚会的人喝掉。而"看子"是在"邦"会上向神供奉的馍馍,形状呈中空环形。"看子"在不同的场合有不同的寓意,处理方式也各不相同:送给法师,就是法师的酬劳;"於菟"活动中,"看子"是病疫不祥的载体,尤不净,多被投入河中;"六月鲁若"期间,是奉给神食的特殊食品,称"加什的",多用于煨桑。

念平安经:十一月初五、初六、初七三天,由本教法师主持在本教寺庙内念平安经。与藏传佛教寺院不同,该寺有两座桑炉,一座为常见白塔寺桑炉,另一座则是塑有人头像的桑炉,头像面目狰狞凶恶,威慑力非同一般。白塔桑炉只煨素桑(炒面、桑枝等),人像桑炉专煨荤桑(肉类、桑枝等),其煨桑仪式按"念经、煨素桑、煨荤桑"三步进行。

初九至二十日,藏传佛教寺院年都乎寺内众僧侣由活佛主持念平

---

① 唐仲山:《青海"於菟"巫风调查报告》,《民族研究》2003年第3期。

第四章 河湟方言的民俗文化功能

安经，祈来年本寺所辖地域信民平安、五谷丰登、人畜两旺。村民由村内组织将一亿"六字真言经"和"平安经"，按村内各户劳力（不包括学生及在外干部）数量平均摊派到每个家庭，直至二十日念完所有经数，妇女们集中到年都乎老寺院内念经，男子们集中到寺后一小学院内念经（小学由原年都乎寺堪钦活佛府地改建而成），男女不相混杂，分别由专人负责考勤、统计当日每人所念经数，念经者须如实汇报所念经数，当天未完成者，回家继续念经，并将数量次日汇报负责人登记。迟到、旷工、在规定期限内未念完所分配经数者最后受罚，另外，村内的外来招赘者不会念经，但可以将经文音译成汉字抄于纸上，届时念诵亦可。

举行"於菟"：举行於菟前村内各家男子要到山神庙中煨桑、磕头。"於菟"人员脱去上衣、卷起裤腿，用香灰涂身，并在上身和腿部绘以虎豹斑纹；用白纸条束起头发，向上竖起；两手各持一根2米多长的柏树枝，枝头用刀劈缝，大"於菟"手持插"库鲁"，小"於菟"手持插"克特日"，并用白纸条捆绑；腰间系红腰带、佩藏刀。装扮好后，法师头顶"五佛冠"，手执羊皮鼓，副手持锣，命"於菟"呈两列纵队单膝跪于殿前，两手竖持柏树枝。当年的庙管给"於菟"灌酒，法师和副手在殿内下跪、击鼓、敲锣、诵经，事毕，起身拜四方位，而后法师出门向"於菟"灌酒，使其禁语直至"於菟"仪式结束。饮酒后，"於菟"起身随鼓点在殿前垫步吸腿跳舞片刻，而后出庙，在庙外场地环舞一周，此时点炮、鸣枪，五个小"於菟"随即跑下山，两个大"於菟"、法师、副手缓缓舞步下山。小"於菟"奔往年都乎城西北角，攀墙入城，分南、北两路穿越人家（只能越墙而入，不得从正门进院），见食物则食，并将"看子"串在柏树枝上，叼着人家准备的羊肠、羊肚、肉类等窜出门外，另入他户，有病人的人家让病人在家中、巷道、屋顶等处俯卧，让"於菟"跃过其身，有祛病除邪之意。"於菟"临近"拉哇仓"（法师家）时要有意绕行，因为法师家禁入。如此穿越至东城门时，两路小"於菟"和大"於菟"、法师、副手等会合，成纵队缓步起舞。此时，村民鸣枪、放炮，7个"於菟"飞速冲出城门，跑到年都乎河边将柏树枝、"看子"扔入河中，并用河水洗净身上的纹饰，"於菟"穿戴整

· 153 ·

齐后便可回村，沿途要跃过燃起的火堆，以示燎尽邪气，法师和副手则到城外另一地燃火烧符，事毕各自回家，"於菟"全程结束。

象征是在"任何物体、行为、事件、质量以至关系"中充当某种意义的载体的东西。①整个过程中，"邦"活动折射着民众祈福求吉、添丁繁衍的朴素心愿；"念平安经"及相关活动反映的是民众感谢神佛、祈求平安的感恩意识，谢恩的同时寄予自己期盼来年风调雨顺、五谷丰登、六畜兴旺、平安吉祥的美好愿望；"於菟"仪式表现的是民众驱疫除邪的避凶心理，从而达成求吉的目的。"深描"通过描写性的解释，阐释社会性会话流，这种阐释在于将会话"所说过的"从即将逝去的时间中解救出来，用可供阅读和研习的术语固定。另外，对田野作业中的民俗事象进行忠实记录和描述本身，也是理解和解释的过程，同时又是理解和说明文化宏观或微观背景的过程。在中华民族传承儒家思想的大背景下，河湟汉族传承了"祭孔"的传统习俗。《西宁府新志》对西宁府文庙历朝祀典的记载：

> 汉高帝十二年，诏祀孔子以太牢，诸侯王卿相至郡，先谒庙而后从政。
> 魏文帝初祀孔子于辟雍，改谥'文圣尼父'，以颜子回配享。
> 北魏献文帝诏郡县立学，祀孔子与周公并享。太和中，乃诏宣尼庙别敕有司享荐。
> 隋文帝诏国子寺，每岁四仲月上丁释奠，州县仲春、仲秋释奠。
> 唐高祖诏立孔子专庙。太宗又诏天下州县皆立专庙塑像，出内庭衣衮冕，正南面之位。
> 宋太宗诏文庙立戟十六。徽宗时又增门戟二十四。
> 明洪武十四年首建大学。十七年敕每月朔望，祭酒以下行释菜礼。郡礼长以下，诣学行香。嘉靖九年，厘正祀典，始为木主，称"至圣先师孔子"。
> 国朝顺治二年定文庙谥号，称"大成至圣先师孔子"。每岁

---

① [美]格尔兹：《文化的解释》，韩莉译，译林出版社2006年版，第124页。

第四章 河湟方言的民俗文化功能

仲春秋上丁日祭祀。直省各府、州、县、卫一体遵行。康熙二十三年，钦颁御书"万世师表"匾额，雍正四年钦颁御书"生民未有"匾额。乾隆三年钦颁御书"与天地参"匾额。特命国学文庙易盖黄瓦。

国朝康熙五十一年，圣祖仁皇帝上谕，以朱子熹发明圣道，轨于至正，使六经之旨大明，圣学之传有继。旧在东庑先贤之列，升配大成殿十哲之次。康熙五十五年江南学臣余正健疏请宋儒范仲淹从祀，奉旨准入两庑。雍正三年，奉旨复入从祀者二人：郑康成、范宁。

增入从祀者十有四人：诸葛亮、尹焞、陈淳、魏了翁、黄干、何基、王柏、赵复、吴澄、金履祥、许谦、陈澔、罗钦顺、蔡清、陆陇其。乾隆三年，经尚书衔徐元梦请以有子若智足知圣，升为十二哲。部覆奉旨准升入殿内东旁卜子之下，移朱子于西旁颛孙子之下。又奉旨复入从祀者四贤：蘧瑗、林放、秦冉、颜何。增入从祀者六贤：县亶、牧皮、乐正克、公都子、万章、公孙丑。乾隆六年，颁定太学从祀诸贤诸儒，并续经从祀诸儒神位及书写字样，东西先后位次于左。

文庙四配：

东配西向：复圣颜子、述圣子思子。

西配东向：宗圣曾子、亚圣孟子。

十二哲：

东哲西向：先贤闵子、冉子、端木子、仲子、卜子、有子。

西哲东向：先贤冉子、宰子、冉子、言子、颛孙子、朱子。

东庑先贤：蘧瑗、澹台灭明、原宪、南宫适、商瞿、漆雕开，司马耕、梁鳣、冉孺、伯虎、冉季、漆雕徒父、漆雕哆、公西赤、任不齐、公良孺、公肩定、鄡单、罕父黑、荣旗、左人郢、郑国、原亢、廉洁、叔仲会、公西舆如、邽巽、陈亢琴张、步叔乘、秦非、颜哙、颜何、县亶、乐正克、万章、周敦颐、程颢、邵雍。

先儒：谷梁赤、伏胜、后苍、董仲舒、杜子春、范宁、韩愈、范仲淹、胡瑗、杨时、罗从彦、李侗、张侗、黄干、真德秀、何基、赵复、吴澄、许谦、王守仁、薛瑄、罗钦顺、陆陇其。

西庑先贤：林放、宓不齐、公冶长、公晢哀、高柴、樊须、商泽、巫马施、颜辛、曹䘏、公孙龙、秦商、颜高、壤驷赤、石作蜀、公夏首、后处、奚容葳、颜祖、句井疆、秦祖、县成、公祖、句兹、燕伋、乐咳、狄黑、孔忠、公西葳、颜之仆、施之常、申枨、左邱明、秦冉、牧皮、公都子、公孙丑、张载、程颐。

先儒：公羊高、孔安国、毛苌、高堂生、郑康成、诸葛亮、王通、司马光、欧阳修、胡安国、尹焞、吕祖谦、蔡沈、陆九渊、陈淳、魏了翁、王柏、许衡、金履祥、陈澔、陈献章、胡居仁、蔡清。

文庙祭器：宋徽宗定礼品一副，内十笾、十豆。明初国子监用笾豆各十，天下府州县各八。成化十三年，以礼部尚书周洪谟奏，加笾豆为各十二，外府州县各十。嘉靖九年，遵照初制，国子监用十笾十豆，天下府州县八笾八豆。国朝因之。

祭品：香、烛、酒，牛用纯黑，羊、豕、鹿、兔。帛正位用绫，余用绢练，白色，长一丈八尺。太羹实于登。和羹实于铏。黍稷实于簠。稻粱实于簋。形盐、藁鱼、枣、栗、榛、菱、茨、鹿脯以上实于笾。韭菹、菁菹、芹菹、笋菹、醓醢、鹿醢、兔醢、鱼醢，以上实于豆。

佾舞数：唐乐用宫，县舞用六佾，成化十三年增为八佾。嘉靖九年，更定祀典，仍为六佾。国朝因之。

祭器数：白筐二十。白磁爵三十九。登一。铏一十八。簠一百六十四，簋如簠之数。笾五百八十六，豆如笾之数。樽三。爵一百四十七。牲俎二十。

乐器数：麾幡二。琴八。瑟二。播拊二。祝一。敔一。龙笛二。凤箫二。笙四。箎二。埙二。金钟一十六，玉磬如金钟之数。应鼓一。排箫二。

舞器数：节二。穗二。翟十六。籥十六。干十六。戚十六。

第四章 河湟方言的民俗文化功能

基于对文献资料的研习，笔者有幸参与"西宁文庙祭孔大典"。

大典准备阶段：

文庙院落及大成殿打扫一新，大成殿前的空地上铺了崭新的红毯，殿门头上挂有"乙酉年西宁文庙开放暨祭孔仪式"的横幅，门口设有香案，香案上摆放有香炉（供祭拜者敬香）、蜡烛，大成殿内设有祭品（瓜果、点心、肉）、祭器，现场影音设备就绪。上午8时许，参加大典的各界人士陆续到场，演职人员身着华服于大殿两侧集合，前来观礼的民众络绎不绝，占满了文庙两侧新建的三层牌楼。

大典开始：

9时许，参加大典的领导和贵宾在大成殿前一字排开，由主持人宣布"乙酉年西宁各界人士祭孔典礼开始"，随后奏乐。祀典开始时祭祀之人衣冠整洁，主祭官和陪祭官是当地富有声誉的文士名人，另外有司仪、司俎、司祝、司乐等诸执事。

①恭迎至圣先贤

鸣赞：承祭官、分献官、乐舞就位。

承祭官、分献官、乐舞走上夫子台，面朝大成殿而立。

鸣赞：奏乐。

播放音乐《昭平之章》。

鸣赞：承祭官、分献官就位，迎神敬香。

承祭官、分献官就位，三叩首、敬香。

鸣赞：全体肃立，三鞠躬。

参加大典的全体人员向至圣先师孔子等诸位先哲先贤三鞠躬。

②嘉宾致词

市委统战部领导就此次祭孔典礼及文庙整修和扩建向民众重新开放致辞，青海省著名作家井石、原青海日报社主任编辑陈元魁、青海省民族大学教授孙欲声等分别致辞。

③主祭、陪祭敬香

鸣赞：主祭、陪祭敬香，三鞠躬。

主祭官、陪祭官就位，敬香，三鞠躬。

鸣赞：行三跪九拜大礼。

主祭官、陪祭官就位，依鸣赞行三跪九拜大礼。

④各界代表敬香

各团体、嘉宾代表：教育界人士、政府机关代表、文艺界人士、民间文化团体代表等，以及孔子后裔代表分批上台，向孔子神位敬香。

⑤行初献礼

鸣赞：奏乐，乐舞起。

播放音乐《宣平之章》，起祭孔佾舞。

鸣赞：承祭官、分献官行跪拜礼，叩首，再叩首，三叩首。

承祭官和分献官依鸣赞三叩首。

鸣赞：恭拜献帛爵。

承祭官和分献官依鸣赞向孔子神位敬献帛（黄色丝绸）、爵（仿古酒杯）。

⑥行亚献礼

鸣赞：奏乐，乐舞起。

播放音乐《秩平之章》，起祭孔佾舞。

鸣赞：承祭官、分献官行跪拜礼，叩首，再叩首，三叩首。

承祭官和分献官依鸣赞三叩首。

鸣赞：恭拜献香、酒。

承祭官和分献官依鸣赞向孔子神位敬献香、酒。

⑦行终献礼

鸣赞：奏乐，乐舞起。

播放音乐《叙平之章》，起祭孔佾舞。

鸣赞：承祭官、分献官行跪拜礼，叩首，再叩首，三叩首。

承祭官和分献官依鸣赞三叩首。

鸣赞：恭拜献砚墨。

承祭官和分献官依鸣赞向孔子神位敬献砚墨。

⑧饮福受胙

鸣赞：奏乐。

播放音乐《懿平之章》。

鸣赞：承祭官、分献官跪受福胙。

承祭官和分献官依鸣赞跪受福胙。

⑨恭送至圣先贤

鸣赞：奏乐。

播放音乐《德平之章》。

鸣赞：奉帛爵、奉香酒、奉墨砚于燎，奏乐。

承祭官和分献官将帛爵、香酒、墨砚捧至焚化处焚化。

鸣赞：全体肃立，三鞠躬。鞠躬，再鞠躬，三鞠躬。

参加大典的全体人员依鸣赞三鞠躬。

⑩唱诵赞美诗

西宁市各小学学生代表手捧"赞美诗"齐声朗诵。诗文如下：

> 大哉孔子，美哉孔子。孔子以前，未有孔子。孔子以后，复无孔子。道冠古今，德配天地。万世师表，于世有济。利国利民，永固立极。安邦兴国，赖其有基。生民之式，斯文在兹。日月齐光，天地共之。至圣先师，颂扬万一。大哉孔子，美哉孔子。孔子以前，未有孔子。孔子以后，复无孔子。

礼成：

11时许，主持人宣布西宁各界人士祭孔典礼礼成，鸣礼炮。随后由戏剧艺术剧院的表演艺术家奉上独具文化特色的视听盛宴：中国古典舞、仿古乐舞、礼仪乐舞、河湟民间曲艺表演等。

如今这种大型的"祭孔"典礼在青海地区所见不多，但散落在民间的个体祭孔行为却从未间断。每逢初一、十五，或考试在即的日子里，民众前往孔庙烧香祈愿，大多是求学的学生结伴而行，也有家长领着孩子去的。课题组有幸在贵德孔庙采访到一位余姓老者，据他回忆，过去孔庙的香火很旺，前来祭拜的人也很虔诚，除了香烛，还要带上自家蒸的馍馍、瓜果、糖果、糕点，毕恭毕敬地献在孔子像前的供桌上，然后焚烛点香，手持三炷香跪在孔子像前，默念心中想要达成的心愿，然后三叩首，把香插在供桌上的香炉里。若心愿达成，人们会再次来孔庙烧香祭拜，携带有香烛、十五个面桃儿、各色水果，另外还有一个红（就是一块长约七尺、宽约四尺五的红色绸缎，或是一匹红色被面），以谢先圣的在天之灵，有孩子金榜题名的，还会在院内燃放鞭炮。

《孔氏祖庭广记》载:"鲁哀公十七年,立庙于旧宅,守陵庙百户……弟子于庙藏孔子衣冠琴瑟车书,弟子及鲁人往从冢而家者百有余室,因名曰孔里,鲁世世相传,岁时奉祠于冢,子孙嗣袭不绝。"[1]自立庙起,祭孔习俗沿袭至今,文庙在长期的历史进程中,已成为各地方历史文化的组织形式,是思想、道德、传统构成的有机整体,是中华民族物质财富和精神财富的复合载体[2]。西宁佥事杨应琚题写的《重建西宁府文庙碑记》(见附录),就是西宁地区修建学宫、振兴文化的见证。通过"深描",一方面跳出束缚研究者思维的本文化模式,客观地探索被研究文化中"文化持有者"的思想——"理解他人的理解",另一方面为构建地方性知识体系提供强有力的文化依据[3]。

(3) 校验

从认识客体看,"地方性知识"是关于特定文化实体个别性意义的"深描",它紧密贴近"文化持有者的内部眼光";从认识主体看,"地方性知识"是具有不同的主体意识的认识者对于某种地方性文化所做的阐释,其阐释结论随认识者的认识水平、知识结构、价值取向不同而呈现出多样的特点;从认识论的理想状态看,只有"普遍性"知识才是"真的知识""好的知识",而受人类认识水平的局限,各种知识的实际状态却只能是"地方性"的[4]。基于此,格尔兹精心设计了一套所谓"意义协商"的程序以提高"地方性知识"的精度。

首先,拥有不同知识背景的人深切理解彼此之间的认识差异,接受"地方性知识"的多样化存在;其次,为"地方性知识"的持有者们建立一种对话机制或交流平台,这种机制类似于库恩界定的"范

---

[1] 孔元措:《孔氏祖庭广记》,山东友谊出版社1989年版,第45页。
[2] 柳雯:《中国文庙文化遗产价值及利用研究》,博士学位论文,山东大学,2008年。
[3] 罗红光:《克利福德·格尔茨综述》,《国外社会学》1996年第2期。
[4] 罗康隆、谭卫华:《多元文化视野中的"地方性知识"反思》,《吉首大学学报》(社会科学版)2008年第1期。

式",主要为对话者提供互相认可的专业术语,并制定必要的对话规则,从而使他们能够在一个可以相互理解的层面上进行有效的学术交流,交流的目的在很大程度上并非达成某种一致,而是使不同的认识结果通过充分交锋,使彼此校正更加"精确",交锋后,各种形态的"地方性知识"便基本上得以充分亮相;最后,"从较好的推测之中得出解释性结论,而非发现意义的大陆,然后标画出没有实体的景观"①。格尔兹认为,经过这一番复杂而严整的理解、接触、对话、交锋、竞争和择优的"意义协商"机制,有效度的"地方性知识"自然会脱颖而出,人类学的知识体系也在这样富有活力的新陈代谢过程中不断得到校验和优化。②

二 "地方性知识"的特性

与普同性知识相对,"地方性知识"并不是任何特定、具有地方特征的知识,而是一种新型的知识观念。直至20世纪中叶,人们才认识到"知识"是随着人类创造性参与正在形成的东西,不是既定的、任何时间场所都能达成效用的东西;知识的主体也非单一个体,更非普遍的人类群体,它是特定时间和场合中具有连带关系的共同体。杨庭硕指出,"地方性知识"是人们为适应所处的自然环境,在长期生产生活中创造、积累、运用和传习的知识和技能,其特点是将研究对象视为一个复杂的体系,依靠长期的不断试探与验证,找出最稳妥高效的解决方法,并以经验形式世代传承下去。③

文化的知识体系是在一个特定的文化或亚文化中普遍盛行的某组观念,这组观念为关于世界或世界之任何一方的信息提供了一种方式,这种意义上的文化的知识体系就包括世界观、哲学、神学、政治

---

① [美]克利福德·格尔兹:《文化的解释》,韩莉译,译林出版社1999年版,第7页。
② 王邵励:《"地方性知识"何以可能:对格尔茨阐释人类学之认识论的分析》,《思想战线》2008年第1期。
③ 罗康隆、谭卫华:《多元文化视野中的"地方性知识"反思》,《吉首大学学报》(社会科学版) 2008年第1期。

意识，以及科学理论，只要这些体系在一定的文化背景中是盛行的。①"地方性知识"是与民族共同体联系在一起的，是民族共同体通过世界观的实践活动形成的知识体系，这种知识体系在很大程度上没有被纳入当今的主流科学体系，基于这样一种现实状况，美国社会学家科尔把科学知识分为"核心知识"与"外围知识"，"核心知识"是科学知识中的一小部分，是被科学共同体承认为"真实的"和"重要的"的那一部分知识，如自然科学领域内的生物学、遗传学、物理学、化学、数学等基础科学，以及天文学、气象学、农学、医学、材料学等实用科学，前者是研究自然界的物质形态、结构、性质和运动规律的科学，后者是人类改造自然的实践经验即生产斗争经验的总结；社会科学领域内的法学、经济学、政治学、历史学、社会学、心理学、管理学、传播学、人类学等，它们是关于社会事物的本质及其规律的系统性科学，是科学地研究人类社会现象的模型科学。它们从诞生之日起，就在接受人类的检验，经历一系列命题的提出、论证、检验，最终"去粗取精""去伪存真"，在生产生活中久经考验而被纳入"核心知识"的范畴。

"外围知识"是在核心知识以外由共同体成员生产的所有知识。比如，历经千年不衰的"百工五法"，《墨子》中有概括性的总结："百工以方为矩，以圆为规，直以绳，正以悬，[衡以水]。无巧工、不巧工，皆以此五者为法。"②"矩"，是工匠们通过直角尺正方的工具，有"鲁班尺""直角曲尺"；"规"是用来取圆的工具；"绳"是用来取直线的工具，古时称为"绳墨"，现在叫"墨斗"；"水"用水平面来测地势的平斜，因水总往低处走，故地势的平斜可以由水平面的倾斜程度来衡量；"悬"是测定端正垂直的垂绳，用一下端悬有重物的吊线取垂直。这"五法"在泥瓦匠、石匠、木匠、铁匠、皮匠、旋匠等行业中都有应用，从产生之日起传承至今。另外，还有民间流传已久的"七巧板"智力玩具，由唐代的"燕几"演变而来，原是

---

① [美]小摩里斯·李克特：《科学是一种文化过程》，顾昕等译，生活·读书·新知三联书店1989年版，第26页。
② 王焕镳：《墨子校释》，浙江古籍出版社1987年版，第22页。

文人的室内游戏,后在民间演变成拼图板玩具,清代陆以湉《冷庐杂识》有载:"宋黄伯思燕几图,以方几七,长短相参,衍为二十五体,变为六十八名。明闫澂蝶几谱,则又变通其制,以勾股之形,作三角相错形,如蝶翅。其式三、其制六,其数十有三,其变化之势,多至千余。体物肖形,随手变幻,盖游戏之具,足以排闷破寂,故世俗皆喜为之。"① 利用七巧板可阐明若干重要的几何关系,其原理便是古算中的"出入相补原理"。如今,七巧板已演化成拼图游戏。

再如"风水术",一种以地理知识为基础,吸收阴阳五行,天人感应,以及龙脉、望气、三才、生气等思想创造出的一种相地术,主要为建宅、造墓服务,其操作过程有觅龙、察砑、观水和点穴等②。河湟地区民间流传着为新建的民宅、新买的墓地"装宝瓶"的习俗。先请师傅来家中"观风水",师傅会根据每家情况酌情让其准备"装宝瓶"的物品,通常有大小适中的宝瓶一个;五谷,包括稻、黍、稷、麦、豆5种粮食,寓意五谷丰登;十二精药包括月精宫桂、天精巴戟、地精芍药、日精乌头、人精人参、吞精杜仲、松精茯苓、道精远志、鬼精鬼箭、神精茯神、山精桔梗、兽精狼毒12种中药成分,民间有"十二精药洒遍地,一切凶煞永敛迹"的说法;还有珍珠玛瑙、珊瑚翡翠、黄金白银,寓意日进斗金、家财丰盈;另外还有藏红花、红景天、朱砂、红绸、发面团、柏香等,发面取其"发",意为子孙世代发迹,红绸取其"绸"与"稠"同音,意为后裔子嗣繁衍稠密。待师傅择吉日上门念经、装宝瓶:先用拌有酥油的炒面捏制三尊塔状物,用来代表三尊佛,敬献在堂屋的供桌上,然后由一家之主先后敬献上6种水果、3碗净水、3盏油灯、柏香、长香、装宝瓶的物品;一切就绪后,师傅开始焚香念经,通常念诵的是护佑人畜安康、家宅平安、后裔繁衍的驱邪纳吉经文;几轮经念诵完便开始"装宝瓶",先将几卷经卷放入瓶中,再先后放入事先准备好的各种物品,同时念诵专门"装藏"的经,若瓶子装不满,就用柏香填满,最后在瓶口处填满发面团,然后用红绸子封口、红绸带扎紧;装完宝瓶再

---

① (清)陆以湉:《冷庐杂识》,上海古籍出版社2012年版,第19页。
② 钟敬文:《民俗学概论》,上海文艺出版社1998年版,第217页。

次焚香念经，最后将装好的宝瓶供在佛龛或供桌上。谁家建了新屋、搬了新家、打了新坟都会请师傅来"装宝瓶"，保佑人丁繁茂、家畜安康、一切顺意，有驱邪纳吉之意。

还有河湟地区春节期间的节日禁忌，像贴了钱马之后，忌生人串门、忌向人讨债；初一、初二、初三忌睡懒觉，倘若这三天睡懒觉，这一年都勤快不起来；忌说"破茬"话（指死、坏、破、没有吃穿等不吉利的话），忌吵架，忌打破家什、忌撕破衣服，认为不吉；打醋坛时要将桶放低，忌抬高，因为民间有端醋坛盆子的高度不能过膝，否则会让请来的诸神在姜子牙面前不自在的说法；初一、初二、初三忌泼水扫地，认为"泼财出门是晦事"，不跳水，不动切刀和擀面杖，所吃食物都是除夕以前准备好的熟食或半成品，初三下午除去切刀、面杖上的钱马，禁忌才解除；忌给拜年的客人端有缺口或裂纹的碗；初七人日和初八谷日忌刮风下雨，认为不吉；正月十五，当年的新婚夫妻忌讳在婆家过节，要回娘家过夜，次日再返回男方家，称为躲灯，等等。若不能掌握此类知识而在节下犯忌，虽没有实质性恶果，但也会受到长辈的指责，认为其不懂事、不明理，同时也使自己心有余悸，总担心新的一年里会发生对自己不利的事而持消极态度。

由于核心知识早已得到了公众的普遍认可，而外围知识尚未得到普遍认可，因此核心知识属于"公共知识成果"，外围知识则属于"地方性知识成果"[①]。即便如此，这些所谓的"外围知识"以其独特的地域性，深刻影响着一方民众的衣食住行，并已根深蒂固地融于民众血液中，伴随其生产、生活的方方面面。

到了20世纪末21世纪初，全球化趋势已波及人类社会经济、政治、文化、娱乐等各方面。特别是在文化领域内产生的"文化全球化"：在全球媒体市场集中化的发展过程中，文化内容、文化信息日渐趋同，这种趋同致使文化的地方特色越来越不清晰，个别文化势必在这股信息巨流中被稀释，从而导致各地区和民族的文化混合为一种单一的、同类的"全球文化"。在这样一种文化趋同的社会进程中，

---

① ［美］史蒂芬·科尔：《科学的制造——在自然界与社会之间》，林建成、王毅译，上海人民出版社2001年版，第43页。

地方性知识的建构显得尤为珍贵。从民俗学角度看,关注地方性知识,就是关注那些民间传统知识,"它们是特定民族文化的表露形态,是相关民族文化在世代调适与积累中发育起来的生态智慧与生态技能,这些智慧与技能完整地包容在各地区的地方性知识中,这种知识必然与所在地区的生态系统互为依存、互为补充,又相互渗透"[1],从而呈现出多元互动的特性。

三 "地方性知识"的价值分析

人类社会形成早期,社会成员对自然界和所处社会的认知主要依靠经验的积累,这种积累得来的智慧与技能成为行之有效的"地方性知识","地方性知识"一经形成,便以其独有的固定模式传承下来。可是,任何一个族群都不可能把有限的认知能力不分主次地运用在一切可感知的事物上,他们必须审时度势,针对本民族生存与发展的需要,把自己周围的自然社会背景分出主次,借以合理安排认知能力的投入,从而形成各族群认知取向上的差异,表现为:认知主攻对象的级次、认知精度的等次和认知广度的层次。探讨一个民族的地方性知识取向,其实质就是剖析这三个方面的综合关系,以及规约这些关系的文化因子符号[2]。

人类认知世界总是从触及频率最高的事物开始,各民族生存空间不同,生活方式各异,故而接触频率最高的事物也不同。那些各民族最先认知的事物,一旦在该民族的认知框架中定位,就会循例延伸开去,成为认知新事物的蓝本,在延伸认知的过程中,新事物某一属性的重现频率下降,就自然会降低对这一属性的重视,循此延伸的结果,就建构出该民族认知精度的等次;而作为蓝本的基准认知物,以及具有相似利用价值和重现频率的事物,则共同结成了该民族认知的主攻核心;远离该民族的事物,认知概率随之下降,于是又拉开了认知广度的层次,最终导致该民族认知取向定型[3]。

---

[1] 卫才华:《非物质文化遗产与民俗学》,《山西师大学报》(社会科学版)2006年第4期。
[2] 罗康隆、谭卫华:《多元文化视野中的"地方性知识"反思》,《吉首大学学报》(社会科学版)2008年第1期。
[3] 同上。

故而，要关注某一民族的"地方性知识"，对其认知背景、认知方式、知识架构、传承历程等须一并了解，否则很难判断此类知识的有效价值。格尔兹在《地方性知识》绪言中写道："用别人的眼光看我们自己可启悟出很多瞠目的事实。承认他人也具有和我们一样的本性则是一种最起码的态度。但是，在别的文化中间发现我们自己，作为一种人类生活中生活形式地方化的地方性的例子，作为众多个案中的一个个案，作为众多世界中的一个世界来看待，这将会是一个十分难能可贵的成就。"① 如果阐释人类学家们在这个世界上真有其位置的话，他就应该不断申述这稍纵即逝的真理②。

第二节　彰显区域文化个性

一　"全球化"的"反抗者"

如果说"文化全球化"是一种文化领域内的全球化趋向，那么这种"全球化"和"世界主义"也是以"地方性"为发展动力的，因为任何有生命的、实质性的文化都是地方性的。约翰·汤姆林森在《全球化与文化》中曾提到，"处于强势的文化正在把自己的'地方性'扩展为'全球性'，处于弱势的文化也无不潜在地意欲把自己的'地方性'扩展为'全球性'"③。面对文化的全球化扩展，"地方性"试图以其独特的文化气质"全面出击"。

地方文化以其根深蒂固的"文化个性"，让"文化全球化"中那些有普世价值的文化特质自始至终依附于它，使其成为地方文化的一部分。而那些"文化全球化"也仅仅是为地方文化的"特异"增添新鲜的元素，诸如民俗事象、语言、行为习惯、理论、知识、技术、艺术风格等。而这些始终无法引起地方文化的实质性改变，其深入骨髓的文化特质必然还是"地方性"。好比河湟地区正月十五"点灯"

---

① ［美］克利福德·格尔兹：《"地方性知识"——阐释人类学论文集》，王海龙等译，中央编译出版社2000年版，第17页。
② 同上书，第19页。
③ 同上书，第97页。

的习俗，旧时的农家多用面点灯，按家中人口捏高脚面数盏（至少12盏），为亡故先人捏一盏大灯，插芯添油，大灯居中小灯簇拥置于盘中，十五晚上全家人自老至幼燃灯，大灯由老人或孩子点，谁的灯燃得明亮且时间长，证明时运好，老人以此预卜健康和寿数，先人之灯明亮，为欢喜之兆。如今，家家户户都亮起了大红灯笼，省去旧时捏灯的烦琐，且电灯照明时长可随意，不用纠结明火点灯潜在的危险。虽古今"点灯"的形式不同，但人们通过点灯寄予的心理愿望始终是求吉纳福，即希望新的一年前途明亮、家人安康。新兴的点灯方式逐渐取代过去的明火点灯只是"器质性"冲击，其文化实质仍被世代保留并传承。

再有流传于民间的技艺传承，其一整套完备的师承制度历经千百年风雨洗礼仍被各行各业虔诚地遵循，从选徒、拜师、传艺到出师，都保留着先祖的遗训。徒弟行过拜师礼进师门后，先干杂活，挑水、劈柴、烧饭、照顾小孩等，且不得挑肥拣瘦，必须唯命是从、应对得体、眼尖脚勤。就这样过个一两年，师傅觉着徒弟有吃苦耐劳、勤奋好学的品质，才决定传艺。开始学艺时，徒弟先给师傅打下手，由简到繁、由粗到细，继而在师傅的监督和指导下，干关键性的技术活。经过几年的勤学苦练能独挡一面就可出师。出师有出师礼，徒弟给师傅送大礼，叩头谢师，师傅回赠数件工具为礼。虽然各行各业的师承制度万变不离其宗，但独具地方特色的工匠技艺，以其世代相传的超强生命力言说着地方文化的古今变迁。

西宁的"杨皮筒"　　早在明清时期，青海民间就有亦农亦工和亦牧亦工的皮匠，以生鞣法和硝面鞣制法鞣制各种带毛皮张，手工缝制成各种皮筒子、皮褥子等。生活在海拔三千米至五千米高寒地区的藏系羊是青海独有的土种羊，其中的黑羊，在产后一个月内宰杀而得的皮子，人称"紫羔皮"。紫羔皮经过鞣制、缝制而成的皮筒子，叫紫羔皮筒子，再配上上好的丝绸面料和里子，即可缝制成皮袍子或裘皮大衣，它们的皮毛柔软，花纹细密，色泽黑艳，经久耐穿。民国七年（1918年），杨忠福从陕西迁来西宁，在石坡街路东开设了"忠信福"皮货店，生产各种皮筒子，因他家的皮筒子品种多，质量好，且经营规模大，颇有影响，故西宁人亲切地称其为"杨皮筒匠"。民国二十七年（1938年），西宁的手工业皮货作坊已发展到103户，从业人员400多人，外销皮货达3万多件，紫羔皮、狐狸皮、猞猁皮的皮筒子最为人们所推崇，图案以"高山流水""鸳鸯戏水""孔雀开屏""松鹤延年""怀中抱月"为佳，皮袍子和皮大衣的款式最受欢迎。民国二十八年（1939年），青海皮行由官僚资本企业垄断经营。新中国成立后，西宁的皮货业得到大发展。1950年，省畜产品公司建成畜产品加工厂，1951年，省公安厅建成新生土产加工厂，1956年，西宁市组建成西宁皮毛生产合作社，1958年，购进国产"哈工"牌拼缝机6台，首次用机器代替手工进行皮货加工，效率提高达30倍。1972年，试制成功用甲醛、芒硝、食盐鞣制毛皮的醛铝鞣制新工艺，取代了硝面鞣制老工艺，提高了毛皮质量，消除了臭味。还试制成功绵羊皮染色羊剪绒新工艺，制成皮领子、美术图案挂毯、椅垫等新产品。1978年研究成功旱獭皮制裘新工艺，并荣获颁发的科技成果奖。1983年，旱獭皮裘皮大衣荣获国家经委颁发的优质产品金龙奖，旱獭皮褥子远销欧美各国。

  糕点"万盛马" 清光绪以前，西宁就有"恒聚成""荣聚兴""稻香春""复聚成"等前店后场的海菜铺子手工生产糕点。清光绪十四年，西宁回民马纪良的父亲到西安一家有名的清真糕点铺当学徒5年，掌握了制作清真糕点的生产技术，回西宁后，成立了自己的"万盛马"糕点。民国七年，马纪良子承父业，并聘请糕点技师韵汉林做技术指导，采用清朝末年盛名全国的"什锦南糖"糕点的制作方法，并糅合回族人民逢年过节制作的各种传统蜜食的技巧，增添了浓郁的民族特色，颇有名气。1956年，马纪良带头组成公私合营西宁食品厂，并先后从上海购进滚筒式糕点生产机械设备，增加了饼干、面包等新的糕点品种。随后，西宁又陆续建成了国营西宁清真食品厂、西宁儿童食品厂，生产京式、苏式、广式等清真糕点，还生产各式蛋糕、糖果冰糖等。1980年，西宁市城东区人民政府创办了西宁回民食品厂，特聘请马纪良做技术顾问。80岁高龄的马纪良带着儿子马守忠言传身教，耐心传艺，将清真"万盛马"糕点的制作技术实现家族式传承。

  绘画、泥塑艺术 这两种技艺在西宁源远流长，近代在此领域造诣极高，具有承前启后作用的艺术家首推柴成桂。他天资聪敏，勤奋好学，从小授业于青海名画师张友松，绘画、泥塑都有很高的成就。他的画工笔、写意俱佳，山水、人物、花卉、翎毛无一不工，尤以人物、山水见长。出于他笔下的大通元朔山壁画"袁天罡"，人物神情生动自然，毛发飞动，笔势圆转，衣纹飘举，大有"吴带当风"的韵味。1943年我国著名画家张大千来青时，见到此画大为赞赏，为西宁有这样一位技艺不凡的艺术家而惊叹不已。西宁南禅寺小西天的"西湖十景"和财神殿的"湟中八景"青绿山水画，堪称柴氏山水画的代表作，画家笔下的江南湖光山色，烟岚轻动，水光潋滟、清润自然，秀色可掬；而描绘高原风光则山势巍峨峻峭，气势宏伟浑厚，笔力苍劲，足以显示画家对大自然深邃的观察力、丰富的想象力和高超的艺术表现力。柴成桂的泥塑艺术技艺精湛，堪称一绝。更可贵的是他师古而不泥古，在艺术实践中重视写实。旧时民间所塑多为神佛造像，而他却为庄严肃穆的神佛殿堂中平添了一二尊充满"人情味"的人物形象。据传，柴成桂塑谁像谁，还会把人的魂魄塑进去。旧时西宁城隍庙内有一尊满脸堆笑、和蔼可亲的地方"土神"，就是柴成桂塑像时临摹眼前的姓范的老者而成，其神态造型堪称泥塑中的一绝。柴成桂授徒传艺，培养了一批在绘画、泥塑艺术上卓有成就的画师，对这一艺术的发展具有极大贡献。

"大掌尺"崔文奎 崔文奎的曾祖父崔尚达就是一位手艺精湛的木工，家传手艺父传子、子传孙，到崔文奎已经传艺四世。崔文奎的木工技巧胜过长辈，尤其擅长亭殿、高堂的整体设计和建筑。他十二三岁随父学艺，打节子、开卯、拉大锯，中年时已经成为一位能招揽大活儿的木工"掌尺"。不论栋梁檩柱、腰方、大小部件，都卯口紧密，结构严谨，建筑的房廊殿堂样式大方、平陡合理，故而大家尊其为"大掌尺"。民国元年（1912年），塔尔寺大金堂失火焚毁，他被邀与省内知名木工王启瑞、李荫春一同设计图案，重修大金堂。大金堂面积2750平方米，周长210米，内有长柱18根，高7.1米，短柱90根，都是藏式栽工柱（柱中心是小圆木，再用胶、麻、木板分层粘合八楞大柱），当中悬柱天落伞紧相扣，整体是里五转七结构，这里是塔尔寺规模最大的建筑。崔文奎负责屋架整体工程，王启瑞雕镌，李荫春主管工匠，历时2年之久完工。民国十九年（1930年），马麒病逝后，马步芳派人请崔文奎在西宁城北门外城墙根香水园修建"马公祠"，其殿堂、廊房、山门皆由崔文奎设计施工建造。另外，他还被许多寺院邀请去当木工掌尺，建造了同仁隆务寺、贵德尕让阿燕美寺、鲁沙尔清真寺、西宁西关清真寺等，影响深远。

全球性映衬了地方性的魅力，地方性丰富了全球性的发展，从而形成了文化的多样性特色，这种文化的"多样性"伴随着人类社会文化发展的整个历程。正如费孝通先生所说，"当今人类社会出现的世界一体化发展趋势和文化多元化的趋向既矛盾又彼此联系，许多地方文化特质在人们尚未认识其重要性时已被淹没在全球化的巨浪中"。因此，关注和强调"地方文化""地方文化个性"对于丰富和发展多元文化具有至关重要的作用。

二　文化"个性"的推动者

如前所述，地方文化的"个性"表现在其文化特质的独特性上，文化被该区域的社会成员共同创造并传承，与此同时，区域文化的"个性"也表现在文化综合体的独特性上，这种独特性促使地方文化在诸种文化并存的情境下仍以极具个性的姿态"独领风骚"。

以城市形象为例，一座城的文化个性特征极为直观地表现在这座城的文化综合体——城市形象上。走进一座城，扑面而来的场景设计和文化气质新鲜又深刻，城市中的每一个感官都在产生反应，初入者原本固有的文化认知和生活情怀被撞击，这种撞击综合之后就成为人脑中的城市形象。与此同时，作为一座城的标志性语言——"城本语言"方言，以其独有的"语言力"塑造着这座城的形象，传承着这座城的历史文化。"CIS"是"企业形象识别系统"的英文缩写（Corporate Identity System），包括三部分：理念识别（MI）、行为识别（BI）、视觉识别（VI）。[①] 本书借用"CIS"理论，阐释城市形象塑造

[①] 杨凯凌、王汝军：《城市CI语境下的城市家具设计》，《包装工程》2011年第32期。

中,"城本语言"的施力所在。

城市理念识别(MI),是根据自然环境、文化底蕴、人文历史、经济发展等相关资料提炼、概括出的一个抽象概念,是城市整体识别系统中的核心,是协调整个城市内外关系及发展的灵魂,是城市形象科学定位的依据[1]。每一座城市都有自己的城市发展理念,对外而言,城市理念识别是城市形象识别的尺度,对内而言,城市理念识别是城市识别系统的起点,对城市行为识别和城市视觉识别具有统领和指导作用[2]。比如"宜居城市""数字城市""花园城市""海绵城市""移民城市"等城市理念的提出。就"智慧城市"而言,"智慧",在《现代汉语词典》的释义是"辨析判断、发明创造的能力"[3],通常情况下用来形容某人在为人处世上的能力和谋略。那么"智慧"又如何形容一座城呢?随着信息化大数据时代的到来,数字化正充斥着城市的角角落落,特别是深圳、广东、上海、温州、珠海这些高速运转的先进城市,早已具备了高度的敏锐感知力、宽带互联的信息掌控力、智能融合的资源运用力和活跃的可持续创新力,这些城市的发展速度和深入程度早已超越了"数字""无线""智能""互联"等城市理念的定位。它们通过运用信息和通信技术手段,感测、分析、整合城市运行核心系统的各项关键信息,从而对包括民生、环保、公共安全、城市服务、工商业活动在内的各种需求做出智能响应[4]。这样一个新兴的城市发展理念,被机智地定义为"智慧城市"。

如果城市理念识别是城市形象识别的"想法",那么城市行为识别就是城市形象识别的"做法"。城市行为识别(BI)是城市理念的具体表现形式,表现在城市中个体与群体的行为规范、行为准则、行为模式、行为取向和行为方式等方面[5]。如果把一座城看成"静止的

---

[1] 杨凯凌、王汝军:《城市 CI 语境下的城市家具设计》,《包装工程》2011 年第 32 期。
[2] 苏永华:《城市形象传播理论与实践》,浙江大学出版社 2013 年版,第 50 页。
[3] 中国社会科学院语言研究所词典编辑室编:《现代汉语词典》,商务印书馆 2014 年版,第 1681 页。
[4] 《列数国外智慧城市经典案例》,中国智慧城市网,2014 年 4 月 24 日。
[5] 成朝晖:《人间·空间·时间——城市形象系统设计研究》,中国美术学院出版社 2011 年版,第 102 页。

遗产",比如北京紫禁城、江南乌镇、大理古城、山西平遥、青海丹噶尔古城,那么生活在这座城里的人们沿袭下来的生活习俗和行为习惯,便成就了这座城人格化的"动态遗产"。好比"京腔""二人转""重庆火锅""西湖龙井""昆曲""上海囡囡""安塞腰鼓""黎族三月三节""青海花儿"等,它们世代传延,输送着厚重的民族精神和人文情感。想要了解这一切,与这座城亲密对话是必然的,这时,"城本语言"散发的魅力足以让一位初识者爱上这座城。比如"花儿"唱的"灶爷板儿上煨柏香,灶火里没煨个藏香,灶家娘娘的好心肠,把花儿保佑者炕上"。当地民众笃信神灵,倘若家里遇到不如意的事,便求助于神灵:供奉祭品、焚香、烧纸、奠酒、叩拜,与此同时倾诉自己的不快和希望,并向神灵承诺,希望达成定予以报答。"得病时求神者拜佛哩,病好时要还个愿哩,你说个罢了时也中哩,不要时照样地干哩。"当愿望实现、家中的不妥得以化解,求助者要"还愿":到曾经祭拜的神灵前,供奉祭品、焚香、烧纸、奠酒、叩拜,感谢神灵护佑。再如一句俗语"成了麦子不成了豆儿"。西宁城里的人们提亲时,媒人常带焜锅、花卷各1副(1副12个)、两瓶酒前往女方家,女方父母若同意这门亲事,便收下礼物宴请媒人,若不同意,就让媒人把带来的礼物再带回去,有的地方女方若同意,就在酒瓶里装上青稞或小麦,意思是将来成家好好过日子,粮仓丰满、五谷不愁;但若不同意,酒瓶里就装上豆子,意思是这事不成了就像豆子一样圆溜溜地滚了、散了。这种做法无形中透露着这方水土的民众内敛、羞涩的性格特征。故此,了解一座城人格化的"动态遗产",城本语言是关键。

城市视觉识别(VI),是指视觉认知,引申为城市形象视觉识别的信息传递系统,如城市标志形象、城市标志的中英文标准字体、城市标志的辅助图形、城市标志的标准色彩、城市吉祥物等,以及以城市标志为核心[1]。城市视觉识别通过个性化的视觉符号,对外传达城市的精神理念。每个城市都有自己的宣传口号:北京"东方古都,长

---

[1] 成朝晖:《人间·空间·时间——城市形象系统设计研究》,中国美术学院出版社2011年版,第102页。

城故乡新北京新奥运",三亚"天涯芳草,海角明珠",西安"龙在中国,根在西安",丽江"七彩云南,梦幻丽江",北海"滨海人居,生态北海",曲阜"孔子故里,东方圣城",西宁"智慧西宁·幸福西宁",短短的一对词组或一句话,把一座城的自然风光和人文精神浓缩其中,在彰显城市魅力的同时,对外扩大了城市的知名度和美誉度。"智慧西宁·幸福西宁"致力于建成宽带、泛在、融合、安全的下一代通信基础网络,同时建设云计算中心基地、应用创新研发基地、企业孵化基地和产业发展基地等,在未来几年中完成信息产业优化升级,全面实施"互联网+"行动,打造西北"云谷"。

　　城市形象就是城市以物质和非物质为载体的各种信息向人们传递与交流的外在形式和综合反映,是由这个城市的人间、空间、时间共同建构的、有别于其他城市的、代表该城市特质的整体形象。在城市形象的建设和传播过程中,城本语言以其独有的文化气质,塑造和传播着一座城的形象个性,积淀和沿袭着这座城的文化内涵。

　　另外,文化也体现在具体的公共符号上,如事件、对象、活动、空间单位等,同一区域文化的成员间,通过这些公共符号交流彼此间的世界观、价值观、社会心理、民族情感。正如涂尔干所说,"同一社会中成员共有的信仰、感觉的总和构成该社会的群体特征体系,这种体系称之为集体表象和共同意识,因为文化不单是存在于人们头脑中的常规和概念,以及一系列组织这些常规和概念的原则,而且也是可以观察到的事件、对象、活动、空间单位等"①。语言的使用,就同这种处于特定文化区的任何个人都必须使用该文化区内集体使用的语言进行交流的情况一样,在塑造自身在该区域内文化自信的同时,也可以获得一种文化认同感,从而在长远沟通中得以成为真正意义上的"地方性知识",最终对该区域内的文化传承产生潜移默化的推动作用。

　　青藏高原的艺术瑰宝——"花儿",不为某个民族所独享,也不为某个民族所排斥,它以其独特的味道展现特定地区的文化个性。例如:

---

① [美]克利福德·格尔兹:《"地方性知识"——阐释人类学论文集》,王海龙等译,中央编译出版社2000年版,第107页。

七里寺峡里的药水泉，
　　年里吧月里的不干；
　　琵琶三弦的没心弹，
　　坐你的跟前时舒坦。

　　七里寺峡里的药水泉，
　　白帐房扎给了九天，
　　尕妹是留给者扯牵……

　　民和地区的"七里寺"是民间"花儿会"的演唱场域，每逢六月气候宜人、鸟语花香的时节，忙完农活的庄稼人们迎来农闲季节，三五成群来到山坡上纵情演唱，唱颂自己的情怀、唱颂生活的康泰、唱颂家乡的美景。七里寺的"药水泉"更是远近闻名。绵延的山岩下、重峦的河谷边，有大小药水泉十一眼，北面的古泉"瑶池"三面用水泥石台围住，周围设有石桌、石凳，供人们休憩。其中间有一佛龛，供前来喝药水的人们膜拜。这里还有一个传说：文成公主进藏时，一路跋山涉水，来到古鄯重镇时，因水土不服浑身上下痛痒难耐，就在束手无策时，一位当地的老爹送来一碗药泉水，并嘱咐公主用此水擦拭患处。果然，不过三天，公主的急病见好，后来公主亲临药水泉，赐名"药水神泉"。"扯牵"就是"牵挂"，一个"扯"字，将青年对爱慕之人那种"扯"着心的牵肠挂肚形容得淋漓尽致。一首"花儿"道不尽丰富的情感，唱不完澎湃的心，短短的"花儿"饱含方言活泼的性格，潜藏着久远的传说，故而，"花儿"蕴含着的"地方性知识"生动、深厚、机智。

　　土生土长的"花儿"带着浓郁的乡土气息，演颂中歌者畅快的表达情感，与此同时的方言使用，更能增添"花儿"的艺术感染力和表现力。例如：

　　石头根里的清泉水，
　　娃里玛曲同果啰，

第四章 河湟方言的民俗文化功能

我这里想你着没法儿,
却干通曲衣果啰……

这一小节里,歌词一半藏语,一半汉语,异音同义,独具一格。这类"花儿"被形象地称作"风搅雪",往往将汉语与藏语、汉语与撒拉语、汉语与土语以及阿拉伯词汇交汇混用,"类似这样巧妙地既使用两种语言又完全符合格律的合璧艺术在中外文学中恐怕也是罕见的"①。

白牡丹白着耀人哩,
红牡丹红着破哩;
姊妹的跟前有人哩,
没人时我陪你坐哩……

"耀"在现代汉语里从"光",作为动词意指有光照射,"白牡丹白着耀人哩"用一个"耀"字形容白牡丹的洁白清净可谓传神之至,"红牡丹红着破哩"的"破",好似"春风又绿江南岸"中的"绿"字一般画龙点睛,把红牡丹娇艳欲滴的秀美形容得淋漓尽致②。

除了"花儿",传唱在青藏高原的《格萨尔史诗》就像青青草原上五彩的经幡一般,陪着一代又一代藏族民众成长。早在200年前,就有外国学者来到青藏高原搜集《格萨尔故事》《格萨尔王传》《霍岭大战》的藏文手抄本,记录民间说唱艺人说唱《格萨尔》。青海的广大藏区无不浸润在英雄格萨尔的神话、传说中,这里的民众已深信自己的故土就是岭国遗址、格萨尔的家乡。这里的每一座神山都留存着格萨尔的传说,每一座寺院都在展演《格萨尔》藏戏,可以说格萨尔藏戏就是青海藏区文化的标志性符号。原始信仰认为表演"请神"的神戏才能使神降临,表演娱神的神戏才能使神得到欢愉,神欢

---

① 赵宗福:《西北花儿的文化形态与文化传承——以青海花儿为例》,《西北民族研究》2011年第1期。
② 同上。

愉了才能为人们祛除污秽，赐予人们平安吉祥。格萨尔藏戏的表演主要有广场剧和面具舞。广场剧首先要找到一块空地，没有多少道具和场景，全凭演员虚拟表演，如表演《赛马称王》，就在空地上放一长椅充当格萨尔赛马称王的宝座，赛马的情节全靠演员的演技，比如骑马驰骋的动作都是他们在平时的生活中观察、提炼出来的，经过艺术渲染，给人以豪迈、大气之感，表演中的动作固定下来就成为藏戏的程式化动作，这些动作的编排与曲词、唱腔相配合，剧情不同，动作编排也各异。广场剧风格潇洒且典雅，构成了一种具有民族地方特色的戏剧形态艺术美。面具舞的表演主要表现为：一是祭祀仪式。说唱艺人表演前进行祈祷，一方面表达对"羌姆"创始人莲花生大师的感激，另一方面祈求诸神和大师保佑演出成功。二是伴奏乐曲简单。表演《格萨尔》藏戏时，伴奏乐曲极为简单，通常用鼓、锣、唢呐、长角号等伴奏。三是表演者头戴面具。各大寺院在表演《格萨尔》"羌姆"时，受宁玛派影响，通常要戴着面具，有的面目善良可敬，有的狰狞可畏，有的美丽漂亮，有的丑陋不堪，这些都是根据《格萨尔》史诗中各种角色和故事情节编排的。四是跳"羌姆"的都是寺院的僧人。

另外，还有藏区随处可见的"对弈"游戏。在街头巷尾、向阳空地上，随处可见人们围坐一起对弈"决战"。最常见的一种叫"久"（藏语音译）。随地画方格为棋盘，10×10格或13×13格不等，黑白子各为一方。开始时各自布局、限制、竞争，为"成方"创造条件。当全局布满后，一方先去对方一个棋子，腾开棋格，再每人一步轮流下去，走棋过程中，如走成"方"可去掉对方任意1子；如走成"行"，就去掉对方任意9子，如所剩的3子在一条线上，可吃对方1子。当一方被吃到不够4个子时便为败方。而"加吾"（藏语音译）中的"加吾果久"（藏语音译）有两种玩法，一种与跳棋相似，双方各用1个较大石子做王，8个小石子当卒，朝对方王位跳，每次跳1步，先跳齐的一方胜。第二种玩法是一方为王，由另一方用16个石子做卒围攻，王能吃卒，当王把围攻的卒子吃到无力围攻时，王胜；反之，当有6个以上的卒子把王围困起来，则王败。而"加吾果尼"（藏语音译），共13子，黑11子、白2子，白子先走，跳过一个黑子，黑子就算被吃掉，黑子不能吃白子，黑子、白子都走直线，也可来回走，如黑子将白子围困，白子败，如黑子被白子吃到无力围困白子，黑子败。"叶合拉"（藏语音译），棋盘形状如牛角。玩法是：一方用1子，1步1格跳动，另一方用3子，双方轮流围堵，直到把对方困到牛角尖为胜。"加吾合"（藏语音译），玩法是：双方各有颜色不同的石子，1步1步跳动，一方先跳，对方围堵，直到把一方的两个子围堵"豁嘴"处为胜。

这些民俗事象作为彰显一方文化个性的"助推器"，其发展动力来自区域自身，更重要的是这种动力来自生活在该区域内的全体民众，他们毫无保留地将热情、智慧和能量投入区域文化建设中，这种"毫无保留"源于对地方文化的认同和传承。因为文化存在于文化持有者的头脑里，每个社会成员的头脑里都有一张"文化地图"，他只有熟知此图，才能在所处的社会中自由往来[1]。地方文化的现存特征是前人自发创造的，今人完全可能通过掌握文化认同规律，自觉创造出更为积极进步、更被普遍认同的地方文化特征[2]。不过，受各种内部因素、外在因素的影响，人们对同一文化事物的感知必然得出不同结论。所以人们在积极创造文化要素，并逐步感知、认可、模仿，从而形成一种积极向上的地方文化精神。而这类个体对地方文化有差异的文化感知，便是在集体表象的作用下逐步转化成对地方文化精神的共同认知，这种"共同认知"成为推动地方文化彰显"个性"的内在动力。

全球化时代的到来"使社会不同场域中资本的转换具有了更充分的条件，从而也使诸种文化要素更能采用直接影响社会的经济资本的形式，来进行权力博弈，而且由于文化要素所具有的社会深层结构的特点，使得这种影响既是直接的又是长远的"[3]。可见，地方文化的个性逐渐成为各地区、各民族参与资源博弈的文化资本。就河湟地区

---

[1] 汪德飞：《地方性知识研究——基于格尔兹阐释人类学和劳斯科学实践哲学的视角》，硕士学位论文，南京农业大学，2011年。

[2] 周尚意、吴莉萍：《地域文化 地方性知识对区域发展的影响》，《地理教育》2007年第5期。

[3] 马翀炜、陈庆德：《民族文化资本化》，人民出版社2004年版，第32页。

而言，地处青藏高原腹地，因获取信息的渠道闭塞，建设资金相对短缺，再加上高原气候恶劣，基础设施相对薄弱。可是，这里却拥有较其他地方更为得天独厚的自然资源和多元民族民俗文化资源。21世纪，随着市场经济的激烈竞争，这些特色鲜明的"地方性知识"已经具备了转化为文化资本的条件：譬如，青海湖入选"世界纪录协会中国最大的咸水湖"，同时拥有多项中国之最，现在已经是"AAAAA"级国家自然景区；"互助土族故土园"是国家"AAAA"级旅游景区，其中包括"彩虹部落土族园""纳顿庄园""天佑德中国青稞酒之源""西部土族民俗文化村""小庄土族民俗文化村"五个核心景点，展示着土族绚丽多彩的民族民俗文化、古朴神秘的宗教文化、弥久沉香的青稞酒文化、古老淳朴的建筑文化、天然闲适的民居文化等，同时是集观光旅游、休闲度假、民俗体验、宗教朝觐为一体的综合性旅游景区；"热贡艺术"是藏传佛教艺术的重要流派之一，其绘画、堆绣、雕塑等艺术精妙绝伦，具有浓郁的民族风格和较强的装饰性，是我国民族艺术宝库中的瑰宝，神秘的藏乡"六月会""於菟"舞等更是举世无双，2006年文化部把热贡艺术、热贡藏乡"六月会""於菟"、热贡藏戏等列入第一批非物质文化遗产名录，等等，这些自然资源、民族文化资源已经成熟地转化为文化资本，为青海地区的经济社会文化建设再添新翼。另外还有音画史诗剧《秘境青海》的创演、"圣殿般的雪山——昆仑山交响音乐会"的举办、"青海湖国际公路自行车赛"的举办、"昆仑文化与西王母神话国际学术论坛"的举办、"生命的呈现和灵魂的呐喊——舞蹈的原生态性与现代舞的原始精神"国际学术论坛的创办，等等，层次之高、投入之大、影响之巨，前所未有。这种地方性知识与文化资本之间的成功转型，彰显了区域文化的经济化、个性化、知识化、时尚化、国际化特色。

三 文化的"他者"

"'他者'是相对于'自我'而形成的概念，指自我以外的一切人与事物。凡是外在于自我的存在，不管它以什么形式出现，可看见还是不可看见，可感知还是不可感知，都可以被称为他者。"①"他者对于自我的定义、建构和完善必不可少，自我的形成依赖于自我与他者的差异、依赖于自我成功地将自己与他者区分开来。"②"他者"的概念后来被引入民俗学、人类学学科中，特别是在人类学中，西方人类学家一开始就十分重视"他者"文化，以他者文化来定位自我文化，并以此来追寻文化的规律。

可是，作为特定地域的一方文化，往往在最初进入主社会时遭遇歧视，常被视为贫穷的、落后的，有时甚至是错误的。此时，主社会成员对自我文化的崇尚和其巨大的文化优越感，对文化"他者"存在居高临下的俯视和不屑一顾的藐视，常置文化"他者"于失语和无根的处境之中③。基于文化、习俗、语言等方面的差异，文化"他者"在相当长的时间内很难进入主社会圈，故而，文化"他者"常被称为"孤独的文化他者"。

库利在其《人类本性与社会秩序》中指出："我们的意识不是隐居者的草棚，而是待客和交际的客厅。……意识的生命基本上是交流的生命。"④ 文化"他者"渴望交流，渴望得到主社会的理解和认可。与此同时，主社会成员也随时注视着"他者"文化。这种置于历史长河中的注视淡化了最初的陌生、歧视，试图尝试与文化"他者"进行交往。从人类漫长的跨文化交际史看，主社会成员与文化"他者"交往，常自省于自我文化的生存现状、发展需求，为自我确证、自我校验、自我充实、自我发展、自我传延，总之，跨文化传播的深层动因源自对自我文化的诉求⑤。20 世纪初，塞缪尔·亨廷顿在《文明的冲突》中预言："21 世纪将发展成为文明冲突的世纪。几乎同时，他的同事杜维明提出了完全相反的观点，21 世纪将是文明对话、

---

① 张剑：《西方文论关键词他者》，《外国文学》2011 年第 1 期。
② 同上。
③ 陈亚旭：《文化他者的特殊图景探析》，《西南石油大学学报》（社会科学版）2012 年第 2 期。
④ 谢中立：《西方社会学名著提要》，江西人民出版社 2003 年版，第 57 页。
⑤ 陈亚旭：《文化他者的特殊图景探析》，《西南石油大学学报》（社会科学版）2012 年第 2 期。

文明共荣共享的世纪。"① 文化"他者"其实是"他"文化的使者，是跨文化传播中的桥梁和纽带，每一次文化对话，实则是一次文化"他者"与主社会成员共同受益的过程。格尔兹曾说："承认他人也具有和我们一样的本性则是一种最起码的态度，但是在别人的文化中间发现我们自己，作为一种人类生活中生活形式地方化的地方性的例子，作为众多个案中的一个个案，作为众多世界中的一个世界来看待，这将会是一个十分难能可贵的成就。"② 文化"他者"进入主社会场域时，即便自身再先进，短时间内也不会被主社会认可，此时，要耐心、认真审视自我文化与主社会文化之间的差异，吸纳主社会文化中的精华以弥补自我文化中之不足；被主社会认可前，必定经历漫长的冷遇阶段，甚至产生各种文化误读现象，此时，文化"他者"须坚定自我价值，正视文化误读，不逃避求安，要不卑不亢，文化不是一座静静的山脉，而是一条流动的长河。③

任何一个国家、民族都有其独特的文化底蕴，它伴随人们成长，无形中影响着民族共同体的思维情感和行为模式。在文化交流和碰撞中，各文化间相互尊重、理解、影响、渗透、吸收、发展，地方性知识以其"内部文化持有者"的眼光去看待文化的"他者"，使地方性知识有别于其他思维方式，成为当下反思现代性的有效途径和方法④。

第三节　文化认同的确立[5]

一　群体识别

联合国教科文组织在公布世界语言的总数时，通常认为全世界共

---

① 范曾、李学勤、易中天等：《世纪大讲堂》第3辑，辽宁人民出版社2007年版，第110—111页。
② [美]克利福德·格尔兹：《"地方性知识"——阐释人类学论文集》，王海龙等译，中央编译出版社2000年版，第19页。
③ 高占祥、俞孔坚、许子东等：《世纪大讲堂》第10辑，辽宁人民出版社2003年版，第2页。
④ 林素容：《中国文化与他者文化的冲突与融合——从电影〈刮痧〉谈起》，《莆田学院学报》2011年第8期。
⑤ 本节部分内容为课题前期研究成果。

第四章 河湟方言的民俗文化功能

有将近 7000 种语言,这主要是依据世界少数民族语文研究院的统计数据,他们编纂并每 5 年修订一次的 *Ethnologue, Language of the World*,截止到 2005 年共收录世界 6912 种语言。中国内地收录了 236 种语言,加上台湾收录的 26 种语言,其中包括汉语官话、闽南话和客家话,中国大陆和港澳台地区总共 259 种语言,其数量大约是国内学界已经识别的中国语言的两倍甚至三倍[1]。

中华人民共和国成立后,为了贯彻党的民族政策,使各民族不分大小,真正达到一律平等,从而调动各民族人民建设社会主义的积极性,民族识别就成了中华人民共和国成立后的一项自觉工作[2]。这项工作的开展,一方面,让那些有史以来就备受歧视和压迫、不予承认、被迫隐瞒民族成分的少数民族得到了国家层面上的认可,使其身份在中华民族大群体中得到认可,使其权利与义务同其他民族一样享受平等。另一方面,通过繁复的田野调研、文献资料的搜集整理、民族语言文字的搜录、民族历史溯源的爬梳,有力地助推了民族学、历史学、社会学、语言学等学科交叉研究的蓬勃发展。

那么,就语言识别而言,学界的划分标准又各有差异。

国外学界通常强调:[3]

其一,可以通话的程度(即沟通度 intelligibility),语言内部的方言要有较高的沟通度,否则应该是独立的语言,基本不采用同源词这种历史语言学的标准。

其二,说话人对民族语言群体(ethnolinguistic group)的认同(identity)程度,如两种话之间有较高的沟通度,但是语言使用者并不认为是相同的语言,也应看作不同的语言,所谓"民族语言群体"严格地说并不等于我国的"民族"。

国内学界主要依据:[4]

其一,比较注重民族对语言识别的作用。根据我国"民族"的定

---

[1] 黄行:《语言识别与语言群体认同》,《民族翻译》2009 年第 2 期。
[2] 王文光:《中国古代的民族识别》,云南大学出版社 1996 年版,第 1 页。
[3] 黄行:《语言识别与语言群体认同》,《民族翻译》2009 年第 2 期。
[4] 同上。

义，共同的语言是构成民族的基本要素之一，反之，民族也是语言识别的重要参数，所以对一个民族内部使用几种语言情况的处理是非常慎重的，更多情况下是将它们处理为同一语言的不同方言。

其二，注重同源词对语言识别的作用。属于同一种语言的各方言之间一定要有相当比例的同源词，如果同源词比例太低则为不同的语言，但是不同系属语言同源词的比例可能相差很大，不可能制定统一的数量标准，因此语言内部的方言和语言外部的亲属语言的界限往往比较模糊，将属于历史语言学范畴的同源词作为共时语言和方言划分的重要依据，是我国民族语言研究特有的方法，也是借鉴于汉语方言研究要借助传统音韵学知识进行方言分区的历史语言学方法。

其三，语言类型学标准。属于同一种语言的各方言之间要有结构类型的相似性，做语言描写时也尽量采用统一的范畴和术语。

语言具有社会群体身份认同的社会符号功能，即使某种语言可以用于交际或通话，但因语言使用者的相互不认同而不视其为同一种语言。一个社会群体使用的语言与该群体的文化身份有天然的联系。显然，语言是文化身份的重要标志，每进行一次言语交际，就体现一次说话者在某一特定社会结构中所处的文化地位。通过口音、词汇、语法和言语模式，以及和说话者在交流情境中的融入程度，对所接收信息持有的观点、态度、情绪，理解特定信息所具备的专门知识等。基于此，说话者便被确认为这个或那个言语团体的成员。

就河湟地区而言，语言成为群体识别的标志主要体现在：

首先，通过使用的语言或语言变体，能立即判断出语言使用者的群体归属。以古城西宁为例，藏、土、蒙、回、撒拉5个世居少数民族早已融合入青藏高原这片神秘的土地，各民族群众用自己的热血和汗水谱写着民族大团结的华美乐章。生于其中，若不能准确判断对方的民族身份，很可能触犯民族禁忌，引起不必要的矛盾或冲突。通常情况下那些鲜明的少数民族元素很容易被识别，如藏族的藏袍、撒拉族的小毡帽、回族的盖头等，倘若此类元素被隐藏或难以辨别时，那么语言对民族的识别就至关重要。以西宁地区汉族和回族在语音、称谓上的差异为例。虽然西宁地区的回族通用汉语言，以青海方言为主，但在民族内部和宗教生活中仍保留阿拉伯语、波斯语的语用习惯，故而，在日常交际中独具特色的民族语用习惯展露无遗。比如"说"，西宁汉族读［cɔ］，回族读［ʂu］；"勺子"，西宁汉族读"勺勺"［fɔ fɔ］、"瓢儿"［p'iɔ ɾ］，回族读［ʂu ʂu］；"水"，西宁汉族读［fei］，回族读［ʂei］。这种将西宁方言中的［f］变读为［ʂ］，是回族语音区别于汉族语音的重要标志。称谓上，比如"爷爷"，西宁汉族称"爷爷"［i i］、"爷"［iɛ］，回族称"阿爷"［a i］；"叔叔"，西宁汉族称"叔叔"［fv fv］、"爸爸"［pa pa］，回族称"阿爸"［a pa］；"哥哥"，西宁汉族称"哥哥"［kɔ kɔ］、"阿哥"［a kɔ］，回族称"阿吾"［a u］；"阿姨"，西宁汉族称"阿姨"［a j］、"姨姨"［j j］，回族称"阿娘"［a ȵɔ］。可见，每个民族都有各自语言上的独特标识，掌握这种标识就能在正确的场合做出正确的判断。

其次，通过使用与所属文化群体成员相同的语言，个体可以从中获得某种精神力量，甚至是某种社会存在感和历史延续感。比如一些工厂、社区、集团公司、大学校园、企事业单位等都存在形式各异的"同乡会"，且不论组织规模大小，只要它存在，所属的群体成员就有地域情感上的向心力和凝聚力，甚至个体成员都会在纷繁复杂的社会网络中找到某种亲切的归属感。就拿远赴他乡苦读的学子来说，独在异乡能与"自家人"用"自家话"寒暄、攀谈一番，刚入学时那种熬人的孤独、无助的烦闷被熟悉的乡音驱散，初出茅庐的惶恐、不自信被给力的乡音颠覆而又重塑，只身一人的虚无缥缈荡然无存，重获的是真真切切的社会存在感。而当个体感受到其文化身份受到威胁时，同一文化群体中的成员都会不遗余力地坚持维护和使用自己的语言。就像著名作家海地一样，在当时那种只能使用殖民地语言——法语，而无法使用作为自我文化身份认同的海地克里奥尔语的情况下，他以结束生命的方式与这种背叛自身文化身份和祖先文化传统的行为相抗争。

依据国内关于"民族"的界定，共同的语言是构成民族的第一要素。我们的语言群体认同一般情况下可以和民族群体认同相一致，比如汉族使用汉语、藏族使用藏语、土族使用土语、蒙古族使用蒙古语、撒拉族使用撒拉语等。但是，由于语言构成要比民族构成复杂很多，加之现代社会中语言兼用、语言转用情况的普遍化，人们通常愿意在认同自己母语群体的前提下，认同第二语言群体，尽管有时第二语言的应用要比母语的应用更为熟练。故而，语言认同感往往是群体自我与他人认定之间互动的结果，而不是对语言或语言群体本身的认定，当语言群体认同和语言的交际功能或沟通度发生冲突的时候，民族语言群体身份认同会起到更重要的作用，但是民族语言群体身份认同在实践中如何操作，却会面临许多复杂的情况和技术问题①。

二 文化认同

"文化认同"是指对人与人之间、个人与群体之间共同文化的确认。使用相同的文化符号、遵循共同的文化理念、秉承共有的思维模式和行为规范，是文化认同的依据。文化认同主要有三种形式：第一是个人对社会的认同。简言之，就是个人的社会化——个人对社会所拥有、创造的文化的学习与接受。第二是社会对个人的认同。就是社会的基本文化规范在个人中的普及、推广和传播。第三是人与人之间在文化上的认同②。文化认同的主题是自我身份以及身份正当性。一方面，要通过自我的扩大，把"我"变成"我们"，确认"我们"的共同身份；另一方面，通过对自我的设限，把"我们"同"他们"区别开来，划清二者之间的界限，即"排他"。但只有"我"没有"我们"，就不存在认同，只有"我们"没有"他们"，认同也将失去意义。文化认同的独特之处就在于，认同的指标不是人们的自然属性或生理特征，而是人们的社会属性和文化属性。

前现代社会经济基础薄弱、社会结构封闭，人们的交际范围固定，这一切决定了文化认同的理所当然和不言而喻。一方面，文化认同与社会认同、种族认同、血缘认同、地缘认同混为一体，这里的血缘认同和地缘认同在人民的意识形态中远重于文化认同；另一方面，因社会处于高度封闭的状态，很少有严重的文化危机或激烈的文化冲

---

① 黄行：《语言识别与语言群体认同》，《民族翻译》2009年第2期。
② 张静：《语言与文化身份关系探析》，《阿坝师范高等专科学校学报》2004年第2期。

突,所以文化认同的重要性尚未被人们察觉。到了现代社会,社会结构和运行机制随之发生改变,过去那种"老死不相往来"的生活模式逐渐扭转,使"我们"不断直接地面对越来越多的"他们"。可以说,开放与发展改变了传统社会原有的认同模式和认同格局,现代性在促使社会转型的同时,也直接引发了空前的文化危机,这种文化危机集中表现在:首先,现代性对传统的否定,这在一定意义上造成了文化断裂。传统文化带着亘古的芬芳,以其浓郁的特色承载着久远历史,同时也充当文化认同的重要载体。而现代性又带着勃勃生机,在其建构过程中对传统、传统文化有所否定、批判,这势必影响人们对民族文化传统的认同,促使人们建立新的文化认同。其次,极具现代气质的强势文化不断扩张,造成文化秩序混乱、文化节奏失衡。强势文化的垄断促使弱势文化倍受挤压,这两种文化的不平等关系,使得原有的文化格局被重组,人们的文化认同特别是基于弱势文化的认同遭遇前所未有的挑战。

B. W. Robinett 在 *Teaching English to Speakers of Other Language* 一书中写道:"语言是社会的工具,语言的使用反映着一个社会的文化。"[1] 语言作为文化的组成部分,其特殊性在于"语言是学习文化的主要工具,人在学习和运用语言的过程中获得整个文化"[2]。习得一个地区的文化,首先要习得该地区的方言,因为方言不仅是一种交际工具,也是一方地域的语言文化,是自己一方水土的独特创造。方言背后,蕴含着文化多样性的精髓,这种文化的多样性正是以其内部的互动、激励和竞争,摆脱"文化危机"的魔咒,形成文化长盛不衰的内在机制的:

第一,方言代表着文化的多元性。中国幅员辽阔,历史悠久,不同的地域形成了自己独特的文化,这些文化又都以方言为载体。在九百六十万平方公里的土地上,除却六十余种少数民族语言的分歧,汉语大的方言体系就有北方、吴、闽、赣、湘、粤、客家七个。早在战

---

[1] 刘小娟、赵瑞林:《语言与文化的关系及了解文化的策略》,《边疆经济与文化》2005年第1期。

[2] 同上。

国,《楚辞》便以楚地方言写成,《校定楚辞序》有载:"盖屈宋诸骚,皆书楚语,作楚声,记楚地,名楚物,顾可谓之'楚辞'。"① 其中涉及的历史传说、神话故事、风俗习惯及其浓郁的抒情风格,无不带有鲜明的楚文化色彩;还有客家文化,客家人古时由中原迁到福建、广东、海南等地,虽与原居住地长期分隔,但却形成了他们独具特色的客家文化,这一文化也正是以客家话为载体形成并不断发展的。当然,河湟地区的文化也是久负盛名,其发展和传承无不以河湟方言为载体。陈荣在对河湟社火的传承进行研究时,深度挖掘了其规程、仪式、语言等民俗文化事象特色。

先是"社火出神祇"仪式,新寨村的火神会带领耍龙、耍狮、耍牛的神祇和锣鼓手,身背龙衣、肩扛圈圈(龙骨),携带狮子、牛的道具和灯官、胖婆娘等社火会的大神祇,悄悄来到邻近景阳口的一座镇台旁边,这里距新寨都天圣母庙约1500米,当地村民称这里为"大墩"。人们摆上香案,准备停当。寅时三刻,灯官在胖婆娘、傻公子等神祇的陪同下,跪在一旁念道:

> 乘风云马点上个香,金钟三响了表吉祥。我奉了王母的金牌,玉帝的尺牍,给我赐了乌纱一顶,红袍一领,玉带一条,风火扇一把,朝靴一双。连比了三级,官拜了天官地祇。今奉了三教的牒文,佛家的宝号,从七彩云中迎来了青龙一条,带来了风调雨顺;从青山秀水的深山老林中接来了狮王一只,带来了国泰民安;从兜率宫中迎来了五色神牛一头,驮来了五谷丰登。今日搭起了灯棚会,穿起了灯棚衣,还有七十二家灯火排列在后面,组成了一台毛糙社火,待到新春正月初五日,老爷带上了闹新春。②

此时锣鼓喧天,鞭炮齐鸣,龙骨披上龙衣,狮子、牦牛也准备停

---

① (宋)黄伯思:《东观余论·校订楚辞序》,转引自屈原《楚辞》,赵机编译,宗教文化出版社2001年版,第2页。
② 陈荣:《迎尸祭拜与社火神祇》,《青海民族研究》2005年第3期。

当。仪式毕,请龙的人们敲锣打鼓,舞着龙、狮子、牛等向村子走来,来到都天娘娘庙。在都天娘娘庙大殿内,灯官带领胖婆娘、傻公子等神祇焚香化表,向都天圣母等众神说了一遍在"大墩"请龙时的表述词。院中龙、狮子、牛等所有社火神祇都在静听着灯官的吩咐。都天圣母庙的庙官等人给灯官、龙、狮子、牛等神祇搭红,所有参加社火表演的人员通过"出神祇"仪式已变为"神祇"。

接着"迎社火",进入会场前,灯官率领胖婆娘等来到庙宇、山神、镇台等地方,逐一焚香化表,向神灵表明情况,然后,才与大家一同进入会场,同时燃放鞭炮,灯官在社火神祇的簇拥下来到桌前,跪着吩咐道:

> 本灯府老爷,牛羊府出世,坐镇青菜衙门,狗时出仕,猪时上任,子时出巡,牛时下马,坐了一时三刻的春官。上奉了王母的金牌,玉帝的敕旨,佛家的宝号,三教的牒文,倒金主的财运,随带了毛糙社火一台,飘飘荡荡来到下界神州。……①

有祈福求吉、驱疾辟祟的意思。

随后,社火表演正式开始,一般以跑满场开始,全体神祇迎请灯官老爷回府结束,中间穿插公子大姑娘、太平鼓、钱棍(敲金杠)、伞灯、旱船、龙、狮子、牛等节目。

舞龙时,灯官站起来吩咐道:

> 青龙、青龙,你本是云中的神龙,青龙来了空不来,清风细雨带着来,斗大的元宝带上来,青龙去了空不去,恶风暴雨瘟蝗疾病带上去,你好好的给观众闹一个龙戏千江水。②

这时,男女老少纷纷跑向长龙,从龙头开始穿梭于龙身下,直到绕过龙尾结束,民间有"钻龙门""钻龙"的习俗,认为钻过龙门、

---

① 陈荣:《迎尸祭拜与社火神祇》,《青海民族研究》2005 年第 3 期。
② 同上。

龙体，预示着新的一年里能万事顺意、身体康健、前途似锦。

接着舞狮，狮子前面的领狮人挥动绣球引狮子上场，而后狮子平卧，与领狮人静听灯官吩咐：

> 狮王、狮王，你本是百兽之王，狮王来了空不来，四季平安、六畜的兴旺带着来。狮王去了空不去把六畜的疾病带上去。你下去好好玩一个狮登万重山。①

同样有祈愿平安吉祥、人畜兴旺的意思。

然后是牦牛舞，一人身穿藏袍、头戴礼帽、身背叉子枪，牵着牛走上场，牦牛的身旁跟着三个"藏族小伙"及胖婆娘、傻公子等。牵牛者向灯官夸赞他和牦牛的神通广大，灯官吩咐道：

> 青牛、青牛，你本是太上老君的神牛。今日太上老君派你下了神州，配给农家人儿当耕牛。今日你听本府的吩咐，你好好的玩一个牛踏神州遍地生黄金。②

表演的挡牛、挤奶、惊牛、牧人打死黑熊等情节，是当地牧民的生活写照，生动活泼。

待一整套节目表演结束后，全体神祇排队迎灯官，灯官回到社火队伍中跪拜辞行，然后率全体神祇到下一个村进行第二场演出。

直至正月十五"卸神祇"，发神匠在庙里作法，算出"卸神祇"的时辰，写出神符，晚间于庙内举行"卸神祇"仪式。时辰一到，神祇们进入都天圣母娘娘庙，跪在院中，听灯官的吩咐：

> 老爷今日吩咐，天神回天府，地神回地府；老爷吩咐各神回各府。今日卸了灯棚架，脱了灯棚衣，回去了做庄稼。③

---

① 陈荣：《大通县长宁镇新寨村社火调查报告》，《中国节日志·青海卷》，光明日报出版社2014年版，第357页。
② 同上。
③ 同上。

各位神祇答曰：

"今年我扮演的神祇差事已满，现在卸神祇了。"①

随后各位神祇吃下神符、脱去衣服，完成从神到人的转换。

整套社火的表演，灯官作为沟通人、神的媒介，一方面显示神祇的神圣、威严，另一方面传达着人们追求幸福生活的美好祈愿；社火表演本身作为一种与民众充分互动的过程，一方面达成了娱人、娱神、人神共娱的娱乐目的，另一方面完美演绎了文化层面上的"狂欢"。人们在完成一年辛勤的劳作后，尽情地挥洒热情、享受劳动成果，使其社会生活和心理本能得到有效的调剂；《周礼》有载："仲春之月，令会男女，于是时也，奔者不禁。"人们借此"狂欢"，达成心理能量、精神情感的宣泄；日常生活中无法满足种种需求的人们，沉浸在"狂欢"中，身心超越尘世的苦难、沐浴在神灵的光辉中，完成某种渴望光明和幸福的心理补偿。

第二，方言是中国传统文化的载体。中国是一个曲艺之乡，拥有丰富的地方戏曲（京剧、越剧、楚剧、黄梅戏、粤剧等）和说唱艺术（东北二人转、陕西秦腔、苏州评弹、京韵大鼓等），其中，陕西秦腔高亢，江南越剧婉约，东北二人转诙谐，苏州评弹柔媚……无论哪种艺术表现形式，地域方言绝对是不可或缺的重要因素。地方戏曲的旋律形式，与地域方言的口语语音特征密切相关；地方戏曲的唱词与念白，常取材于地域方言中的口语表述②。

河湟地区除具有标志性的艺术瑰宝"花儿"外，还有诸种民间曲艺形式。如平弦、越弦、贤孝、下弦、道情、打搅儿、太平歌等丰富的民间曲艺，同其他民歌、戏曲音乐、民间乐曲一样，异彩纷呈，是中华民族绚丽多彩的传统音乐文化的重要组成部分，也是河湟文化呈现缤纷色彩的坚强基石③。

---

① 陈荣：《大通县长宁镇新寨村社火调查报告》，《中国节日志·青海卷》，光明日报出版社2014年版，第357页。
② 张筠：《西宁方言的民俗文化研究》，硕士学位论文，青海师范大学，2010年。
③ 米海萍等：《青藏地区民族民间文学研究》，中国社会科学出版社2012年版，第284页。

平弦,又称"赋子",词格一般是七字或十字结构的上下句,但可有多种变格,如连续用四字或五字的短句,叫"弹片赋子",多一句词成奇数时叫作"三角板赋子",唱词的变化也使唱腔产生变体。[1]因平弦的曲调优美,曲辞典雅,格律严谨,诗词化程度较高,故被誉为青海地方曲艺中的"阳春白雪"。

《四季美景》(平弦传统曲词)

(前岔)请一位丹青(牙云尔月),请一位丹青画美景,丹青闻听忙答应。

(赋子)笔头儿蘸饱,运手儿所行。将开手先把春景画,好看的春景画分明:青草出土真惹眼,垂杨柳摇摆在河边。桃花杏花都开全,对对鸳鸯池塘里玩。

画罢春景画夏景,热火的夏景画分明:牡丹花开的平盘大,石榴花开的火焰红,蜜蜂采花蝴蝶飞,聚家人避暑在凉亭。

画罢夏景画秋景,凄凉的秋景画分明:梧桐叶落随风去,芍药架上两离分,佛手芝麻眼前吊,耕牛翻地在山坡。

画罢秋景画冬景,寒萧的冬景画分明:河湾里冰冻连成块,四山里雪打遍地寒,对对的梅鹿穿山过,樵夫执斧山林里转。

春天的鲜花遍地生,夏天的荷叶满池中。秋天的丹桂香千里,冬天的梅花伴古松,四季四景画中出,写意对子两边分。

(后岔)上写春年春月春光好,下缀人德人新人寿长,喜心上,这才是四季美景,悦目赏心。[2]

曲词结构整齐,行文优雅,通过柔美动听的旋律,用唱词将一幅图画描摹成型,听众仿若被演唱者带入画中般身临其境,每一季的美景尽收眼底。平弦多为坐唱形式,也有对唱,伴有小乐队,风格讲究温柔典雅、平稳婉转。因其属于联曲体的形式,故而只唱不说,各唱段都有表达情绪与情节的固定曲调,而这些曲调又早已成套,被艺人

---

[1] 米海萍等:《青藏地区民族民间文学研究》,中国社会科学出版社2012年版,第284页。
[2] 青海省西宁市文联编:《河湟民间文学集》,内部资料,第33页。

称为"十八杂腔,二十四调"。

越弦,又名"月弦""月调""背调""越调""座场眉户"等,传于陕西,因发展过程中吸收了大量民间小调、小曲儿,故在唱腔、道白、语言、风格等方面逐渐脱离母体,从曲目、唱词到音乐都发生了明显变化①。题材多以民间故事见长,曲调优美、情感丰富。唱词结构分对称句式、长短句式两类。对称句式有"二、二、三"结构的七字句,"三、三、四"结构的十字句;长短句式的曲牌词格多样,有三句式、四句式、五句式、六句式等。

《平贵别窑》(越弦传统曲词)

(前岔)三月是清明,桃花满川红,怨一声爹爹理不通,嫌贫爱富因甚情!

(前北官)王宝钏寒窑泪纷纷,怨一声:爹爹太薄情,你不该将我夫妻赶出门。来在寒窑间。饥寒实可怜,但不知何一日平郎时运转。

(滚调)平贵催马,来在荒郊,抬头观看,江水滔滔,催马进前,来在寒窑,宝钏上前,尊声:夫君,那里来的,铠甲银袍?曲江池边,降马除妖。龙心欢喜,封我都府,魏虎上前,定计害我。是他言道:都府官小,改为先行,西凉征剿。并行太急,催马回窑,今与贤妻辞别了!

(西京)窑门外拴战马喊声不断,妻望夫夫望妻大放悲声:平郎夫你休耍血气之勇,此事儿还要你三思而行。曾不记那夜晚彩楼约定,三击掌断绝了父女之情。我夫妻曾结发磨难受尽。寒窑里恩情重山誓海盟。谁知晓今日里孤苦悲愤,猛然间你要走万里西征,魏虎贼想奸心无耻陷害,你怎能逃过他奸党手心?

(哭海)平贵把三姑娘苦苦相劝:你本是相府女儿意志坚。有男儿上阵去英雄好汉,哪怕它此一去血溅马前。

(金钱)船到江心难回转,车到半山上下难,好难言!千言

---

① 米海萍等:《青藏地区民族民间文学研究》,中国社会科学出版社2012年版,第286页。

万语苦相劝，苦劝不下是枉然。今日平郎要去远，为妻将你送一番。手拖手儿曲江岸，夫妻间还有嘱托言，听心间！

（后北宫）只见得平郎上雕鞍，王宝钏心中似油煎。若要心放宽，平郎回长安，丢下我怨天怨地泪不干。

（后岔）言泣无声泪如血，只为夫君哀伤悲，奴家愁，这本是平贵别窑，何日聚首。①

表演时，观众可参与帮腔，观众、歌者、乐队三位一体，现场气氛甚是活跃。

贤孝，以说唱劝善类题材为主要内容的曲艺形式，河湟地区多流传"西宁贤孝""快板贤孝"。"西宁贤孝"的传统曲目有"大传""小传"两种，"大传贤孝"多取材于民间流传的宗教宝卷，如《白鹦哥记》取材《鹦哥宝卷》，《方四娘》取材《四姐宝卷》，表演时有说有唱；"小传贤孝"多取材于民间故事或明清小曲，通常只说不唱，篇幅短小精悍。"快板贤孝"通常用方言演唱，有舞台表演和民间坐唱两种表演形式。舞台演出时，配以乐队，表演者不带乐器，只顾演唱；民间坐唱时，表演者自弹自唱，也有用板胡或其他乐器稍加伴奏的。内容多取材于现实生活的方方面面，有针砭时弊、教化于人的作用。

《谭香女哭瓜》（西宁贤孝传统曲词）

提起秀州梁平县，梁平县里有家门。家门住的谭老伯，夫妻二人结缘重不愁吃穿不愁钱，床前少个受教的人。

东寺里降香求儿女，西庙里点灯讨后人。娘子怀胎九月春，生下了一名女花童。起名儿不把别的叫，谭香女本是她的名。恩养姑娘三岁整，三岁上离过了老父亲，家丢下娘母两个人（家：他的意思）。恩养姑娘七岁整，送到绣房里搬扣针。姑娘她长到八岁整，挑描绣花数她能。绸缎不用尺子打（打：用尺子测量），梭布不用剪子轮。小手儿提笔能写字，梅花篆字记在心。千朵莲

---

① 青海省西宁市文联编：《河湟民间文学集》，内部资料，第119页。

花绣得俊（俊：俊俏、好看），五经四书学得精。东庄上的大爹大妈是贤人（大爹：大伯、伯父），他们给小姑娘管吃喝；西庄上的爸爸婶婶好心肠（爸爸：叔叔、叔父），他们给小姑娘管穿着。这一年母亲染了病，睡倒床上起不了身。

……

谭香女急忙回家转，哗啦啦推开花园门。双手儿挖地莫消停（莫消停：不停的、连续不断的），瓜籽儿种在土地中。三炷儿长香忙点起：祷告了空中的过往神。上祷告苍天睁眼睛，下祷告土地你开恩。过往的神儿你灵验，搭救谭香女我母亲。诚心一片孝娘意，复活儿甜瓜来救母亲。她净肚儿跪在冰冷地（净肚儿：光着身子），泪浇瓜籽儿七日整。姑娘她哭到一更里（一更：一更天）瓜籽儿它在土里生；姑娘她哭到二更里，瓜籽儿生出苗苗青（苗苗青：嫩绿色的小苗）；姑娘她哭到三更里，瓜花儿开得颤嫩嫩（颤嫩嫩：娇艳欲滴的样子）；姑娘她哭到四更里，瓜花儿败落小瓜儿生；姑娘她哭到五更里，蒂落瓜熟香喷喷。

……

母亲用瓜头一口，一腔子郁气吐出胸（腔子：胸部）；母亲用瓜第二口，十分的老病儿退牙床；母亲用瓜第三口，十年的老病儿退干净。

……

母亲听完姑娘说，一头栽倒地埃尘：老母我七八十岁还不死，冻死我小冤家（小冤家：对孩子的昵称）哪里寻！姑娘她一见不消停，忙把母亲抬床中。姑娘往前跪半步，口尊：母亲你细听，母亲你好比风里的灯，清风儿一吹永无踪，冤家好比床前的土，今日打扫明日有；母亲你好比早晨的霜，太阳一晒去无踪向，冤家好比路边的草，人踩马踏照样生。为母亲病好转还生，小冤家死了也甘心。母亲听言喜泪泼，难为了我的小哥哥（小哥哥：对孩子的昵称），哭活来甜瓜人不信，孝心胜过宝丹灵。羊羔儿咂奶双膝跪（咂奶：吃奶），乌鸦也有反哺的意，谭香女苦瓜救母亲，美名儿人传到如今。①

下弦，是一种较为独特的曲种，名称来自三弦定弦法。②表演者多自弹自唱，没有夹白，传统曲目有《岳母刺字》《林冲卖刀》《三顾茅庐》《张良归山》等。值得一提的是，下弦的表演者以盲艺人最为突出，他们没有专门的表演团体，而是在其他曲艺的表演中穿插进行。道情，从唐时"九真""承天"等道取中沿袭而来，在全国范围内都有流行，是以道家故事和教义为主要内容的说唱艺术形式。

打搅儿，青海地方曲艺中很别致的曲种，以篇幅短小、幽默、逗趣的艺术特点见长③。曲调以越弦曲艺中的"莲花"调为主旋律，节奏明快，内容多取材于现实生活，如《醉酒汉》《懒大嫂》《寻鸡》等，唱词多为七字句，但也不为字数所限，变化多样。

《张三怨》

前街有个小张三，好吃懒做人人嫌，躺在炕上不动弹，抱怨天地理不端：怨天地何必把我生，不给吃来不给穿，终日奔波只为饥，有了吃的还要衣。衣食两般一旦足，房中又得要美妻。娶了媳妇生下子，恨无田产少根基。置买田园银钱广，出入无轿少马骑。骡子槽头皆齐备，没有官职被人欺。县令俸薄还嫌小，最好朝中穿紫衣。何时张三能得势，一朝登上金銮去。

越思越想没主意，反转头来怨世事：一怨的活人好比采花蜂，朝去西来暮走东，采得百花人吃蜜，到头来个家要饿死。二怨的活人好比一盏灯，灯油好比神气精，油尽灯干捻子灭，精神耗尽人自终。三怨的活人好比一张弓，终朝每日逞英雄，有的一日弓弦断，死身着地一场空。纵有金银并珠宝，难买无常路一条。纵是将相为皇帝，四块木板卧土泥。既然人生不坚牢，何必每日枉费力。

---

① 青海省西宁市文联编：《河湟民间文学集》，内部资料，第172页。
② 同上。
③ 米海萍等：《青藏地区民族民间文学研究》，中国社会科学出版社2012年版，第290页。

第四章　河湟方言的民俗文化功能

　　张三整天不动身，又怨天地又怨人。天天躺，月月怨，有日一梦到阴间，死身着地无人管，人人见了把他怨。①

　　另外还有太平歌，又叫"太平秧歌""秧歌""街头秧歌"，是一种旨在祈祷风调雨顺、国泰民安的地方曲种②。通常表演于元宵节，届时，表演者聚集在街头巷尾或其他固定场所，敲鼓、钹，数人轮番唱或一人连续唱，也可对唱、组队竞歌，唱词多、嗓音亮、韵味浓③。题材多为历史故事或小说。

　　"当然，文本是非常重要的。但是，它保留下来的是一种缺乏环境的非生活的东西。如同我们所见，故事的趣味性大大增强，并且，通过讲述的方式，它具有一种相适应的特征。表演的总的风格、声音和音调，观众的刺激程度和反应同文本一样具有天然的重要意义，社会学家们可以从中得到启示……我们还必须记住个体所处的社会环境、娱乐传奇的社会功能和文化作用，所有这些因素是相当明显的。它们同文本一样都必须加以研究。故事起源于原始生活之中而不是纸上。当一位专家草率地记下故事，而不能显示它成长的氛围时，它给我们的只是一种残缺不全的真实。"④ 地域方言作为文化载体，是构成地方文艺异彩纷呈的关键，试想，如果没有活泼丰富的方言作为其生存土壤，再博大精深的文艺作品也会因"给养不足"而黯然失色。

　　第三，方言是活态的语言。作为承载一方传统历史文化的语言，它的字字句句都活跃在人们的日常生活中，除了用于交际时动态的言说外，那些静态的语言也以一种潜在的鲜活性深情地讲述着这里尘封已久的历史。好比一座城的街道名称，除了具有定位导向的实用功能外，同时也在以一种"活生生"的姿态无声地讲述着这座城的历史文化。走在被翻修了若干次的街巷上，踩着前人的足迹，眼前浮现的

---

　　① 张奋生搜集于西宁城。
　　② 米海萍等：《青藏地区民族民间文学研究》，中国社会科学出版社2012年版，第294页。
　　③ 同上。
　　④ 转引自［美］威廉·巴斯科姆《民俗的四种功能》，［美］阿兰·邓迪斯编《世界民俗学》，陈建宪、彭海斌译，上海文艺出版社1992年版，第395页。

· 195 ·

是一段生动的历史记忆。西宁市城中区的"勤学巷",旧时是一条商业街,有几家制作朝靴、民用皮靴的作坊,故称其为"靴街"。据《西宁志》载,明宣德三年(1428年),都督使在靴街对面修建了西宁文庙,弘治十二年(1499年),经兵备副使柯忠扩建重修文庙,清乾隆六年(1742年),金事杨应琚再次重修文庙。文庙内设儒学,成为培养文人学士之处,为取吉利,故把"靴街"改为"学街"。青海建省后,文庙附近新建兴文学校、女子师范学校、职业学校等,故将"学街"改称"勤学巷",沿用至今。还有"周家泉巷",清道光二十年(1840年),广西周姓统领因为民请命触犯官府,行将问刑时携家眷逃到青海建宅,动工当天便挖出一眼泉水,不仅可供人畜饮用,还能灌溉农田,给生活在此的民众带来便利,后来就在泉边立了"周家泉"的石碑。周统领年过八旬思乡心切,便把自家宅院、农田赠予他人,举家返乡。民众为纪念他,把此巷称为"周家泉巷",一直沿用至今。这些名称讲述着它们久远的故事,时光流逝,它们终将成为一座城无法抹去的历史印记。

  胡适曾把中国的语言分成三等,其中,方言土语是最自然的,他在《〈海上花列传〉序》中说:"方言的文学所以可贵,正因为方言最能表现人的神理。古文里的人物是死人,通俗的白话固然远胜于古文,但终不如方言能表现说话的人的神情口气。古文里的人物是死人,通俗官话里的人物是作不自然的活人,方言土语里的人物是自然流露的人。"[1] 在《〈吴歌甲集〉序》中,他又说:"我常常想,假如鲁迅先生的《阿Q正传》是用绍兴土话做的,那篇小说要增添多少生气啊! ……最近徐志摩先生的诗集里有一篇《一条金色的光痕》,是用硖石的土话说的,在今日的活文学中,要算是最成功的尝试。……凡懂得吴语的,都可以领略这诗里的神气。这是真正的白话,这是真正活的语言。"[2] 所以说,方言承载的不仅仅是一种地域文化,更重要的是这种文化是活生生的、有体温的。

---

[1] 罗雪挥:《拯救方言》,《新闻周刊》2004年第8期。
[2] 同上。

三 跨文化交际

"交际"（communication）的基本含义是"与他人分享共同的信息"，国内外对"交际"的定义没有统一，大致可分为两派：一类是"共享派"，如亚历山大·戈法，他提出"交际"是将一个人或几个人独有的信息，转化成两个人或多个人共有的过程；另一类是"说服派"，如卡尔·霍夫兰，他提出"交际"是信息发出者通过某种渠道将其传递给信息接收者，最终引起反应的过程，也就是说，信息发出者传递信息来影响信息接收者的行为过程。在此基础上，我们可以将"交际"界定为：信息发出者和信息接收者传递信息、交流情感的社会文化活动。但要强调的是，"交际"不等于"沟通"，因为发出信息后，对方明白了，这是交际，同时也是沟通；但倘若信息发出后，对方莫名其妙不了解，这就不是沟通，而仅仅是交际。"交际"模式大致有几种表述方法，"施拉姆"交际模式、"拉斯韦尔"交际模式、"德弗勒"交际模式、"香农"交际模式等。在"施拉姆"环式交际模式中，信息发出者和接收者在解码、阐释、编码、传递、接收过程中，形成的一种环形、相互影响、不断反馈的过程，对人际交流的情境具有概括性和适应性，从而有助于理解跨文化交际。

"施拉姆"环式交际模式将"交际"过程分为三个阶段，即发送阶段、传送阶段、接收阶段，基本要素包括："信息"，就是能够传递的，并能被接收者的感觉器官接受到的刺激。"发送者"，就是发送信息的主体，这类信息有时是自觉发出的，有时又是不自觉的，有时是有意识的，有时又是无意识的，有时是有明确目的性的，有时又是无目性的。"编码"，是信息发送者通过自己的"码本"选择语言符号，相应的语法规则根据一定的思维方式进行组合，构成外在形式的信息。"渠道"，就是信息传递过程中的物理手段和媒介。"接收者"，接收信息的主体。"解码"，接收到信息后，接收者通过自己的"码本"翻译出信息内容，并赋予其意义。在此过程中，信息解码后的意义与信息发出者原有的意义存在增加、减少、矛盾、重合等情况。因为交际的主体是人，人又出生、成长于一种特定的文化中，所以他们在习得语言的同时习得了该文化的言谈规则和社会规范，而交际双方不同的背景、经历将影响到交际活动,一旦交际双方来自同一文化背景的社会,那么他们的交际是"同文化交际",倘若交际双方来自不同文化背景的社会,他们之间的交际就是"跨文化交际"①。那么,"跨文化交际"就是拥有不同文化背景、文化认知、符号体系的人们之间进行的交际,这种交际可以是本族语者同非本族语者间的交际,也可以是任何在语言和文化背景上存在差异的人们间的交际。

世界经济的一体化使各国相互之间无法分离,越来越多不同类型的文化交流在不同的国家和地区进行。"事实上,人们对是否在多元文化中生活已经没有了选择的余地,把不同文化的人们连在一起的力量是动态的,不可抗拒的,而且无处不在。"② 各地区有属于自己的历史和文化,一种充满地域色彩的文化就是该地区极具说服力的名片。在经济高速发展,文化交流频繁互动的今天,地域文化应打开自己的窗户,在展示个性的同时汲取更多新鲜、时尚的文化养分。与此同时,身处各种文化氛围中的人们,其思想、情感、价值观也受着当地文化的渲染,文化自身也影响着跨文化交际中的意义传递。

1. 认识与感知

人类在接触到"他"文化以前,认为生存于世的人们思维都一样。实则是不同的文化孕育着不同的思维方式,不同的思维方式又影响着人们对其他事物的接受和理解。最典型的例子就是韩国人的集体主义意识和美国人的个人主义意识。前者的思维方式源自东方的集体主义,以整体性、综合性、关联性为特点,而后者的思维方式源自西方的自由主义文化,具有直线性、逻辑性、分析性的特点。浓缩在一个小区域,特点一目了然:同一宿舍,住着来自不同地区的同学,南方的同学有很强的自主性、办事迅速、讲效益、头脑灵活,出去吃饭习惯"AA";北方的同学性格豪爽,办事求稳不求快,时不时喜欢请请小客,交流交流感情。了解情况的人都能接受并理解,可如果他们双方互不了解彼此的生活环境、文化背景,这种差异往往会引起不必

---

① 姜蕾:《跨文化交际中语用失误的言语行为理论分析》,《辽宁经济职业技术学院学报》2013年第10期。

② 贾玉新:《跨文化交际学》,上海外语教育出版社1997年版,第55页。

要的摩擦。再如,青藏地区的民众热情好客,有客来访常以酒待客,认为这是对客人最高的礼遇,了解此俗者当然却之不恭,喝得越多表示越高兴,主人家也认为客人深知自己好客的心意,高兴不已;倘若来客对此俗毫无了解,当主人端出酒时,会很诧异,再三拒绝饮酒,主人就会不高兴,认为来访者不随和,甚至不喜欢自己,造成不必要的误会。

  青海地区腊月初八都有吃"麦仁儿"的传统习俗,过去各家各户早在腊八前几天就开始着手准备"麦仁儿"了。先备齐各种食料:麦仁、牛羊肉、猪肉等;然后将碾好的,或在冰臼里舂好的麦粒筛去麦皮,清洗干净;将牛羊肉、猪肉切块,先入锅爆炒,渐熟时加盐、花椒、草果、茴香等调味;再倒入水、麦仁,开锅后慢火炖。因麦仁做起来花工夫,所以一次要做一大锅,把盛着麦仁的大锅放在炉子上慢火炖一宿。第二天早上,麦仁已经软烂无比了,根据人数,从大锅里舀出适量盛到小锅里,加热就可以吃了,全家老幼围坐一起,伴着麦仁溢出的浓浓麦香、肉香,捧着热气腾腾的麦仁,其味无穷,其乐融融。因为麦仁多稠糊状,取其"糊",故有"糊里糊涂购年货"一说:即将过去的一年大家勤俭持家,就为能顺利渡过年关、过个好年,故而在腊月里放心大胆地购办年货,买新衣、糖果、烟酒、年画、鞭炮、蔬果等,为款待亲友、拜访亲朋不亦乐乎地准备着。如今,特意熬"麦仁儿"的人家不多,超市的工作人员说,"腊八"前后几天超市会特意供应麦仁(生的麦仁颗粒),可是选购的顾客不多,可能是因为没时间做,因为熬麦仁太费功夫,也有可能是现在好多小饭馆,尤其是清真的小饭馆就有供应熬麦仁的,大家随时想吃随时就有,所以就不一定非要等到腊八再现熬了。久而久之,吃"麦仁儿"已不仅仅是一种节庆食俗,它也在不断适应当地民众的生活需求,逐渐演变为日常饮食。超市工作人员还说,腊八前夕,顾客们来超市买银耳、红豆、莲子等食材,以熬八宝粥替代麦仁儿。南宋文人周密的《武林旧事》中提及:"用胡桃、松子、乳覃、柿、栗之类做粥,谓之腊八粥。"中国南方较盛行,它是把大米、糯米、红枣、桂圆、莲子、红豆、银耳、葡萄干等(也可根据个人喜好更换配料)一同放入锅中,加水熬制成稠糊状食用,因其颜色缤纷、味道香甜,所以更受孩子们的欢迎。前者是青海地方标志性美食,豪放爽快,这是人们对"麦仁儿"的认知;后者是中国南方的特色美食,细腻丝滑,两种毫不相干的食物竟出现在同一个节日时空下,不仅丰富了民众的餐桌,还是两种文化的碰撞。这种碰撞是对"他"文化的接受,使其逐渐融合在当地的节庆文化中,也是对"他"文化的肯定和认可,同时也变现为对"自我"文化的高度自信,最终呈现为多元共存的文化态势。

2. 行为与情绪

每种文化都有规定恰当行为标准的作用。就言语交流而言,不同文化对其有不同的要求,例如,说话时双方应保持多远的距离,交流时是否要直视对方,说话方式是直截了当还是含蓄婉转等。中国人崇尚谦虚,认为谦卑是美德,"贬己尊人"被奉为中国特色的礼貌习俗。谈到对方或与之有关的事时,常"抬""尊",比如"令尊""尊驾""仁兄""贵庚""贤弟"等,谈到自己或和自己有关的事时,常"贬""谦",比如"贱内""小女""愚兄""微臣"等。比如听到别人赞扬时,往往自贬一番,表示谦逊,例如:"哪里,哪里,您过奖了!"或宴客时,美味佳肴摆满一桌,主人却说:"没什么吃的,菜不好,多多包涵。"如果有不明原因的外国朋友在场,肯定是一头雾水。与汉语的谦卑语相对的是英美的客套话,比如受到赞扬时,他们会大方地说:"Thank you!"如果此时真诚的称赞换来的是"No, No, you are just kidding"或"You just exaggerate it"必会让对方感到莫名其妙。再如,通常情况下,北方人说话音量高,频率快,开门见山,不拐弯抹角;南方人说话讲究效果,往往在充分考虑了对方的感受与看法之后,采用一种极其委婉的方式不露声色地把信息传递出来,一方面留有余地让听者揣摩,一方面也给自己足够的话语空间思考。

情绪是由外界事物引起的快乐、悲伤、反感、开心、惧怕、惊讶等心理状态,与社会、文化之间的关系密不可分,特定的情绪与情绪范畴是文化与历史的产物,文化规范人们的情绪表达:有的文化尽量掩藏情绪，只展示理性的一面；有的文化则可以公开地表达情绪①。就"欢乐"而言，它是人类的普遍情绪，可是古往今来各地人们在庆祝欢乐的同时，也把它变成了社会文化的一部分，欢乐文化也带上了民族色彩。性格豪放的青海人，在庆祝欢乐时刻时，比如举家团聚、祭祖朝拜谢先辈护佑之恩、祈福更和谐的生活，喜欢喝酒，寄情于酒，倍增喜悦之情。此时划拳是必不可少的，行酒令也独具特色，"一心敬你""二喜临门""三元三星照""四红四喜""五魁首""六六连""乞巧""八副长寿""酒儿长青酒""满堂喜"等，多取喜庆、祝福之意，使亲朋好友在划拳饮酒的同时传递情感、加深友谊。可是，同样在这样一个欢乐的时空下，也存在不同于"饮酒助兴"的祝贺方式，他们不认为只有喝酒才能助兴，在他们看来"欢聚"本意就是"聚"，大家好不容易聚在一起，就应该聊家常、话理短，而且应该聊到尽兴，高兴的事也好，扫兴的事也罢，只要聊开了，欢乐被分享，不快被化解，"欢聚"的目的就达到了。两种方式表达情绪，两种文化相交融，但都离不开语言作为这种"跨文化"情景下的沟通纽带。

再有，青海热贡地区四十多个村庄的藏族、土族群众，农历六月中、下旬都举行盛大的"六月歌舞"（亦称"六月傩祭"），以祭祀山神为主题，祈福五谷丰登、风调雨顺，村寨老少吉祥如意、幸福安康。这种由古代傩祭活动演变而来的民间艺术节，包括祭神、迎神、拜神、神舞、合唱、对歌等各项活动，内容丰富，美不胜收②。还有藏历七月的"赛马会"，当草原上绿草肥美、鲜花娇艳、牛羊健壮的黄金季节到来之时，牧民们都会组织规模不等的赛马会，欢庆丰收。选择好日期后，牧民们身着盛装，骑马或牦牛从四面八方会集而来，赛马场顿时搭起错落有致、五颜六色的帐篷，彩旗飘扬，热闹非凡。参赛的骏马形态健硕，马鬃和马尾都用彩绸扎成辫子，骑手们英姿飒爽，策马扬鞭，各自施展绝佳的骑术，有的

---

① 张立光、周颜红：《影响跨文化交际的文化因素和心理因素》，《东北师大学报》2008年第11期。

② 同上。

马上倒挂发辫拖地，有的从马上跳到桌子上，有的马上择花，有的倒立引马，有的反背驰骋，有的快马击靶，好不精彩。取得名次的骑手会收获奖励和奖金。等夜幕降临之时，赛马场上篝火燃起，大家载歌载舞，尽享欢乐。这类盛会除了本族民众还有他族民众参与，但从未因民族、文化背景不同而产生文化冲突，因为在此过程中，外来者持有的是对"他"文化的尊重，并在不触犯文化禁忌的前提下用自己认同的方式融入这场盛会；本族民众对外来者和外来文化同样持有"敬畏"态度，他们对"他者"和"他文化"不排斥、不否定、不曲解，同样用一种平等的文化态度认同外来者的参与。在此基础上，这场"狂欢"的盛会以"一整套表示象征意义的具体感性形式的语言，从大型复杂的群众性戏剧到个别的狂欢节表演，这一语言分别地、可以说是分解地表现了统一的狂欢节世界观，这一世界观渗透了狂欢节的所有形式"①。这种语言是无法被充分、准确地译成文字的语言，更不用说译成抽象概念的语言。语言的狂欢源自"狂欢节"型的盛典，在狂欢节中，支配一切的是人与人之间不拘形迹地自由接触的特殊形式，以此为基础，形成了狂欢语言的特殊形式和风格。狂欢语言就是建立在狂欢节世界感受基础上的一种不拘形迹的语言，具有独特的言语生活形式。

在全球化大背景下，文化交际的双方都必须超越传统的文化交际观念，树立跨文化的交际意识，变换交际角色，跳出单一性文化观的束缚，以动态的观念和意识来看待交际，从具体语境中判断和识别对方的文化模式，容忍、尊重和理解文化差异。为适应全球语境的发展，必须储备好三种知识和意识：目标语言的文化、交际对方的文化和本土文化②。这三种要素并不是孤立、静止的，在动态的交际语境中，这三种要素也成为动态的因素，相互作用，积极地建构跨文化交际的过程。事实上，交际本身就是一个动态的过程，各种语境因素相互作用和影响。要实现多元文化的交际，就必须把交际定位于相关的

---

① 凌建侯：《巴赫金哲学思想与文本分析法》，北京大学出版社2007年版，第71页。
② 代礼胜：《论外语专业学生多元文化认知能力与跨文化交际能力培养》，《外国语文》2009年第5期。

动态的语言文化背景下,由交际参与者不断地相互协商,从而实现共同期待的交际目标。

小　结

　　语言表现着社会文化的特定方面,语言和文化的关系密不可分:语言承载社会文化,文化又依托语言传承,二者彼此依存,互为影响,并行发展。语言忠实地反映着一个民族完整的历史、厚重的文化、丰富多彩的游戏娱乐、神圣的信仰,见证着人类的悠久历史,沉淀着人类文明的丰富信息,更重要的是,语言本身就是一种文化,这种文化吐露着该地区独特的文化个性和特异的文化气质,同时又对丰富和发展多元文化起着不容忽视的作用。

第五章　河湟方言的"方言情感"[1]

俄国学者罗蒙诺索夫曾歌颂自己的母语：在俄语中有西班牙语的壮丽宏伟、法语的生动活泼、德语的坚强刚毅、意大利语的温柔优雅，此外，还有希腊语和拉丁语丰富、简洁的表现力。从出生第一天起，人们就生活在本民族的语言环境中，故而有"语言是人类生存之家园"的说法，于是，便自然形成人类最初的价值认识，产生一种心理学称为"基础感情"或"自然感情"的体验，而语言情感便是人类最为重要的基础感情。陈原也曾说："使用某一种语言的社会集团——一个民族、一个部落、一个地区、一个方言区——对自己的父母语都具有强烈的情感，这种被称为语言情感的心理状态包括两个方面：一方面，这个社会集团的成员在不流行他的父母语的社会环境中，强烈地感到要用他的父母语彼此交际。……另一方面，任何一个社会集团的成员，虽然能掌握另外一个社会集团所使用的语言，在一般情况下总归认为只有使用他的父母语对话，最能够表达感情。"[2]"方言情感"就是对方言的感情。方言情感是民族语言集团内部说某种方言的人们对自己归属于某一方言集团的自我意识，是对自己方言在民族语言中地位及与民族语言内部其他方言之间相互关系的理解，而这种自我意识和理解通常表现在人们的意识、思想、感情之上[3]。本书在探讨"方言情感"时，试将这种情感划分为尊卑感、优劣感、亲疏感，需要说明的是，这种划分并不是对方言作为语言本身在含义

---

[1] 本章部分内容为课题前期研究成果。
[2] 谢伯端：《试论方言情感》，《湘潭大学学报》1985年第1期。
[3] 同上。

和性质上的界定，而是试论运用方言达成交际时，产生的言语情感倾向。

第一节　方言的"尊卑感"

在多种方言并存的国家和地区，有一种或几种方言被民众界定为拥有较高的社会威望，而另一些方言则被认为地位卑微。早在先秦，《论语·述而篇》就有："子所雅言：诗、书、执礼，皆雅言也。"[①]孔子把诵读诗书、执掌礼仪看作是高尚、神圣的事情，因而每遇诵读诗书、执掌礼仪时，这位平时说鲁方言的老夫子必定改用"雅言"，享有较高社会地位的方言便成了衡量封建官吏能否晋升的一杆标尺。国外，如美国，说非标准语的人在谋求职业、工作、生活等诸多方面都会遇到障碍，最典型的例子莫过于黑人英语，严格意义上，应该是黑人居住区的地域性方言，黑人往往不能享受同白人一样的语言教育，故而在谋求职业，特别是谋求高级职业时，语言能力成为这场本就没有公平可言的竞赛中的绊脚石。

通常情况下，大多数人认为较尊贵的语言是标准语，方言较之标准语地位低下。特别像河湟方言这种弱势小方言，往往被视为"不登大雅之堂"。倘若在诸如商场、医院、饭店等公共场合，听到有人正在说方言，旁者总会投去异样的眼光，要么是警告之义（这种场合不能讲方言），要么是轻蔑之义（哪里来的土老冒），要么就是在同等条件下较之说标准语的人遭受差别对待。

课题主持人亲历：

> 几位中年女子进入某品牌女装店，一边挑选适合自己的衣服，一边商量着（均使用西宁方言）适合自己的颜色、款式。换作是一群满口标准语的人，店员也许早就凑过去"姐长姐短"地"献殷勤"了，可是，眼前的这几位进来也有一会儿了，怎么没人招呼？店员怎么一点反应都没有？直到其中一位按捺不住开口

---

① 谢伯端：《试论方言情感》，《湘潭大学学报》1985年第1期。

了:"有人冇(没有)?我想看个这个衣服。"这才有人漫不经心地走过来,先是上下打量了一番问话者,然后敷衍了一句:"哦,这件2000多!"什么情况?人家就是想了解一下,看看有没有适合自己的尺码,她却不做任何介绍,只回答衣服的标价!明摆着瞧不上人。这下可好,把几位顾客惹毛了,说得那个店员脸红脖子粗。后来,多亏楼层经理的苦口婆心,才化解了这场小纠纷。

回想当时的场景,就顾客而言,这是一次轻松的小聚,几位好友相互参谋作伴,既能买到心仪的衣服,又能聊天解压,再没有比这更惬意的时刻,何必刻意在乎什么标准语、什么方言,但是,谁会料到竟平白无故遭遇这场不愉快;就店员而言,也许整天待在店里碰到无数买主,料定什么样的肯花钱、什么样的好推销、什么样的只看不买,可是这一次她高估了自己的判断力,在没有主动和顾客达成沟通的前提下,仅靠"听",就鲁莽地判断对方身份,并有选择性地拿出某种姿态,作为销售方,她犯了行业禁忌,因为销售最忌讳双方的不对等性,最看重"买""卖"双方达成交易时的愉悦环境。的确,由于受到普通话普及的影响,方言在公共交际中显得"力不从心",特别在官方语言"至上"的机构,方言参与交流实属困难,持方言的人要么勉强获得信息,要么干脆被排挤在外,不予理会。

特别在窗口单位,崇尚标准语的现象更为明显,方言的交际功能被无形中淡化。如邮局、电信局、税务所、信访部门、银行、医院等都推崇标准语,作为西宁这样的移民城市,对外开放的步伐逐渐加快,现代化的城市特色越发突出,就这些特殊部门的工作人员而言,每天除面对当地人,在很大程度上也在面对没有地域界限的流动人口,因为要达成高效、快捷的工作效率,使上门办事的当事人满意而归,交际过程中必然采用能使双方互惠的标准语——普通话,故而,方言在此时的适用范围受限;就上门办事的当事人而言,某种心理暗示对交际成功与否造成极大影响,他们认为不论到什么部门,要想办成事,必须持一种礼貌、谦逊、大方、得体的态度,一方面证明自己并不是不懂世事,对方想糊弄也得三思,具有某种自我保护的震慑力,另一方面拿出这种得体的态度也是对对方的尊重,表明自己的某种诚意，即便手续不全或资质不够，对方也会看在这份得体的举止上耐心解释，从而达成交际目的。试想，若当事人上门办事操一口地道的方言，暂且不论是青海方言还是四川方言、河南方言、闽南方言、东北方言、山东方言，虽然自己说得顺口，可是对方呢？要么一头雾水、不知所云，要么干脆装作没听见，遇上脾气好点儿的，会提醒"请讲普通话"，遇上脾气急点儿的，也许越听越来气、越听越听不懂，随后找借口刁难或推托。不是说方言不能登大雅之堂，而是在城市化进程加剧的今天，政治、经济、文化都在朝"一体化"格局发展，不论生活还是工作，遵循的是"效率优先"原则，在此原则驱动下，人们的办事心态都是"厚积薄发""事半功倍"，能用两句话解决问题绝不多说第三句，能花半天时间完成的事情绝不耽搁一天，这就促使人与人的交际，本着"互惠""高效"原则，于是，作为标准语的普通话在使用频率上逐渐强大起来，而方言被"滤"出了这种交际场合，只能在更随意的地方"窃窃私语"了。

可是，方言真的有"尊""卑"之分吗？早在先秦时，荀子就提出："名无固宜，约之以命，约定俗成谓之宜，异于约谓之不宜。名无固实，约之以命实，约定俗成谓之实名。"[①] 就是说，语言尽管有差异，存在使用人数多少、使用范围大小不等的情况，但无论何种语言，只有适合，没有尊卑，只有适用，没有强弱。其实，单纯从语言角度考察，任何方言都不存在具有较高或较低社会地位的内部因素，人们对方言的种种评价，往往是人们对社会结构的看法。所谓享有较高社会地位的方言，实际上是因为这种方言能在上层社会交际领域中发挥作用，它代表的是官方的"话语权"，说这种方言的人们享有较高的社会地位；所谓受歧视的方言，是因为这些方言只能在低层社会交际领域中使用，它代表的是一种"平民性"，说这些方言的人们没有什么特权。因而，方言作为说话者社会地位的标志被打上了"高贵"和"低微"的烙印。

譬如单位开会：

---

① 谢伯端：《试论方言情感》，《湘潭大学学报》1985年第5期。

校长：现在我们开会。今天主要传达抓好学校安全保卫工作的各项事宜。先由校保卫科科长通报"××高校校园恶性伤人事件"。

保卫科长：上周末，××高校发生了一起恶性伤人事件。一对情侣因女方外出与同学郊游，未告知男友，后男友得知与女友一同郊游的有几位异性同学，这位男生在向女友询问此事时，女友称未告诉他是怕他多想。可这位男生认为一同前往的肯定有之前追求过自己女友的男生，越想越气，于是召集自己的几位"哥们"，驱车前往女友所在学校，晚餐时候冲到学校食堂对那位男生拳脚相加，更甚者，他们一行5人，还袭击了食堂工作人员、学校保安，用早已准备好的棒球棍袭击其头部、背部，致使3位工作人员全身多处组织挫伤，并伴有脑震荡，学校食堂多处桌椅、餐具损毁。此事给该校带来了极为负面的影响。

校　长：此事一经通报，学校立即召集各院系、部门主要负责人，认真听取和学习了上级指示，深刻反思我校安全防范措施的落实情况，并就此事举一反三。为切实保障广大师生的生命、财产安全，讨论通过了"学校安全工作条例"，下面由王校长传达，希望各院系认真落实到位，如发现有懈怠者，通报批评，情节严重者，接受处分。

王校长：下面我宣读"学校安全工作条例"：

一、校安保人员必须穿戴保安装备、携带保卫器械，切实加强安保力量。认真落实好校园24小时值班制度，把好校园入口关，凡未带学生证者，一律不得入内（如本校学生忘带学生证，由辅导员亲自认领），机动车辆的出入，必须出示由我校制发的准入证，坚决做到"无证勿入"。

二、各院系安排好辅导员值班工作，认真做好学生晚间、节假日在校和外出的管理工作。

三、按照《××省院校安全防范标准》要求，务必于9月7日下班前配足配齐安全保卫器械：防暴帽、防刺背心、防割手套、橡胶警棍及夜间值班所用强光电筒、辣椒喷雾器、钢叉。

四、校园内各主要出入口、主要通行区、人员密集场所等重

第五章 河湟方言的"方言情感"

点部位，安装视频监控，确保监控系统24小时运转，监控平台24小时轮班值守，视频资料严格按照时间顺序封存。

五、主动与本地综治、公安、城管、工商、文化等部门进行联系。把学校周边作为社会面防控网的重要环节，织密护校安全网，确保重要地段、重点时段校园治安状况始终处于在控状态。加大校园周边清理整治力度，对校园及周边形迹可疑、有违法犯罪嫌疑人员，及时盘查。对正在实施危害师生安全的各类违法犯罪嫌疑人，要迅速采取有力措施，果断控制处置，净化校园周边治安环境。

六、高度重视安全信息报送工作，第一时间将发生的安全事故向上级做全面、真实的报告，以便上级及时对所发生的安全事故进行有效的处置指导，尽力减轻事故造成的损失和影响。对瞒报、漏报甚至不报的，根据有关规定追究相关责任人的责任，造成重大人员伤亡和财产损失的，将追究相关责任人的刑事责任。

校　长：以上几点，希望大家认真贯彻执行。①

领导与员工齐聚一堂，标准的普通话贯穿始末，特别是传达上级指示、精神时，标准语的效力显而易见，与其说这种场合更适合讲标准语，倒不如说标准语在这种场合代表"官方"的权威。试想，若在此情形下用方言提要求、讲重点、做评判，语言本身虽不会出现任何错误，但由语言营造出的话语氛围却会出现差异，造成员工潜意识中认为会议气氛轻松、不严肃、不紧张，以至于领导提出的一系列要求、重点、评判等无形中弱化了，导致工作中该注意的没注意、该执行的没执行、该完成的没完成，长此以往滋生工作拖沓、松懈的现象。这种工作的"话语效力"正体现了它的"高贵"。

再如老友小聚：

老李：最近阿门个（怎么样）？不叫好（语气词）不出来呗！

---

① 搜集整理于田野作业中，因当事人要求均为化名。

老袁：再说啥哩啊，家里哄孙子（看孩子）着！出来好（语气词）娃娃的奶奶一个人饭做不上。

老李：就（就是）啊，哄个孙子比上班的乏啊！我姑娘的娃娃那我冇（没有）哄哇，给哈的咂（特别不好办）呀！乖着好还好着，闹开好哄不哈！

老袁：哈哈哈哈，早好了呗，幼儿园里一送就松翻（轻松）了。

老李：早他爸爸妈妈管着！

老袁：今儿还有谁哩啊？

老李：就我们几个呗！早就来哩啊！

老周：你俩早呗！

老李：也将到！

老袁：哎呦，年轻哈了呗，还轻飘凉飕飕（衣服穿的单薄）的整哈的短袖！

老周：那说哈的今儿27度哩啊！

老李：家一天这啊（这里）那这啊（那里）的，耍的冇停着！孙子也不哄啊，再不年轻着！

老周：就我们三个哇，那这么等哈着，先耍一会儿洒！来，来，来！

老李：你看，我说着，这个家伙耍着瘾大哈（语气词）着！

老袁：挖（"挖坑"的简称，一种扑克游戏）多少哩啊！

老周：早现在一挂（全部）是十个！

老袁：再冇耍着时间长了！

老李：你再甭黑（"挖坑"的一种玩法）啊！家甚（"不太"的意思）冇耍着！

老周：不黑，不黑！

老乔：不好意思，不好意思，来晚了！（普通话）

老周：洋人儿（打扮洋气的人）来了嘛！

老乔：路上太堵了，我出来的挺早的！（普通话）

老李：看好一天忙着很呗，尕车车开上着！

老乔：也没！（普通话）

第五章 河湟方言的"方言情感"

老袁：这么长时间冇见，胖了点呗！

老周：再不胖着，一天潇洒掉着，孙子也不哄！

老乔：孙子在儿子丈母娘那，我哪有工夫！（普通话）

老李：家现在是忙人儿，早靠牵翻（折腾）装修着！

老袁：装修？

老乔：退了以后给儿子打工。（普通话）

老周：早一挂，打工说！

老李：再甭耍了，家的人等哈着，早点菜了吃，散紧慢（要不然）下午了！

老乔：没事，没事，你们先玩，我来点！（普通话）

老周：成，成，成！

老乔：吃点啥？（普通话）

老周：早一挂，我们吃啥哩啊你还不知道哇！

老李：你看着点上！

老袁：心头上到给（满意）啊！

老乔：那我就自作主张了啊！（普通话）

老周：那早，就我们几个呗，老乔同志，一手洋翻过（意思是普通话洋气）哩啊哇不？（调侃老乔说普通话，表示略有不满）

老李：家的人拽个文（拽文）哩啊，你甭挡（拦着）洒！

老乔：冇，冇，冇！再跟上儿子着说惯了！（又说回方言）

老袁：说惯了的嘴，遛惯了的腿！①

闲来无事几位老友小聚，此时大家肯定要用最亲近的方言寒暄，那种言语间流露出的"乡土气息"拉近了彼此的距离，特别是那些只有用方言才能准确表达的情感，让朋友间疏于联络的尴尬烟消云散，拉起家常来才更有味道。那么，这种语境下，标准语是否还以其"高贵"的姿态"趾高气扬"呢？当然不是，标准语的参与打破了那份聊天的惬意，让本该和谐的气氛瞬间凝固，话题参与者之间的情感

---

① 搜集整理于田野作业中，因当事人要求均为化名。

距离随即产生。那么，此时能说方言是"低微"的吗？当然也不能。人与人之间的沟通离不开"交流场域"，身处哪种场域就应具备适应哪种场域的言语机制，不能单凭交流的有用性或交流有用性程度的深浅，将语言划分为"高贵"的和"低微"的。

格尔茨指出："'语言问题'实际上是'民族问题'的缩影，语言是一个民族宗教、艺术、文学和哲学传统的载体。在现代世界，如果说主流语言代表一种所谓的'时代精神'，那么，民族语言则代表一种'本土的生活方式'。"[①] 而代表本土生活方式的母语，相对于只有"外语"才能进行的思维活动，往往更能赋予个人某种思想的力量，不管它如何粗糙或者微妙；此外，母语因为在心理上更为接近，它也是民族国家最为广泛文化群体的表达工具。[②] 坚守自己的语言传统，恐怕也是它摆脱总在西方背后亦步亦趋、永远不得超越困境的前提和条件。当然，坚守并不意味着一定要排斥他者的语言，否则它自身传统也同样会失去发展和创新的活力。是否、何时以及为什么使用一种语言的问题，是一个民族在何种程度上根据自己的精神取向来建构自我的问题，和在何种程度上根据时代要求来建构自我的问题[③]。

第二节 方言的"优劣感"

战国时代，农家代表人物许行到滕国，向滕文公宣扬"贤者与民并耕而食，饔飧而治"的主张，孟轲知道此事后，愤愤不平地咒骂许行是个南蛮子，他所讲的南方方言是类似鸟叫的劣等方言，说话的声音和鸟叫一样难听。看来，从方言的"听感"出发，判断其优劣的情况早在先秦就已发生。中华民族幅员辽阔、地大物博、人口众多，生活在中华大地上的各个民族都有承载自己文化的语言，仅汉语方言就有80多种，且各具特色，北京话的"京味儿"，上海话的"精

---

① [美]克利福德·格尔兹：《文化的解释》，韩莉译，译林出版社1999年版，第351页。
② [美]特蕾西：《诠释学·宗教·希望：多元性与含混性》，冯川译，上海三联书店1998年版，第274页。
③ 同上。

第五章 河湟方言的"方言情感"

细",陕西话的"高亢",四川话的"利落",闽南话的"拗口",等等。可是,处于外部言语集团的人们,常会根据自己的"统觉背景",自觉不自觉地将这些各具特色的方言论个优劣,比如"宁听苏州人相骂,不听宁波人说话""醉里吴音相媚好""天不怕地不怕,就怕温州人说鬼话",等等。所谓"统觉背景",就是听者和受话人理解具体表述的背景知识,包括他对情景的熟悉程度,拥有理解所需要的专门知识、观点和信念、成见和好恶等,这一切将决定受话人对说话者的话语的积极应答性理解。巴赫金说:"无视说者对他人及其表述的态度,就不可能理解言语体裁和言语风格。"① 其实方言的优劣感,是人们在日常生活中评判方言交际价值时的一种心理因素,比如较之标准语而言,方言具有极强的"话语力度"。例如:

场景一:

小王:今儿早上的宿舍收拾完了没?
小石:擦了一挂玻璃。
小王:我看个。
小石:哦呦,干净呗!你看,明着明着明着!②

这里的"明"是亮、明亮的意思,"明着"是一种明亮的状态,而"明着明着明着"重叠一起,有强调的意思,它与普通话的"这么亮呀""相当亮"这种"亮"的程度用普通话表达,远不及河湟方言的连续叠声表意。一方面,这是对事物、现象的强调和肯定,另一方面,这表达了言外之意,可以使听者体察到言说者的实际情绪。③ "明着明着明着"既形象地说明了玻璃干净、透亮的状态,同时又是对劳动成果的特别肯定。类似的例子还有:"这个学生聪明着聪明着聪明着!"用连续叠声表达,是说话者对孩子聪明伶俐表现的肯定,同时透露出说话者对孩子的喜爱之情,这里面有亲昵的语气。同样的

---

① [苏]巴赫金:《马克思主义与语言学》,《巴赫金全集第二卷》,河北教育出版社2009年版,第181页。
② 搜集整理于田野作业中,因当事人要求均为化名。
③ 张筠:《西宁方言的民俗文化研究》,硕士学位论文,青海师范大学,2010年。

意思用普通话表达成"这个学生特别聪明"意思差不多,但说话者是不是因此就喜欢他,单从句子里看不出来。

场景二:

  小夏:这一次的题啊门个?
  小熙:哎呦,再难(拖长音,表示难度特别大)着,时间都有够。
  小夏:那我听家们(他们)说着,还可以说。
  小熙:那家们复习着好,再难(语气短促,表示不是很难)啥哩啊!①

场景三:

  小花:今儿早夕里你们卫生打扫着啊们个?
  小洋:哎呦,就脏(拖长音,表示特别脏)死给哩啊,把我们收拾坏给了。
  小花:那再辛苦坏了!②

场景四:

  小雄:这一次出去着,把我们冻(拖长音,表示相当冷)着,给哈的扎呀!
  小白:那不是南方比我们这儿热哇?
  小雄:哎呦,热啥哩啊,湿冷湿冷的啊!③

  这种语气的加重、语音的延长,在一定程度上使话语力度增强,听者可以根据说话者的这种语言特色,判断信息的难易、感情程度的

---

 ① 搜集整理于田野作业中,因当事人要求均为化名。
 ② 同上。
 ③ 同上。

第五章 河湟方言的"方言情感"

深浅。其实话语力度属于"语言力学"的范畴，物理学中的"力"可以量化，受力大小用单位"牛"表示。而力学之于语言形成"语言力"时，强度却不可量化。因为在"语言力"作用的场域中，施力和受力双方都是具有思想情感的人类个体或群体。故此，"语言力"的效果便有形或无形地表现为：可以从任何角度或方面感染人们的思想和情感。物理学领域存在"引力""弹力""摩擦力""阻力""电磁力"等各种力，但我们无须将其——套用在"语言力"中，仅以古典力学举证"力学之于语言"的效果。

艾萨克·牛顿1687年在《自然哲学的数学原理》一书中总结了"牛顿三大定律"：第一定律说明了力的含义，力是改变物体运动状态的原因；第二定律指出了力的作用效果，力使物体获得加速度；第三定律揭示了力的本质，力是物体间的相互作用。

牛顿第一定律：

牛顿在《自然哲学的数学原理》中表述：任何物体都要保持匀速直线运动或静止状态，直到外力迫使它改变运动状态为止[1]。公式为：$\sum_i \vec{F}_i = 0 \Rightarrow \frac{dv}{dt} = 0$，其中 $\sum_i \vec{F}_i$ 为合力，v 为速度，t 为时间。不受外力作用时，物体的状态始终保持为匀速直线运动或静止状态；但在外力作用下，原有的运动状态将发生改变。反观人类交际活动，在"语言力"的作用下，人类行为方向同样发生改变。例如：

小田：师傅，麻烦问一挂（问一下），家们（他们，泛指别人、其他人）说新宁广场有个长途汽车站哩啊，离着远哇近呐，再走啊不到，走啊不到！

小语：哎呦，还在那（拉长音）里哩啊，走好恐怕远着，你到前头搭上个12路车，得4站呐，广场十字儿一过了就下。

小田：好，好，好，麻烦了啊！

小语：冇（没）事儿！[2]

---

[1] ［英］艾萨克·牛顿：《自然哲学的数学原理》，王克迪译，陕西人民出版社2001年版，第11页。

[2] 搜集整理于田野作业中，因当事人要求均为化名。

· 215 ·

小语作答时，为突出路程的距离感，刻意在"那"字上拖长音，拖的音越长，表示距离越远，最终建议小田搭车前往。小田本打算步行，听了小语对路程的描述而改变计划，决定搭车前往。小田行为方向的改变，关键在于小语"那"字的语言力：如果小语的回答是没有强弱的平铺直叙，那么传递给小田的就是没有任何行为阻力的信息，改变行为方向的可能性几乎为零。人际交往中语言力促使人们改变行为方向的状况举不胜举。再如：

医生：给你开了几项检查，先交费，再预约检查。
患者：（看了看检查单）钱交掉就查去呗，还预约哩吗？
医生：像抽血什么的都得空腹，你今天抽不成，肯定要预约到明天早上！
患者：冇事儿，大夫，我早上就吃了一口的点。
医生：抽血必须空腹！
患者：冇事吧，一口的点，怕冇有（没什么）！
医生：再给你说一遍，必须空腹！
患者：那再，来一趟好远着，今儿一挂（全部）看上就零乾（省事）了呗！
医生：可以，到时候检查结果不准确，耽误治疗，你们自己负责！
患者：好，好，好，听大夫的！①

固执的患者为了省时省力不打算听医生的话，直至医生讲明事情的严重性才改变想法。医生凭借语言力的强度，及时有效地纠正了患者的行为轨迹。

牛顿第二定律：

动量为$\vec{p}$的质点，在外力$\vec{F}$的作用下，其动量随时间的变化率同该质点所受的外力成正比，并与外力的方向相同。公式为：$\vec{F}=$

---

① 搜集整理于田野作业中。

$\frac{\mathrm{d}\vec{p}}{\mathrm{d}t}$。①在加速度和质量一定的情况下，物体加速度的大小跟作用力的大小成正比，跟物体的质量成反比。这一原理同样适用于语言力。交际行为中的语言个体在接收信息、解读信息、回馈信息的过程中，因各自心理素质、文化修养的差异，对施于同等语言力的信息其解读和处理各有不同，甚至结果完全相反。例如：

《红楼梦》二十三回：黛玉看到史湘云挂了金麒麟，而宝玉最近也恰恰得到了一个金麒麟，便"恐就此生隙，同湘云也做出那些风流佳事来"②，前去偷听。听到宝玉厌烦湘云劝他留心仕途经济时说："林妹妹不说这样混账话，若说这些，我也和她生分了。"黛玉听得此言，"不觉又惊又喜，又悲又叹。所喜者，果然眼里不错，素日认他是个知己。所惊者，他在人前一片私心称扬于我，其亲热厚密，竟不避嫌疑。所叹者，你既为我之知己，自然我亦可为你之知己，既你我为知己，则何必有金玉之论哉；既有金玉之说，亦该你我有之，则又何必来一宝钗哉！所悲者，父母早逝，虽有刻骨铭心之言，无人为我主张。况近日每觉深思恍惚，病已渐成，医者更云气若血亏，恐致劳怯之症，你我虽为知己，但恐自不能久持；你纵为我知己，奈我薄命何"③！换作别人，或许一听而过，或许窃喜，因为宝玉传递的信息是他对黛玉的信任和肯定。那么，黛玉呢？她却在门外偷听谈话的短短几分钟时间内，发生了惊喜悲叹、大起大落的情感变化，她思之缜密、生性敏感是旁人无可及的。这种只属于黛玉的心理素质和文化修养，使得她对施于同等语言力的信息解读和处理效果最终被贴上"黛玉"标签，在常人看来确难理解。

再如"流言止于智者"。交际时空中的行为个体面对相同的流言，有的好奇心爆棚，深挖究竟；有的唯恐天下不乱，添油加醋；有的事不关己高高挂起；有的为哗众取宠，言传得惟妙惟肖；也有的用智慧或修养终结流言。其中，语言个体在接收到同等强度的语言力时，做

---

① ［英］艾萨克·牛顿：《自然哲学的数学原理》，王克迪译，陕西人民出版社 2001年版，第 22 页。
② （清）曹雪芹：《红楼梦》，人民文学出版社 2010 年版，第 129 页。
③ 同上。

出了基于自身心理素质和文化修养之上的交际信息回馈行为。

牛顿第三定律：

相互作用的两个物体间作用力和反作用力总是大小相等、方向相反、作用在同一条直线上。公式为：$F = -F'$①。同样，语言也具有作用力和反作用力。交际过程中，言说者施于对方的语言力和在对方心理上起到的反作用力总是同等的力度，这种作用力和反作用力有时是显性的，有时是隐性的。例如：

妈妈：洗漱完了，赶紧吃早饭。

孩子：嗯……（刚起床还没醒的状态）

妈妈：好了吗？（在厨房忙活）

孩子：嗯……

妈妈：快点，凉了啊。

孩子：哦……（还在卫生间磨蹭）

妈妈：磨蹭什么呢，来不及了啊！

孩子：来了。（慢腾腾的）

妈妈：快点吃，牛奶凉了肚子不舒服。

孩子：哦！（一点一点揪面包）

妈妈：我去换衣服，你快点，来不及了，早上堵得厉害！

孩子：嗯……

妈妈：那阿门（怎么）还冇（没）吃完着，给你说着快点快点，再就苶（慢腾腾，不利索）死给哩啊！

孩子：（三下五除二吃完）

妈妈：赶紧换衣服去，把你送下我还要上班哩啊，迟下了（迟到）扣工资哇！

孩子：好了，走吧！（不到一分钟背着书包从里屋出来）②

---

① ［英］艾萨克·牛顿：《自然哲学的数学原理》，王克迪译，陕西人民出版社2001年版，第22页。

② 搜集整理于田野作业中。

第五章 河湟方言的"方言情感"

"督促孩子抓紧时间动作放快"一事上，母亲的再三催促没有预期效果，情急之下的一句方言"那阿门还有吃完着，给你说着快点快点，再就苶死给哩啊"达成目的：孩子从一点一点揪着吃面包到最后迅速解决早饭。还有一句"迟下了扣工资哇"，把"督促孩子抓紧时间动作放快"一事做到了极致，因为母亲抓住了孩子也不愿意妈妈上班迟到被扣工资的心理。这一过程中，言说者施于对方的语言力和给对方心理上造成的反作用力，呈现同等强度。

在力学层面上研究语言，便出现了力学之于语言的"语言力"，方言的"语言力"在使用过程中较之普通话效果明显略胜一筹。

场景一：

　　小甲：吃饭了吗？（普通话）
　　小乙：吃过了，下午的会别忘了，三点在小会议室。（普通话）
　　小甲：好的，头儿们都去吗？（普通话）
　　小乙：不清楚，好像中层干部都在。（普通话）
　　小甲：哦，小 case（小菜一碟）。（普通话）
　　小乙：对了，小石说着，大头儿（顶头上司）可能去哩呀，说话了小心点儿！（方言）
　　小甲：那再！到时候了看呐！（方言）①

很普通的一组对话，在传递关键信息时往往用方言："小石说着，大头儿可能去哩呀，说话了小心点儿！"一是提醒，交谈中突然插入方言，为引起受话者注意；二是强调，说话者肯定事情的重要性。

场景二：

　　妈妈：吃完饭就去写作业。（普通话）
　　孩子：看会儿电视再写，就看一会儿。
　　妈妈：你一回家就在看电视，赶紧写去。（普通话）

---

① 搜集整理于田野作业中，因当事人要求均为化名。

孩子：（一直在看电视，没有丝毫写作业的意思。）
妈妈：快点，都快8点了，你动作又慢，想写到几点？（普通话）
孩子：（还在客厅磨蹭着）
妈妈：我说着冇听见着哇，给个脸好染大红着！（方言）
孩子：（迅速溜进书房）①

在普通话力度稍显逊色时，方言强有力的话语力度在交际中起着极强的说服力，"给个脸好染大红着"是一句方言俗语，意思是蹬鼻子上脸，孩子接收到类似的方言信息，就知道家长传达给他的是一种强有力的话语信息，有"命令"的意图。

场景三：

顾客：师傅，西红柿咋卖？
卖主：3斤10块。
顾客：（逐个挑选）
卖主：西红柿都是新鲜的，不用挑！
顾客：（还是逐个挑，有时还拿起一个捏一捏）
卖主：哎呦，都是好的，别捏，捏坏了没法卖！
顾客：没事，我就挑几个。
卖主：再甭捏，捏着软塌塌（绵软）的阿门（怎么）卖哩着！
顾客：再挑两个。
卖主：你这个人阿门这么个，说好不听呐，你就买着五六个，还要阿个（哪个、每个）啊都捏个哩啊，像你这么，买来了都捏个，那我的西红柿再卖哇甭卖？
顾客：好，好，好。②

---

① 搜集整理于田野作业中。
② 同上。

第五章 河湟方言的"方言情感"

在力学层面上研究语言,便出现了力学之于语言的"语言力"。从微观上看,"语言力"的作用完成在具体的语言行为中,但从宏观上看,这种"力"同时还要遵循其运作原则。互动双方施以语言力时若不受约束,必然造成腐蚀、侵害、诱惑、逆反等不良效果[①]。故此,交际过程中语言力的实施必然遵循"公平合适"原则。

"公平"即指平等互动。交际双方因各自在社会群体中的角色分工不同而各有差异,但不存在阶级等级,故而交际活动中的交际双方必然是平等的。比如,去商场超市购物的人们都是添补给需。求助别人时自然会拿出自己的诚意:"不好意思,打扰一下,请问养乐多在哪儿?"被求助者接收到求助信息后,会以同样的诚意回馈:"一直往里走,第3排货架后的冷藏柜里就有。"即使被求助者无法施以帮助,也会想其他办法:"这个我也不太清楚,你可以问问这儿的服务员。"相反,如果出口就咄咄逼人:"哎,养乐多在哪儿?"结果会怎样?被求助者或许装没听见,或许:"不清楚!"或许:"问我吗?不好意思,不知道!"这就是平等互动。互动双方可能是教授、是大Boss、是学生、是务工者,但此时会因自己在社会群体中的角色分工不同而居高临下或卑贱不已吗?答案只有一个:绝对不会。因为每一个个体立足于社会群体中,有别于他者的差异有且仅有一个:角色分工。再如登机时,机舱拥堵,刚登机座位在后面的乘客被堵在过道进不去,可能会原地等待,可能会跟着人流慢慢往前挪动:"师傅,麻烦借过!""稍等一下,现在没法动,前面好像有人放行李呢!"互动双方素未谋面,前者或许是某单位领导,后者或许是小员工出差,那么,是领导的一方此时拿出官威发号施令,结果会怎样?大家同乘一个航班,每一个个体都是相对独立的存在而互为平等,此时施以语言力的双方违背平等原则,结果可想而知。

"合适"即指和平、宽容、适中。与数学中的黄金分割法一样讲求最优选择,它不是妥协、不是调和,而是针对问题的最高效解决方法:至诚、至善,从而"天下至诚,为能尽其性。能尽其性则能尽人之性;能尽人之性,则能尽物之性;能尽物之性,则可以赞天地之化

---

① 罗志野:《语言的力量——语言力学探索》,东南大学出版社2009年版,第32页。

育;可以赞天地之化育,则可以与天地参矣"[1]。其根本就是人们的自觉修养达到至善而造福于人类和自然的理想境界。交际过程中,互动双方要在了解对方心理的基础上,选择处理问题的最佳方法。比如,学校里老师要面对不同性格、不同家庭背景、不同能力水平的学生,这时,老师和学生的交流就要特别注意"合适":

老 师:最近好像有点心不在焉呐!
学 生:(低头不语)
老 师:说说吧!
学 生:(不语)
老 师:几位任课老师都反映了,上课犯困,作业完成得不好,什么情况?
学 生:没有。(磨磨唧唧地说)
老 师:现在没别人,就咱俩,说说吧,怎么回事?是不是家里又不安静了?
学 生:(低头不语)
老 师:是不是家里又闹了?
学 生:(低头不语,眼泪在眼睛里打转)
老 师:父母有父母的问题,但你已经是大孩子了,要对自己负责!
学 生:(低头默默流泪)
老 师:大人的事我们不懂,但我们也是家里的一员,如果他们再争吵不休,我们可以随时站出来制止啊!
学 生:(抬起头看着老师)
老 师:我们的任务就是学习,他们再三破坏我们的学习环境,我们完全可以站出来制止:这是家,谁家都是其乐融融的,在学校受委屈了还可以回来找安慰,可现在这么吵吵吵吵,别说安慰了,连安静地写作业都实现不了,还是家吗?
学 生:(哽咽着)每次都是他们在吵,每次都是我在妥协,

---

[1] (西汉)戴圣编:《礼记》,刘小沙译,北京联合出版公司2015年版,第79页。

没完没了!

老师:之前跟你妈妈谈过,他们确实有苦衷,可是一味地争吵也解决不了问题!太影响你了!

学 生:(哽咽着)有时候我真想从房间冲出来大喊!

老师:这件事我再想办法,但你是大孩子了,意志力要足够坚强,不要因为任何外界因素影响自己的学习生活!和老师一起加油好吗?

学 生:(抹着眼泪)嗯嗯,听您的!

老师:你的底子那么好,别耽误了!让以前那个活泼、用心的你快点回来吧!老师永远支持你!

学 生:(破涕为笑)谢谢老师,我会加油的!

老师:快去吧,铃响了,好好听课!

学 生:老师再见!①

显然,老师很清楚这个学生的家庭情况:"是不是家里又不安静了?""是不是家里又闹了?"在此基础上,设身处地和学生站在同一层面:"大人的事我们不懂,但我们也是家里的一员啊,如果他们再争吵不休,我们可以随时站出来制止啊!"这样一来,学生马上意识到老师真的要帮助自己,所以主动打开心扉,打破了不开口的僵局:"每次都是他们在吵,每次都是我在妥协,没完没了!"甚至最后非常情愿接受老师的建议:"嗯嗯,听您的!"并对改变自己糟糕的现状充满信心:"谢谢老师,我会加油的!"在此过程中,老师并没有高高在上地打压,而是设身处地地想办法解决问题:"我们的任务就是学习,他们再三破坏我们的学习环境,我们完全可以站出来制止:这是家,谁家都是其乐融融的,在学校受委屈了还可以回来找安慰,可现在这么吵吵吵吵,别说安慰了,连安静地写作业都实现不了,还是家吗?"与此同时,老师虽然和学生保持同一阵营,但老师并非一味地否定家长,因为这样会无意识地让孩子认为自己的错误是别人造成的,从而造成孩子无法正视错误、不能承担责任的后果。同时,老

---

① 搜集整理于田野作业中。

师也在为家长欠妥的行为找解释:"之前跟你妈妈谈过,他们确实有苦衷。"让孩子明白家长也是情非得已。交际过程中,老师准确地把握了"合适"原则,将一场可大可小的家庭矛盾化解开来,一方面,没有破坏家长在孩子面前树立的威信,让孩子了解大人有大人的难处;另一方面,把针对"上课犯困,作业完成得不好"的批评教育巧妙地转化成一次谈心,疏解了孩子封闭、憋闷的心绪,不仅谈话氛围轻松,而且让孩子自觉树立了学习和生活信心。换言之,若老师在批评教育前没有了解学生的情况,再若交谈过程中始终保持居高临下的态度,不为学生换位思考,结果又会怎样?故而,交际过程中把握"合适"原则,不仅能顺利达成交际目的,还能起到事半功倍的效果。

那么,方言真的有"优劣"之分吗?其实从河湟方言的话语力度可以看出,人们在交际过程中偶尔会出现标准语起不到强调、肯定、突出重点等作用的情况,这时夹带几句方言,一则能引起听者注意,二则表示言说者观点的强化。换句话说,当标准语在某些情况下"不好用"时,方言的优势展露无遗。故而,可以将人们评价方言优劣的标准归纳为:第一,完成交际行为的效率是否高效,第二,语音是否悦耳。可以看出,人们评价方言的优劣,往往自觉、不自觉地把标准建立在方言的交际价值上,其实是有理可循的。而语音的"悦耳",就是听起来是不是好听,判断的依据除了受方言情感中其他因素影响外,基于民众长期以来对自身方言的依恋感,以及从小养成的语音习惯。

第三节 方言的"亲疏感"

方言的"亲疏感",是人们乡土观念情感的浓厚表现。其实,在某种程度上,正是方言"亲属感"的存在,保持和传承了该方言集团在政治、经济、文化、语言等方面的传统,与此同时,将其他方言集团在政治、经济、文化、语言等方面对本方言集团渗透、同化的可能性抵制在外,主要表现在两个方面:

其一,方言的乡土根性。

第五章 河湟方言的"方言情感"

索绪尔提出:"'乡土根性'使一个狭小的语言共同体始终忠于它自己的传统。这些习惯是一个人在他童年最先养成的,因此十分顽强。"① 方言的"乡土根性"从人们呱呱坠地到溘然长逝伴随一生,曲高和寡的也好,下里巴人的也罢,只要一开口,唇齿间碰撞出的有温度、有地方标识的语音洋洋盈耳。在说不同方言的人们所组成的社会集团中这种表现更为明显:笔者在北京学习期间就经历了这样一幕:周末在"大悦城"闲逛,因为被海报吸引就进到一家店里看了看,那天人很多,试衣间门口都在排队,这时听到一个声音:"这一件不成吧,领子太低了,假期里穿着家里去,妈妈肯定说哩啊!"(河湟方言)看过去,两个学生装扮的女孩,一个不太愿意试,一个说:"冇事儿,再两天热死哩啊,那你不买这个买阿个(哪个)哩啊?冇道(难道)长袖哇?"一听是老乡,笔者忍不住上前搭讪:"同学你好,你们是哪个学校的?"(普通话)她们似乎有些诧异,不知道要发生什么,只是面面相觑,看着她们不回答于是又问:"你们是从青海过来的吧!"(普通话)"是啊!怎么了?""我也是青海的,我是西宁的,你们阿里(哪里)的?"一听是老乡,她们的戒备有所放松:"我也是西宁的,她是大通的,我俩在北邮哩啊!"一番寒暄后,她们让我先试,还热情地帮忙参谋、拿东西,那些起初的陌生感和距离感霎时间荡然无存,留给我们的是"独在异乡遇乡音"的温暖。身在异地,倘若不拿出自己的家乡方言"做证",有谁能在茫茫人海中重温家的美好?"少小离家老大回,乡音未改鬓毛衰"形象地反映了这种十分顽强的"乡土根性"。另外,方言这种"乡土根性"也极具说服力地表现在特定的民俗活动中。

青海民和地区每逢正月十五都要举行"来宝"傩祭活动,目的是为当地民众祈福纳吉。此日,有一老一少反穿皮袄、赤脚、束彩绸、戴面具扮演"来宝",装扮好后,他们先与村民一起到庙中祭祀村落保护神,而后到寺院给神佛献舞。这一切结束后,"来宝"便逐一到各家完成驱邪纳吉的仪式。主人在大门口设好香案、摆好供品,下跪迎接"来宝"。"来宝"先跳舞,然后给虔诚的主人作揖,并说:"霍

---

① [瑞士]索绪尔:《普通语言学教程》,岑麒祥等译;商务印书馆1980年版,第287页。

坚老年家主什尼阿莫先!"意思是问候霍尔家的新年好，主人回礼，并给"来宝"敬酒，来宝接过酒杯致祭辞："喔，东家，向月亮、太阳、土地、苍天、老年人要有虔心！我说的不是'来宝'的话，而是地方福神和寺主老爷的吩咐。""在正月十五的一天，把诸神请来，供在大场上祭祀，戌时在前面后面、左面右面的山头上需要放火。要问为什么？是因为把民间的病痛灾难、口舌是非、妖魔鬼怪，统统都由福神和寺主老爷赶到远方的黑山后头、黑河中间。"① 接着，祷告祝词："后人们该当喇嘛就当喇嘛，该当俗人就当俗人。愿当喇嘛者，让他在宗喀巴的座下，学好经文，成为赵化山城和寺里的大喇嘛！对为俗者应当是，送到学校，教会圣人的文墨，通达官场、民间的礼节，成为有功名、有声望的人才！对女儿们应当是，从针线抓起，学好茶饭，在大家庭里能够应酬各种人情礼节，与富豪家结为姻亲！……对饲养牲畜应当是，骡马成群，羊满圈……"② 而后，"来宝"把酒向主人家门内洒去，主人起身再次向"来宝"敬酒，此时"来宝"揭开面具饮酒，并接受人家的供品，最后双方相互作揖告辞。在这种特定场合，无论是主人与"来宝"相互间的简短交流，还是"来宝"在进行仪式时的祝祷，用的都是当地的方言土语，与其说这是一种语言习惯，不如说这是从此种信仰诞生起就流传下来的言语习俗，这种浓烈的"乡土根性"，一方面促成了信仰本身的绝对功利性目的，因为民众与"来宝"都是当地土生土长的，双方使用的语言都是土生土长的方言土语，民众心里抱有极大的"纳吉"愿望，在"来宝"祝祷时，整个话语场域内的人都视此种语言为"母语"，在共同的"统觉背景"下，民众与"来宝"之间无形中达成了心理上的默契，前者旨在"纳吉"，后者意在"送福"；另一方面这种民俗场域内浓郁的话语"乡土根性"，是促使此种民俗事象传承至今的依托，没有语言的传承，民俗事象便不会像当下表现出的这般饱满，没有语言的传承，民俗事象会逐渐干瘪甚至消亡。

---

① 鄂崇荣：《土族民间信仰解读——地方性信仰与仪式的宗教人类学研究》，甘肃民族出版社 2008 年版，第 77 页。
② 同上。

第五章 河湟方言的"方言情感"

其二,方言的"身份认可"。

尔尼雪夫斯基曾说:"用我们的语言说话的人是我们的人。"[①] 所以日常生活交际中,用方言进行"身份认可"的情况屡见不鲜。举一个很普通的例子:

莫家街市场的马忠食府人头攒动……

服务员(西宁方言):吃点抓面(西宁地区的特色小吃)?
女顾客(普通话):这个是热的吗?
服务员:嗯!
女顾客(普通话):分大小碗吗?
服务员(西宁方言):分着!
女顾客(普通话):来个小碗吧!
服务员(西宁方言):素面哇花面?(两种不同口味的抓面,花面里放有肉、杂碎)
女顾客(普通话):花面是?
服务员(西宁方言):(有点不耐烦,指着装好花面的碗)那么的!
女顾客(普通话):好吧!
服务员:(随手端了一个装好的碗递给了女顾客)先把钱儿付掉!
(这时过来了一个男顾客)
男顾客(西宁方言):买卖(生意)就好啊!
服务员(西宁方言):中(还可以)着(语气词)!你吃点啥哩呀?
男顾客:来个素面吧!
服务员:大碗?
男顾客:小碗吧!
服务员:(顺手端了一碗装好的素面,准备下锅用热汤焯

---

① E. C. 库兹明、B. E. 谢苗诺夫主编:《社会心理学》,卢盛忠译,杭州大学心理系出版 1981 年版,第 92 页。

· 227 ·

一下。)

男顾客：你给我重（重新）抓给一碗吧！

服务员：一样着呗！

男顾客：重抓给的新鲜点吧！麻烦了啊！

服务员：冇事儿！（重新抓了一碗，焯过汤，配好佐料端给了男顾客）

男顾客：（看了看）要不来个花面吧！

服务员：（有点不耐烦，接过碗）想好了冇？

男顾客：你看我再事情多着，把你麻烦给了几回啊！

服务员：（笑了笑）

男顾客：你们这儿人多啊！光阴（工资）敢冲（这里指丰厚）吧！

服务员：将凑（凑合），再你们俩比不成呗！

男顾客：你啊门！我们一点儿死工资啊！再有啥哩？

服务员：（呵呵地笑）

男顾客：多拾掇（在这里是"放"的意思）给点腱子（腱子肉）啊！

服务员：（一边点头，一边调制花面，调好后端给了男顾客）

男顾客：麻烦了啊！那钱儿？

服务员：冇事儿，吃罢（完）了再！

男顾客：好！汤有哩？

服务员：嗯，你把你吃，一挂（一会儿）了给你端上过来！①

女顾客和男顾客的目的一致，都是要吃一碗面，可是交际效果却存在极大的差异：女顾客说一口流利、标准的普通话，虽然能准确无误地表述自己的消费诉求，但信息接收者接收到的也仅仅是她的客观诉求："这个是热的吗？""嗯！""分大小碗吗？""分着！""来个小碗吧！""素面哇花面？""花面是？""那么的！""好吧！"

---

① 搜集整理于田野作业中。

一问一答间，虽不存在交际困难，但达成交际事实确也生硬，从服务员"惜字如金"的口气中可以看出；而男顾客一开口就是符合特定交际场域的方言，信息接收者一听便知是"自己人"，加之这位男顾客得体、舒服地寒暄："买卖就好啊！"就算再三变换自己的行为诉求："你给我重（重新）抓给一碗吧！""重抓给的新鲜点吧！麻烦了啊！""要不来个花面吧！""多拾掇给点腱子啊！"对方也会不厌其烦地满足。整个过程看似是不经意的闲聊，"买卖就好啊！""你们这儿人多啊！光阴敢冲吧！""将凑，再你们俩比不成呗！""你啊门！我们一点儿死工资啊！再有啥哩？"虽然这种你来我往的闲聊在消费行为层面上不存在实际意义，但就是这看似不经意的聊天，聊出来的是较之前面一位顾客更好的消费结果：男顾客换了一次面的种类，又要了一碗感觉上新鲜一点的面，最后加的腱子肉又略多，这一切诉求的提出对于信息接收者来说都不存在陌生感和隔阂感，满足顾客的消费需求又是在一个自然、顺畅、不经意的过程中完成和实现的，这其中，方言"身份认可"的特性效果极强。可以看出，民间生活场域内，方言是交际的首选语言，那种交际中的陌生感被方言的熟悉音韵打破，在缩短人与人之间距离的同时，可以得到本土方言群体的认可。在本土方言群体的小语境中，方言的位置被这种亲疏感重又提升，交际中，交际双方在有效传递话语信息的同时，又能达成共同意愿，在活跃交流气氛的同时又增进了情感。日常生活中类似这种情况举不胜举。另外，方言的身份认可还体现在它强有力的"群体识别"上，这一点在"河湟方言的民俗文化功能"一章中有所阐述。

  用所使用的语言判定群体的身份——"用我们的语言说话的人是我们的人"，一直以来成为群体归属感的公式。在由说不同方言的人们所组成的社会集团中，诸如医院、学校、企事业单位、车站、机场等地，这个公式的意义表现得更加明显：说同一方言的人们往往具有更高的内部协调性和融洽性[1]。

---

[1] 谢伯端：《试论方言情感》，《湘潭大学学报》1985年第5期。

小　结

　　一个地区的语言总是无形中反映着该地区的社会心理，使用这种语言的民众也对自己的母语怀有深刻的感情。在经历了漫长的岁月沉积后，"方言情感"这种无形中产生的社会心理现象，是民族语言集团在语言情感上的表现形式，它表达着人们的社会价值观念、社会文化心理。评价一种语言正确与否、纯洁与否，标准的尺度在社会，而不在语言本身。各类方言情感并非互不影响，它们实则是一个情感整体。与此同时，身处不同的语境，方言情感中占支配地位的情感类型也各不相同。我国人口众多，方言复杂，严重的方言分歧在一定程度上削弱了现代汉语作为交际工具的作用，看似不利于我们的现代化建设，但是，我们有必要研究方言情感，因为在尊重人们方言情感的前提之下，才能因势利导地加速我国语言现代化进程。

第六章　现代文明冲击下河湟方言的生存困境

德国语言学家赫尔德曾提出，认识一个民族，首先要认识这个民族的语言。通过语言，民族的文化精神、文化心理透露无疑，故而，语言本身就是一种文化现象，脱离了文化背景的语言，算不上真正的语言[①]。刑公畹也曾说，语言不能脱离文化而存在，语言不能脱离社会流传下来的决定我们生活面貌的风俗和信仰的总体独立存在，文化是语言的内在本质。随着文化的发展，语言越来越具有相对独立的意义而成为文化的独特形态。这种形态，不是一些抽象的物理符号的堆砌，而是一种具有实际意义的形式，它体现了人们在创造世界过程中思维的方式、范围、深度。这正如美国语言学家沃尔夫所说，"我们都按自己本族语所规定的框架去解剖大自然，我们在自然现象中分辨出来的范畴和种类，并不是因为它们用眼睛瞪着每一个观察者，才被发现在那里，恰恰相反，展示给我们的世界是个万花筒，是变化无穷的印象，必须由我们的大脑去组织这些印象，主要是用大脑中的语言系统去组织"[②]。河湟方言作为汉语北方方言的一支，其语言发展无外乎也受时空所限而成一体，这"一体"又像一块世代传承的"活化石"，承载着该地区丰富的文化内涵和源远流长的文化传统，凝聚着民众的智慧和文化心理。但就在我们享用这独具风格的"一体"并陶醉于此种异域景观时，殊不知它也在悄悄发生着变异，甚至存在

---

① 张筠：《论呈现为民俗文化的活态语言》，《青海社会科学》2012年第5期。
② 曹晓安：《从萨丕尔—沃尔夫假说看语言对思维和文化的影响》，《重庆科技学院学报》2008年第7期。

生存危机。

第一节　普通话为主体文化的生存环境

每个国家、每个民族为了社会交际和事业发展，都在不同程度上重视和推广标准语，我们国家也不例外。先秦汉族的共同语是"雅言"，到了汉代是"通语"，明代又是"官话"，辛亥革命以后称其为"国语"，到了新中国成立以后便称为"普通话"。①"普通"是"普遍通行"之意，在台湾及海外，"普通话"又被称为"国语""华语"，大陆地区，"普通话"则是语言学家确立的、规范化的汉民族共同语。以北京语音为标准、北方方言为主体、典范的现代白话文著作为规范。

一　政治环境

为推广普及、规范使用汉语共同语言"普通话"，国家制定了一系列法律条款、法规、方针、政策。

1. 法律条款：②

《中华人民共和国宪法》第 19 条规定："国家推广全国通用的普通话。"

《中华人民共和国民族区域自治法》第 37 条规定："招收少数民族学生为主的学校，有条件的应当采用少数民族文字的课本，并用少数民族语言讲课；小学高年级或者中学设汉语课程，推广全国通用的普通话。"第 49 条规定："民族自治地方的自治机关教育和鼓励各民族的干部互相学习语言文字。汉族干部要学习当地少数民族的语言文字，少数民族干部在学习、使用本民族语言文字的同时，也要学习全国通用的普通话和汉文。"

《中华人民共和国教育法》第 12 条规定："学校及其他教育机构进行教学，应当推广使用全国通用的普通话和规范字。"

---

① 吕静：《推广普通话与保护方言》，《伊犁教育学院学报》2005 年第 12 期。
② 《推广普通话的法律依据》，《基础教育研究》1998 年增刊。

《中华人民共和国义务教育法》第 6 条规定:"学校应当推广使用全国通用的普通话。招收少数民族学生为主的学校,可以用少数民族通用的语言文字教学。"

《中华人民共和国义务教育法实施细则》第 24 条规定:"实施义务教育的学校在教育教学和各种活动中,应当推广使用全国通用的普通话。师范院校的教育教学和各种活动应当使用普通话。"

2. 法规条例[①]

《扫除文盲工作条例》第 6 条规定:"扫除文盲教学应当使用全国通用的普通话。"

《幼儿园管理条例》第 15 条规定:"幼儿园应当使用全国通用的普通话。"

《民族乡行政工作条例》第 14 条规定:"民族乡的中小学可以使用当地少数民族通用的语言文字教学,同时推广全国通用的普通话。"

《中华人民共和国广播电视管理条例》第 36 条规定:"广播电台、电视台应当使用规范的语言文字。广播电台、电视台应当推广全国通用的普通话。"

3. 方针政策:

(1) 新中国成立后推广普通话的方针和政策

1956 年 2 月 6 日,周恩来总理就推广普通话工作问题签发了国务院文件,文件提出了有关推广普通话的政策要求,具体内容如下:

"从 1956 年秋季起,除少数民族地区外,在全国小学和中等学校的语文内一律开始教学普通话。到 1960 年,小学三年级以上的学生、中学和师范学校的学生都应该基本上会说普通话,小学和师范学校的各科教师都应该用普通话教学,中学和中等专业学校的教师也都应该基本上用普通话教学。各高等学校的语文教学中也应该增加普通话的内容。中等学校、高等学校的就要毕业的学生和高等学校的青年教师、助教,如果还不会说普通话,应该进行短期的补习,以便于工作。教育部和高等教育部应该分别定出大力加强各级学校汉语教学、

[①] 《推广普通话的方针政策》,《基础教育研究》1998 年增刊。

促进汉语规范化的专门计划,报国务院批准施行。"①

"中国人民解放军部队文化教育中的语文课和中国人民解放军所属各级学校的语文课,都应该用普通话教学。战士入伍一年之内,各级军事学校学员入学一年之内,都应该学会使用普通话。各机关业余学校中的语文教学,也都应该以普通话为标准。"②

"青年团的各地支部和工会的各地组织,都应该采用适当的和有效的方式,在青年中和工人中大力推广普通话。青年团员在学习和推广普通话方面应该起带头作用。工厂(首先是大工厂)中的文化补习学校、文化补习班和农村中的常年民校的高级班,都应该尽可能地、逐步地推广普通话的教学。"③

"全国各地广播电台应该同各地的推广普通话工作委员会合作,举办普通话讲座。各个方言区域的广播站,在它们的日常播音节目中,必须适当地包括用普通话播音的节目,以便帮助当地的听众逐步地听懂普通话和学习说普通话。全国播音人员、全国电影演员,职业性的话剧演员和声乐(歌唱)演员,都必须受普通话的训练。在京戏和其他戏曲演员中,也应该逐步地推广普通话。"④

"全国各报社、通讯社、杂志社和出版社的编辑人员,应该学习普通话和语法修辞常识,加强对稿件的文字编辑工作。文化部应该监督中央一级的和地方各级的出版机关指定专人负责,建立制度,训练干部,定出计划,分别在两年到五年内基本上消灭出版物上用词和造句方面的不应有的混乱现象。"⑤

"全国铁路、交通、邮电事业中的服务人员,大城市和工矿区的商业企业中的服务人员,大城市和工矿区的卫生事业中的工作人员,大城市和工矿区的警察,司法机关中的工作人员,报社和通讯社的记者、文化馆站的工作人员,县级以上的机关团体的工作人员,都应该学习普通话。上述各有关机关应该分情况,定出关于所属工作人员学

---

① 《推广普通话的方针政策》,《基础教育研究》1998年增刊。
② 同上。
③ 同上。
④ 同上。
⑤ 同上。

习普通话的具体计划,并负责加以执行,使它们所属的一切经常接近各方面群众的工作人员在一定时期内都学会普通话。"①

"一切对外交际的翻译人员,除了特殊的需要以外,应该一律用普通话进行翻译。"②

(2) 改革开放以来推广普通话的方针和政策

当前,我国社会主义现代化建设迅速发展,新的形势对语言文字工作提出了新的要求。党中央和国务院适时地规定新时期语言文字工作的方针为:"贯彻执行国家关于语言文字工作的政策和法令,促进语言文字规范化、标准化,继续推动文字改革工作,使语言文字在社会主义现代化建设中更好地发挥作用。"③当前的主要任务是:"做好现代汉语规范化工作,大力推广和积极普及普通话;研究和整理现行汉字,制定各项有关标准;进一步推行《汉语拼音方案》,研究并解决实际使用中的有关问题;研究汉语汉字信息处理问题,参与鉴定有关成果;加强语言文字的基础研究和应用研究,做好社会调查和社会咨询、服务工作。"④

"为了适应改革开放、经济建设和社会发展的需要,1986年国家把推广普通话列为新时期语言文字工作的首要任务,1992年把推广普通话工作方针由原来的'大力提倡,重点推行,逐步普及'调整为'大力推行,积极普及,逐步提高',在强化政府行为,扩大普及范围,提高全民普通话应用水平方面提出了更高的要求。"⑤

二 社会环境

就全球局势看,世界上现有语言6000余种,其中亚洲占32%、非洲占30%、太平洋诸国占19%、美洲占15%、欧洲占3%,在这6000余种语言中,有3000多种语言的使用人口只有10000人左右,而其中的1500多种语言的使用人口在1000人以下,与此同时,世界

---

① 《推广普通话的方针政策》,《基础教育研究》1998年增刊。
② 同上。
③ 同上。
④ 摘自1986年全国语言文字工作会议纪要。
⑤ 《推广普通话的方针政策》,《基础教育研究》1998年增刊。

// 河湟方言文化与民俗学特质研究

上有不到 300 种语言（如汉语、英语、西班牙语、阿拉伯语、印第安语等）的使用人口均在 100 万人以上，合计有 50 亿人口之多，约占世界人口的 95％，而其中 10 种语言的使用人口竟占了全球人口的一半①。可以看出，世界语言的多样性大部分由少数民族语言、土著语言、弱小族群语言等构成，虽然正是这些语言多样性的存在促使人类文化呈现多元化态势，但是，全球语言文化的多样化正在遭受前所未有的威胁。1995 年美国科学进步年会上，研究语言消亡问题的专家 Michael Krauss 教授做出预言：21 世纪末，全球 95％ 的语言行将合并，甚至消亡。同年，他在日本国际濒危语言研讨会上提出，现有的 6000 余种语言中，20％—50％ 的语言呈现出后继无人的状态，只有 5％—10％ 的语言目前是"安全"的，剩下的部分全都是"濒危语言"。

在我国，自古至今都大力推行共同语，譬如"雅言""通语""官话"和"国语"，都是适应各个历史时期的社会需要②。一方面，使用民族共同语、推广普通话，是打破封闭状态进行国内、国际交往的有力保障。我国综合国力不断增强，社会主义市场经济发展迅速，计算机、通信等信息产业的蓬勃发展，高新技术应用的不断纵深开拓，使得国家在与世界各国经济往来和教育、科技等方面的跨文化交流频繁且深入；另一方面，使用民族共同语、推广普通话，对继承和弘扬民族传统文化，增强民族凝聚力、向心力具有积极的促进作用。经济基础决定上层建筑，随着经济事业的迅速发展，中国文化对世界的吸引和影响也越来越深刻，这就促使人们冲破地域界限，通过使用普通话减少语言交际的困难，促进国际交往，从而达成有效的跨文化交流，在汲取外来文化血液的同时，更加坚定民族信心以大力传承和弘扬中国文化。

20 世纪末到 21 世纪初，商品大流通、信息大交流、人才和劳动力大流动空前繁荣，为推广普通话提供了强劲的动力支撑。广播电视

---

① 冯小钉：《语言消亡与保护语言多样性问题的研究评述》，《安徽大学学报》2003 年第 5 期。
② 吕静：《推广普通话与保护方言》，《伊犁教育学院学报》2005 年第 12 期。

"村村通"工程、移动通信网络的高度普及,促使大众收听和使用普通话的几率大幅增加①。据工业和信息化部2013年10月公布的数据,"2013年第三季度,全国电话用户达14.77亿户,其中移动电话用户超过12亿户;固定互联网宽带接入用户达1.86亿户,其中4M以上用户占宽带用户总数的比重达75.4%;移动互联网用户达8.2亿户,其中3G上网用户占比超过30%"②。在此种形势的驱动下,人们不得不将普通话与"开放、时尚、信息时代"等概念相联系,这种观念被越来越多的人接受,就连认为说普通话是"忘祖忘本"的老一辈人也在逐渐接受普通话,甚至鼓励年青一代要说好普通话。至2011年,九年义务教育的普及率达95%,高等学校毛入学率达26.9%③。国家语言文字工作委员会规定高等院校毕业生的普通话水平要达到二级以上,可以看出普通话等级标准已成为大学生素质考核的重要内容,普通话也已成为各级各类学校的教学语言、校园语言。在亟待发展的移民城市,使用普通话的过程就是逐渐认同其实用价值、文化价值、审美价值的过程。如何让更多的人了解"昆仑文化",如何让更多的人爱上"魅力夏都",如何让这座古老而文明的高原古城跃居为"现代化都市",普通话正以方兴未艾的热潮转变着地方语言观念。

第二节 主体文化背景下的方言变异

随着经济的高速发展、城市化进程的不断加剧、人员流动的大幅增长,语言越来越具有相对独立的意义而成为文化的独特形态,这种独特的文化形态正是承载于被不断丰富和发展的地方语言。河湟方言在融汇各类语言给养的同时,发生着不间断的语言变异,这种语言的变异正是文化接触的外在体现。对河湟方言变异的研究,可以在了解方言变异特征及其制约因素的基础上,进一步了解河湟文化,从而更为深入地考察语言与文化的互动关系。

---

① 王玲玲、袁钟瑞:《现阶段"推普"的动力、问题及对策》,《教育探索》2011年第12期。

② www.ChinaIRN.com,中国行业研究网,2013年10月。

③ www.Chinanews.com,中国新闻网,2012年8月。

一　语言使用层面上的变异现象

基于历史和现实的诸多因素,河湟地区成为典型的"双语社团",甚至是"多语社团"。在这种双语或多语的交际过程中,"语码转换"的情况时有发生。语码转换是在一次交谈中,使用两种或两种以上语言变体的现象①。库珀曾在费希曼和甘柏兹的理论基础上指出,在一个稳定的双语社团中,不同的语言有不同的分布范围,这种分布和每种语言的威望、交谈时的话题、交谈的场合以及交谈双方的关系有关。现将各种语码转换情况和河湟方言的语用实际相结合,解析河湟方言存在的语言变异现象。

1. 司珂滕的标记模式

司珂滕把双语人习惯性的语码选择称为无标记的语码选择,把有意识的语码选择称为有标记的语码选择,这种语码选择和转换的模式必然遵循四项原则。

基本原则:无标记的语码与习惯性的选择一致,有标记的语码与有意识的选择一致。当交际双方分别代表不同话语集团时,比如某单位正在举行一次全国性的文化论坛,邀请了北京、上海、南京、福州、济南、重庆、贵阳、西安等地的专家学者,进行论坛接待工作的是本地学者,当他们接待同样是本地的学者且较为熟悉时,他们会说:"开会来了嘛,那先赶紧把字儿签上。"(河湟方言,意思是来开会了呀,快先签到吧。)可是碰到外地学者时,他们会及时调整自己在交际过程中使用的语言,会说:"是参加文化论坛的老师吗?欢迎,欢迎,请先这边签到,稍后有工作人员带您办理相关手续。"一个习惯讲方言的人在与另一个话语集团成员交际时,及时转换自己的习惯性语码,选择使用普通话,这正是他有意识的语码选择和转换行为,反映着说话人的某种意愿。其意愿为或想要达成某种共识或想要缩短与对方的距离。另外,还存在这种情况:

小新:今天晚夕里可喝酒去哩啊,受死了!(河湟方言,今

---

①　陈松岑:《语言变异研究》,广东教育出版社1999年版,第170页。

第六章　现代文明冲击下河湟方言的生存困境

天晚上又要去喝酒，讨厌死了。）

小刊：谁们着？（河湟方言，都有谁？）

小新：还有谁哩啊，招待来的人哩啊！（河湟方言，招待来单位的客人。）

这时办公室主任出现了：晚上不要安排其他事！（普通话）

小刊：好的，领导！（普通话）

小刊和小新交谈时使用方言，因为二人级别相当、关系亲密。可当办公室主任出现时，小刊立刻转换语码，使用标准语——普通话与其进行交际，在迎合领导的同时表示认同。这就是当交际双方同属一个话语集团时，语码的转换表现着各自的意图，甚至体现权威。如上述交际过程中的办公室主任，即使平日里他也习惯方言，可是在谈及此事时转换成标准语，表达正式的强调。

技巧原则：语言交际中的受话者如果是一个单语者，且仅掌握说话者的有标记语码，那么，说话者就被迫使用对自己来说是有标记的语码与对方交谈，这种情况下"有标记语码"与上述基本原则支配下的有标记语码不同。比如：

卖家：今儿的菜胡嘟来新鲜，你要点啥哩啊？（河湟方言，今天的菜特别新鲜，你想要点啥？）

买主：啊？什么？（普通话）

卖家：我的意思是今天的菜都很新鲜，你准备买点什么？（普通话）

卖家掌握的无标记语码是自己的方言，可是在与顾客的交际过程中发现对方只掌握普通话，所以卖家使用了自己的有标记语码——普通话，而普通话恰恰是这次交际过程中买家的无标记语码。这种主动转换语码的行为目的在于完成与交际对象的准确沟通，从而实现话语双方在本次交际中的共赢结果。

尊敬原则：说话者为表示对受话者的尊敬，博得对方的好感，使自己的语码选择适应对方的需要，这种选择有可能背离习惯性选择。

// 河湟方言文化与民俗学特质研究

比如：

  司　机：老汉家，啊里去哩啊（河湟方言，意思是老人家，要去哪儿啊？）
  老太太：去小桥。（四川普通话）
  司　机：到小桥我们只能走秀水路，其他地方这时候高峰期正堵车呢。（普通话）
  老太太：好嘛，好嘛，随你走！（四川普通话）
  司　机：您老是来度假还是探亲？听您口音是四川那边的吧？（普通话）
  老太太：哪有这个命到处耍！儿媳妇要生喽，喊我过来！（四川普通话）
  司　机：好事好事，您老人家要抱孙子喽！

交际过程中，习惯了方言的司机及时转换语码，从语用效果看，选择适宜对方的语码可以达成双方的交际共识；从情感沟通看，司机的这一举动能拉近与交际对象的距离，也是对年长者的基本尊重。

复合原则：说话者有意识地通过多种语码的交替使用，来显示自己具有多种角色的能力或义务。比如：

  甲：这一次去了好好耍个，最近就忙死给了啊。（河湟方言，这次出去要好好放松一下，最近太忙了。）
  乙：啊来，那哈敢热吧，我再多的衣服有拿（河湟方言，就是，估计那边会很热，我没带多少衣服。）
  甲：我也就是。（河湟方言）
  这时过来了丙：你好，你是坐这吗？（普通话）
  甲：哦，不好意思，我是G23，在后面。（普通话）
  接着对乙说：那你先坐，我过去了，see you。（河湟方言，你先坐，我回自己座位了，过会儿见。）顺势将座位让给了丙。
  甲回到自己的座位，对坐在外面的外国友人丁说：Excuse me, I am G23, so…（不好意思，我的座位是G23，所以……）

丁明白了甲的意思，起身让位。

交际过程中甲交替使用了方言、普通话和英语，在保证和同伴亲密沟通的同时，礼貌满足了来自不同语言集团丙的需求，并将语码及时转换成丁的无标记语码，在顺利沟通的前提下成就了自我意愿，表现出了较强的言语交际能力。

2. 普拉特的理论模型

第一，个人的语言习惯是本人的社会特征潜在影响的结果，这些社会特征包括种族、性别、文化程度、社会经济地位等。河湟地区是一个多民族聚居区，世居的少数民族就有汉族、回族、藏族、土族、撒拉族、蒙古族等，这些少数民族民众在日常交际过程中无不透露出本民族的语言习惯和语言特色。可是随着社会的不断开放和发展，少数民族民众除了与家人交流时习惯使用本民族语言外，在与他民族或他语言集团成员进行交流时，其语言习惯逐渐转化成为使用适应交际对象理解力的语码，特别是那些受过高等教育、具有良好经济基础的少数民族民众，他们在与外界交流时，已经分辨不出其在该言语集团的特征归属，这种语言习惯的变化正是社会特征潜在影响的结果。

第二，双语现象会对语言本身产生影响，在语言受到外力而发生变化的过程中，该语言集团对这种变化可能有两种反应方式：一种是个体反应方式。就是在语言接触中，某个语言集团的成员，了解到自己语言中某个成分与某种令人不满的社会价值相联系，这时他就会尽量减少使用这个成分，从而导致他所说的语言向代表好的社会价值的方向流动。特别像河湟方言这种弱势小方言，往往被视为"不登大雅之堂"。倘若在诸如商场、医院、饭店等公共场合，听到有人正在说方言，旁者总会投去异样的眼光，要么是警告之义（这种场合不能讲方言），要么是轻蔑之义（哪里来的土老冒），要么就是在同等条件下较之说标准语的人遭受差别对待。所以在某些特定的场合，方言逐渐被标准语替代。另一种是集体反应方式。就是不肯丧失本集团社会特征的成员们，顽强保持本集团的语言特征，甚至创造一些新的、不同于其他集团的语言特征，或是用竞争的办法来争取本集团的社会威望。

第三，不同语言集团之间的界限可以从三个方面分析。首先，区别语言集团的难易程度。若某语言集团的成员与非集团成员容易区别，则语言集团间界限明显，若难以区别则界限不明显。比如河湟方言集团中的单语言群体，他们大多为世居在河湟地区的民众，且年事已高，他们的语言系统中只有河湟方言，于是该群体很容易与其他方言集团相区分；若河湟方言集团中的双语言群体在掌握河湟方言的同时，极好地使用着普通话，那么在与其他方言集团相区分时界限就较为模糊。其次，集团成员资格取得的难易。若一个人可以在不同的语言集团之间流动，那么他在选择另一种语码时，不至于丧失原来所属的语言集团成员的资格，而他原来所属的语言集团的界限就比较模糊，反之明显。再者，语言集团对其他语言所持的态度。若该语言集团对其他语言持较为宽容的态度，那么该语言集团与其他语言集团的界限就不明显，保持本集团言语特征的力量也就不那么强，反之，保持本集团语言特征的力量就较强。比如西宁历来是一个古老的移民城市，时至今日，这个"移民"城市的特色也愈演愈烈。城市的发展离不开与外界的互通有无，城市的进步离不开来自五湖四海朋友们的建设，于是河湟方言就在这样一种不断移民化、现代化的趋势下海纳百川，不排斥也不拒绝，各地方言在此形成了一个较为丰富的言语体系，而河湟方言本身的言语特征却在这股洪流中逐渐褪去特色。

3. 贾尔斯和密斯的语言适应论

研究语言接触，不但要研究双语者或双语集团中不同语言的社会功能，而且应该研究双语者进行语码转换的心理状态。这种语码转换时的心理存在聚合和分散两种状态。"聚合"表明说话者谋求对方承认彼此的一致性，在语言上努力适应对方；"分散"表明说话者想要强调彼此的区别或分歧，在语言使用上坚持不同的语码。但在各类语言集团中，影响这种心理状态的因素各不相同，且这种语言适应程度还取决于说话者的语言能力和其他一些个人的、环境的因素[①]。比如，河湟地区的城市人被调往州县某单位挂职，较省会城市不同的是，常年在基层一线工作的人在交流时，往往不会顾忌说话场合是否正式，

---

① 陈松岑：《语言变异研究》，广东教育出版社1999年版，第174页。

都是用大家熟悉的地方话，故而新进入的挂职者势必要在自己语言能力的范围之下，努力适应对方，谋求对方承认彼此的一致性，这也为更好地开展工作打下基础；倘若此时的挂职者在语言能力范围下无心转换自己的语码，为表现城里人的所谓"洋气"而坚持彼此的区别或分歧，那么结果便是对方的距离感，在今后开展工作时难免受阻。

二 语言内部结构中的变异现象

语言的变异除了发生在语言使用的过程中，还发生在语言结构上。因为各类语言集团中同时存在双语者和单语者，不仅双语者的语言会在语言接触中不断变异，就单语者而言，更是因为与集团内部双语者的频繁接触，使得这种变异蔓延到自己的语言中，从而发生语言使用和语言结构上的变异。

1. 语言的干扰

语言干扰的发生通常是母语（或第一语言，即从小最先学会的语言）对第二语言的影响①。这种干扰通常发生在语音、词汇、语法上。比如，河湟方言语音中没有前后鼻音的区分（如下图所示），这也影响方言集团成员在普通话交流中常出现前后鼻音的误读现象。

前后鼻韵母	普通话音节例字	西宁方言韵母发音	西宁方言音节例字
en	分盆真嫩	[ẽ]	分盆真嫩
eng	风碰正能		
in	金拼亲您	[Ĩ]	金拼亲您
ing	经明请宁		
un	春昆滚混	[ð]	春昆滚混
ong	冲东空红		
ün	均云寻准	[ũ]	均云寻准
iong	炯穷熊用		

词汇干扰常表现在词义理解上。比如河湟方言中的"干散"，有

---

① 陈松岑：《语言变异研究》，广东教育出版社1999年版，第174页。

多种意思:"这个尕娃穿着干散呐!"这里是穿衣讲究的意思;"这点事儿办着干散。"这里是办事干净利落的意思;"今儿的这点饭吃着干散。"这里是饭菜可口一扫而光的意思;"这个娃娃的这点字写着干散。"这里形容字写得漂亮;"这点针线活儿做着干散。"意思是针线的针脚细密,针线活见功夫。这些"干散"放在不同的语境中表达不同的意思,可是普通话中却没有如此到位的词汇来形容某件事物,若要刻意找一个官方词汇与之匹配,那就是"讲究"了,可是"讲究"的程度性却大不如"干散",无法充分表达说话者说话时的情感力量。方言词语所具有的义项是该语言集团以词的语音形式所负荷的对外界认识的总结,因而带有该语言集团的历史、文化等因素所决定的特点,双语者往往从母语背景出发,理解另一种语言中词的各个义项。

语法干扰比如现代汉语是牢固的"主谓宾"形式,而河湟方言却有"宾语前置"的现象,比如,"水喝"(喝水)、"饭吃了冇?"(吃饭了没?)、"街上浪走。"(逛街去)等,这种语法习惯常常会影响到普通话,比如:"我先去会议室了,待会儿你过来的时候别忘了文件哈拿上。""到我家来千万别客气,跟在自己家一样,快快快,菜吃啊。"这种宾语前置现象极好地证明了河湟方言语法对普通话的干扰。

2. 洋泾浜和克里奥耳

洋泾浜又称"皮钦语",是语言接触后产生的一种特殊的变体。就是在有限的场合被少数人用来交际,但从严格意义上讲,它与前文提到的任何民族、地区方言的变体都不相同,没有人以它为母语。以河湟地区为例,移民城市的性质决定了日常参与交际的人来自四面八方,这些外来人员不可能在短时间内学会当地语言,故而在与当地人的交际过程中,常以当地影响较大的语言词汇为基础,简化语法结构,混合当地通用的其他语言的某些成分,形成的一种语言变体。例如:

小七:他叫我去他办公室了。
小月:又咋了?
小七:没咋,搅了半天沫沫。

第六章　现代文明冲击下河湟方言的生存困境

小月：那再头疼呗！

小七：到底啥意思我也没挖清，烦死了。

其中"搅沫沫"是河湟地区广为流行的特色词汇，意思是说话啰唆没重点，繁复拖沓，令人生厌，"挖清"是方言词汇，意思是弄懂、明白。双方交流中甲使用了当地影响较大的语汇，语法结构简单，形成的这种变体能同时满足交际双方的需求，从而达成共识。这种言语变体对于地方语言集团外的成员很受用，不仅能达成理解，还能得到对方的言语认同，从而建立良好的交际关系，同时，这种言语变体也流行在本地言语集团成员间，是一种受普通话影响下的方言变体，可以看作是当地民众的某种言语习惯，也可以看作是文化移民带来的某种语言层面上的变异后果。

克里奥耳语是由洋泾浜语进一步发展而来的。比如在一个家庭里爸爸是青岛人、妈妈是西宁人，那么他们的子女就会将某种标准语夹带着青岛话或标准语夹带着西宁话的洋泾浜语作为自己的母语，譬如"青岛普通话"或"西宁普通话"。在这种情况下，洋泾浜语会进入一个自我完善阶段，不断丰富词汇、改进语法，逐渐形成多种功能并存的语言变体来满足交际的需要。而这种变体就是克里奥耳语，它的语言来源是洋泾浜语。

3. 语言联盟

语言联盟是几种没有亲属关系的语言，由于长期共处一个地区，密切接触，从而在语言结构上，产生共同特征的现象。美国语言学家爱德华·萨丕尔也说过："语言，像文化一样，很少是自给自足的。交际的需要使说一种语言的人和说邻近语言的或文化上占优势的语言的人发生直接或间接接触。交际可以是友好的或敌对的。可以在平凡的事务和交易关系的平面上进行，也可以是精神价值——艺术、科学、宗教——的借贷或交换。"[1] 语言的接触存在自然接触、非自然接触，前者是同一空间内不同语言的接触，比如兄弟民族语言间、汉族和兄弟民族语言间的接触；后者是不同空间诸语言间的接触。语言

---

[1] [美] 爱德华·萨丕尔：《语言论》，陆单元译，商务印书馆1986年版，第173页。

联盟就是语言自然接触造成的。河湟地区是西接西藏、南达云南、北连河西的天然交通枢纽，作为丰裕的河湟谷地，河湟地区历来吸引着各类游牧民族的到来，基于此形成了一条重要河湟民族走廊，呈现出官话、各地方言、民族语言等混用的情形，于是形成了汉语同民族语相互渗透、相互转移、相互借用的情况。陈保亚曾提出，语言的接触是"有阶无界"的，语言接触的"度"由各种社会因素所制约，语言接触的"阶"，由原来语言的结构因素决定，社会因素决定了接触的深度以及"干扰"和"借贷"的方向，结构因素决定了同构和对应的产生[1]。

第三节 "方言危机"的成因

语言的变异造成了方言特色的弱化甚至消失，作为传统文化的承载者，这种语言层面上的特色消弭，就是文化差异性和丰富性的缩减。面对河湟方言在现代文明冲击下的生存困境，课题组结合前期"西宁方言语用问卷调查"，开展了数次针对河湟地区民众语用情况的问卷调查（问卷详见文末附录）。此次问卷调查涉及的地域范围较广，涉及西宁、平安、大通、湟源、循化等地；人数众多，共计457人；年龄跨度大，从9岁到87岁不等；职业差异大，有公务员、教师、个体经商者、农民、医生、退休职工、学生、工厂工人、司机、进城务工人员等。

通过问卷整理、统计，课题组发现："如果觉得青海方言不好，原因是：A. 不是自己的母语 B. 听起来特别土 C. 很难理解 D. 较其他语言的有用性弱"中，选择"听起来特别土"占29.7%，选择"很难理解"占18.4%，选择"较其他语言的有用性弱"占23.6%，三个选项中选择"听起来特别土"的居多；"你对'使用青海方言'的态度：A. 很土，自己用青海方言进行交流会显得自己很跟不上潮流 B. 青海方言属于青海地区的传统文化，我们要将它传承下去 C. 对青海方言没有特别的感情 D. 其他"中，选择"很土，自己用青海方言进行交流会显得自己很跟不上潮流"占41.2%，"对青海方言没有

---

[1] 陈松岑：《语言变异研究》，广东教育出版社1999年版，第190页。

特别的感情"占17.8%,"青海方言属于青海地区的传统文化,我们要将它传承下去"占42%,人们对方言使用的立场鲜明,83.2%的人中一半持支持态度,一半持反对态度;"你认为对青海方言及方言文化有保护的必要吗? A. 有必要,应给予很好的保护 B. 没必要,顺其自然 C. 无所谓"中,"有必要,应给予很好的保护"占37.7%,"没必要,顺其自然"占41.5%,"无所谓"占20.8%,大多数受访者对方言及其文化的保护毫无危机感,认为不需保护,发展成什么样就是什么样;"对于青海的地方曲艺你的态度是? A. 非常感兴趣,每演必看 B. 还可以,跟着大家看 C. 无所谓 D. 排斥",选择"非常感兴趣,每演必看"占23.5%,选择"无所谓"占31.2%;"你认为青海方言类电视广播节目的发展前景如何? A. 有极大的发展空间 B. 保持现状 C. 会被普通话或其他方言节目取代 D. 其他"选择"有极大的发展空间"占27.7%,选择"保持现状"占17.9%,选择其他选项的共占54.4%;"你怎样看待青海方言受普通话的影响? A. 语言的正常演变 B. 青海方言正在萎缩 C. 其他"选择"语言的正常演变"占41.7%,选择"青海方言正在萎缩"占51.3%,选择"其他"占7%。"你是否会让你的后代学习使用青海方言? A. 是 B. 否 C. 不清楚"选择"是"占24.1%,选择"否"占41.2%,选择"不清楚"占34.7%。

  被访对象中,大多数人对方言和方言文化并不敏感,存在以下几种情况:会说青海方言的多数人是当地人,他们熟悉方言俚语,对俗语、笑话、顺口溜等内容都较为熟悉,虽然对民间故事的具体情节不熟悉,但大致的故事内容还都能讲述,但对地方传统曲艺只有很少一部分人熟悉和喜爱,他们大多是上了年纪的前辈或者是专门研究地方文化和地方文艺的学者。这其中的部分中青年人,对自己的孩子"会不会说方言"表现出的态度是:"懂不懂没要紧的关系,方言嘛,听听家里人说说就行了,他听会了更好,不会也没关系,反正现在到哪儿都是普通话,关键要让别人听懂你在说什么,要不然办不成事啊!"[1]"方言就没什么关系了吧,我们会说他就会说,现在是不是得

---

[1] 访谈对象:王韶彦;访谈时间:2014年9月;访谈地点:南大街小学门口。

学好英语啊,我们家孩子除了在学校上英语课,周末还得送她上英语辅导班,到初中可能稍微轻松点,现在就是个打基础。她们的英语班上有的孩子都已经能写作文了,想想就着急。"① 他们督促孩子报各种"英语口语班""英语写作班""国际交流强化班",各种外语资料更是眼花缭乱,而对方言却无从提起,家长的态度就是"孩子能说就说,说不了也没关系"。还有一部分人能听懂青海方言,但用方言交际实属困难,特别是其中的青年一代,认为方言粗俗、不登大雅之堂,说方言好像就是与时尚和潮流相悖,这部分青年正在成为"无方言族"。剩下的部分人对青海方言没什么感情,认为方言的存在可有可无,虽然交流中也能说几句,但完全不用方言也不会感觉不舒服,这部分人大多是移民抵青,他们私下生活中更愿意说自己的家乡话。这些情况恰好证实了一点:文化全球化逐渐深入,在这个大环境中,交际语言崇尚共同语已成定式,其地位也被不断提升。

另外,课题组在搜集方言材料的过程中屡屡碰壁,究其原因:部分纯正的河湟方言早已消失,偶遇长者提及时,却因访谈人自身阅历有限难以理解,想要查阅文献记载找到答案时,那些久远的文献、典籍、资料却未曾提及。伴随语言的那些地道民俗事象也随之消亡,访谈过程中,即使谈起一些,老一辈的人也只能大致描述过程,具体细节却难复原。方言流变中产生的严重损失就在于一部分传统文化已经伴着掌握它的那一辈人埋在了黄土底下。就像敬文东说的,对我们来说,方言变得越来越陌生,这一切被时代"缩减",我们想要走进的那个方言时代究竟去了哪里?我们的方言为什么会沦落到如此地步?课题组在田野作业、问卷访谈的基础上,对河湟方言的消变成因总结如下:

其一,城市化进程越来越迅速,它的速度越快,方言的地域性特点消亡得就越快,这一场"农村到城市"的变革,促使了前所未有的"人口大流动",方言的地域性框架被这股人口的洪流冲破,造成了"人口流出"区域框架的解构,与此同时,"人口流入"区域框架不断膨胀,从而,"人口流出"区域的方言使用人口锐减,"人口流

---

① 访谈对象:李友辉;访谈时间:2014年9月;访谈地点:南大街小学门口。

入"区域各类方言混杂,原始语言被冲击。加之,"方言飞地""方言岛"氤氲而生,承载它们的新的移民聚居区被强势方言区包围,交际过程中,这些生存在"方言飞地""方言岛"的弱势方言与周边强势方言频繁接触时,存在被周边强势方言同化的趋势,最终演变为濒危方言。而强势的官方语言也以其话语的"霸权"姿态"垄断"着整个语言环境,使语言环境呈现出不断收缩的态势。

其二,青年一代对方言渐趋疏离。课题组在问卷过程中发现,青年一代掌握普通话的熟练程度远超方言。譬如:20—29岁被调查者中,"在单位或学校听到最多的语言:A. 普通话 B. 自己的家乡方言(此选项针对外来人口)C. 青海方言 D. 各种方言",71.8%的受访者选择"普通话","与同事或同学间的交流,习惯使用的语言:A. 普通话 B. 自己的家乡方言 C. 青海方言",选择"普通话"的占87%,同样是这一年龄段的被调查者中,"与家庭成员的交流习惯使用的语言:A. 普通话 B. 自己的家乡方言 C. 青海方言",选择"普通话"占71%。另外,问及对青海方言的感触,譬如"你对使用青海方言的态度? A. 很土,显得自己很跟不上潮流 B. 青海方言属于青海地区的传统文化,我们要将它传承下去 C. 对青海方言没有特别的感情 D. 其他",受访者中"B""C"选项占比59.8%,其中42%的人认为需要将其传承,其余的17.8%认为方言可有可无,因为现在的交际都是普通话,听者听得清楚,说者说得明白,剩下的41.2%选择"A",认为说方言显得很土,会让别人认为自己跟不上时代。另外就是单语性教育让方言的传承力度不断削弱。我们一进幼儿园接受的就是普通话,小学6年、初中3年、高中3年统统以普通话授课,直至步入大学校门,于是,一代代的人开始疏离自己的方言。这种只注重普通话话语规范的倾向,使方言在某种意义上出现了断层现象,从而削弱了方言的传承性。

其三,在社会交际范围日益扩展的背景下,认为使用方言者就是落后交际工具的守望者,不能够彻底丢弃方言,就是脱不去满身的土气。特别是生活在经济欠发达地区,人们在"非我"的语境中使用方言,或多或少有一些"怕丑"的负面心理,认为说方言就是暴露自己的"土气",这是阻碍方言传承的又一因素。特别是生活在贫困落后地区，人们往往会觉得家乡话"粗俗""土"，与外人沟通时常羞于张口，只在自己的生活领域内用家乡话交流，更甚者会把自己的家乡话归结为落后的表现。正是这些文化心理的驱使，使得方言在传承过程中阻力重重。另外，一些地方的方言也被粗劣地恶搞，那些方言中较粗俗的部分被无限放大，而方言正常的交际性、淳朴性、乡土性却被不断削弱。虽然国家已经出台了保护和抢救方言的诸多措施，但是，得到方言保护的地区普遍都是人口较多、物质条件较丰裕的地区，而那些方言使用人口相对较少、物质条件相对贫乏的地区，想要得到方言和文化上的保护实属不易。

小 结

　　精神文化是思维的直接产物，物质文化是思维的间接产物，基于此，我们可以将语言视为人类的整个文化世界。人们在掌握一种语言的同时，也在接受一种语言所记录的文化世界，同时也是在领略不同文化所描绘出的异域图景。如前所述，语言不仅仅是意义代码，更是文化代码。鉴于语言包含了所有文化积累的信息，这就使得语言不得不成为文化总体中最基本、最核心的部分而被冠以"原文化性"的特点。因生存环境、语言环境受到不同程度的影响，倘若语言层面的地方性特点渐趋消弭，那么语言的"原文化性"特点也将消失殆尽。

第七章　对方言文化整体保护的思考

方言虽然是一种语言的变体，但它是人们交流思想的工具，同时还承载着丰富的历史内容和多彩的地域文化。在我国，方言有着悠久且厚重的文化根基、社会根基，从一定意义上说，方言最自然本质地表达着中国的多元文化，成为一个国家或地区"软实力"的重要组成部分。"我们应当关注濒临灭亡的语言，其原因就如同我们关注灭绝的动物或植物，物种的灭绝会破坏我们这个星球的多样性，在语言问题上，我们谈论的是智能多样性和文化多样性。"① 在文化全球化的今天，保护语言文化的多样性，对社会发展具有重要意义。语言文化多样性好比生物多样性，是保证人类成功生存的关键，减少其多样性，将会缩小人类可以利用的知识库、削弱人们的生存能力。故而，语言的消亡终将会使得人类的思维和心智趋同化，使得多姿多彩的大千世界变得单调无趣。

第一节　语言——人类最后的精神家园

一　哲学反思：语言是存在之居所

钱冠连在《语言：人类最后的家园——人类基本生存状态的哲学与语用学研究》中，对海德格尔提出的"语言是存在之居所"命题，进行了深入阐释：

---

① ［英］戴维·克里斯特尔：《语种消亡与物种灭绝一样可怕》，《参考消息》1999年第11期。

// 河湟方言文化与民俗学特质研究

"任何存在者的存在居住于词语之中。由此，下述命题也为真——语言是存在之居所"，这一说法成为西方语言哲学的宣言。

"我曾把语言称之为'存在之居所'。语言乃是在场之操持者，因为在场之显露已然委诸道说之栖居着的显示了。语言是存在之居所，因为作为道说的语言乃是栖居的方式"，语言使存在得以呈现、得以出场，使存在开敞于并保持于语言中，是语言使任何存在者的存在居住于词语之中。

"在'存在之居所'这一说法中，我并不意指在形而上学意义上的被表象的存在者之存在，而是指存在之到场或现身，更确切地说，是指存在与存在者之二重体的到场或现身，但这种二重体是就其对于思想的重要性方面来理解的"，这种"存在与存在者之二重体的到场或现身"的阐释，解开了西方哲学中"什么是存在"的纠结。

"只有在合适的从而就是能胜任的词语命名某物为存在，并且把当下存在者确立为一个存在者的地方，某物才存在。这岂不是也意味着，只有在合适的词语说话之处才有存在吗？"

"词语破碎处，无物存在"，指出词语本身就是关系，因为词语把一切物保持并且留存于存在之中，词语使世界明朗起来。

"相应的情况是，如果词语能赋予物以'存在'，那么词语也必须先于任何物而存在——也就是说，词语必然本身就是一物。我们于是看到的情景是，词语这个物赋予另一个物以存在"，他指出，词语除了能够给出存在之外，词语本身也是一物，是一个外在对象。

"词语即是给出者。给出什么呢？……词语给出存在。"

"道说意味着：显示、让显现、既澄清又遮蔽又释放地把世界呈现出来。"

可以说海德格尔关于"语言是存在之居所"的命题，把语言抬高到了存在论的地位，因此坚决反对把语言仅仅当成交流思想的工具，他认为这种看法大大贬低了作为逻各斯的语言的意义。伽达默尔对于语言的态度与海德格尔相似，认为语言不仅是人在世界上所拥有的东西，人正是因为语言，通过语言，才拥有世界[1]。语言在"存在"层

---

[1] 徐友渔等：《语言与哲学》，生活·读书·新知三联书店1996年版，第235页。

面上具体表现为：

首先，语言依托具体事物，通过其表述，能找到相应实体的存在物。如"裙子""米饭""洗面奶""出租车""电脑""牙膏""窗户""沙发"等，这些词语使与之相对应的实体物存在可见、可感、可触的物质呈现，只要提起这类词语，人脑中就会立刻浮现实体物的形状与其相匹配。也有这种情况，如河湟方言词汇中的"绑身"（旧时的一种服饰，形状类似夹或面袍子）、"面大豆"（旧时一种面食，将发面擀成一指厚的面饼烙熟，再切成1厘米见方的小块炕干，这样不易变质，常用于远行时充饥）、"气死猫儿"（旧时流行于西宁地区的一种油灯）、"洋戏匣匣"（留声机的俗称）等，虽然这些词汇现已不多见或已不复存在，与之相对应的实体物也很难找到，但不能否认这些词汇在过往的某一阶段、某一时刻真正抓住了当时存在过的实体物，它们在真实描述实体物的同时，再现着当时民众的生活场景，当下若重提"绑身""面大豆""气死猫儿""洋戏匣匣"，那些熟悉它们的人就能生动地再现其生活状态，证明它们的存在。这也体现了索绪尔关于"共时语言学"（synchronic linguistics）和"历时语言学"（diachronic linguistics）的区分：共时语言学研究一种语言或多种语言在其历史发展中的某一阶段的情况，即语言状态（language state），又称静态语言学（static linguistics）；历时语言学集中研究语言在较长历史时期所经历的变化，又称演化语言学（evolutionary linguistics）[1]。

其次，语言也可虚构出某种人或物，虽然被虚构者往往不可见、不可感、不可触，但这种虚构确实是有意义的存在，换言之，这些被虚构物虽不是实体物，但在某种层面上却具备有意义的价值。如"金屋藏娇"中的"金屋"，"上刀山、下火海"中的"刀山""火海"，虽然现实生活中无法找到与之相匹配的实体物，但正因为它们的存在，人们在宣泄情感、交流思想时才能达到淋漓尽致的效果，人类的话语环境也因其得以丰富和饱满。又如文学作品中的"二郎神""红

---

[1] ［瑞士］费尔迪南·德·索绪尔：《普通语言学教程》，高名凯译，商务印书馆2008年版，第194页。

孩儿""天庭""地府""林黛玉""武松""青龙偃月刀""铁脊蛇矛",神话传说故事中的"七仙女""田螺姑娘""小红帽""一休哥"等,虽属于文学塑造,现实生活中没有与其相匹配的实体物,但人们在繁忙、高压的工作之余,可以通过这些虚构缓解压力、释放情感,充盈人们的精神世界。又如河湟方言词汇"叫伴儿"中的"伴儿""猫鬼神""野人婆"等,这些词语虽在现实生活中无法找到与之相对应的、可见、可触的实体物,但就是这些虚构的人、物,却从来没有离开过我们的生活,从它诞生之日起,就一直存在于我们的脑中、观念中、思维中,在某种程度上是我们生存于世的精神存在物。还有一种存在,结合了"寄托体"同"语言标签",它不存活于寄托体上,也不完全存活于语言表述中,但它同时依赖寄托体和语言表述。如青海坎布拉国家地质公园鬼斧神工的"丹霞"地貌,远远望去,山色丹红,山体形态各异,有"乌龟爬山""老翁拜佛""望郎崖""火箭山"等,我们能脱离语境就说它们是"乌龟""老翁""火箭"吗?或者说它们就在"爬山""拜佛""望崖"吗?当然不行。这些词汇是在特定场合,人们根据眼前之景升腾而出的象形性描述,若离开这种特定场景,让看到的实体和这些象形性描述分割,那么这类词语便不复存在。假如把这些词汇带到其他场景,能随便指认某物为"乌龟爬山""老翁拜佛""望郎崖""火箭山"吗?当然也不行,如果那样,词语本身就失去了存在的价值和意义。

再者,纯观念、思考、理念,被词语成功地范畴化、概念化之后就是一种存在。诸如"法治""三严三实""精神文明""民主生活""党委""头脑风暴""利息""借贷""人生观""电商""微商""电子银行""哲学"等,都是纯概念范畴的词语,这些概念的构成往往受语言的制约,这种能够对隐藏着的、意识领域内的观念、思考、理念等通过语言的表达功能呈现其范畴化、概念化,是人区别于动物的能力标记,正所谓"思路在言路中前行"。一个文明如果有着越多这样成熟的纯观念存在(实际上是语言表述),那个文明应该说是一个越成熟、越高度发达的文明。亚里士多德说过,人是具有"逻各斯"的动物。"逻各斯",其实就是语言。人一旦有了"逻各斯",就能不受在场东西的束缚,而牵引出不在场的、未出现的存在。动物靠指示当前在场的东西而相互沟通，人则是因为有语言，能言说不在场的、隐蔽的东西，而相互理解、相互沟通，形成共同生活。通过使用语言，人们才有知识的习得、身心的成长，才会不断感知世界、认识世界、改造世界。

二　文化警醒：语言是民族的指纹与遗产

当那些具有鲜明特色的少数民族元素如藏族的藏袍、撒拉族的小毡帽、回族的盖头等，被隐藏或难以辨别时，语言仍然是识别一个民族的有效标识。民族语，作为民族整体性文化的心理底座，底座奠基在那里，一切宗教、文化样式、思维方式、风俗习惯、生产方式、生活方式等都不能游离，一切都被吸附。

以河湟地区世居的撒拉族为例：撒拉族是我国人口较少的少数民族之一，除少数居住甘肃积石山、青海化隆、新疆伊宁外，主要聚集在青海省循化撒拉族自治县的黄河两岸，呈"凹"字形分布，居住区域东西长90余公里，南北宽25公里左右，总面积约1000平方公里，东与甘肃积石山和本县道帏藏族乡接壤，南临本县刚查藏族乡，西靠尖扎和本县尕楞藏族乡，北同化隆和民和相邻。撒拉族的语言属于阿尔泰语系突厥语族西匈语支的乌古斯语族，与同语族的其他语言譬如维吾尔、乌兹别克、哈萨克、土库曼等语言一样，属于黏着语类型，语言内部较一致，只根据语音和语词上的一些差异，划分为街子和孟达两种方言。通过对撒拉族语言的识别，从而达成对民族属性的鉴定。

撒拉族的人名构成。它与撒拉族的社会历史、家庭制度、宗教信仰、风俗习惯、语言文化、个人的身份角色等因素都存在千丝万缕的关系。其一，引用"圣人""圣女"的尊名。据伊斯兰教法规定，孩子出生3天后，要邀请阿訇给孩子起"经名"，与其相匹配的还有一套保留完整的仪式：阿訇对着孩子低声念"帮克"，并按照男左女右的规矩在孩子耳朵上吹口气，再从伊斯兰教所尊崇的"圣人""圣女"中选出适合孩子的"经名"，通常男孩多为"穆罕默德""尔撒""阿里""欧买尔"等，女孩多为"阿米乃""法图麦""海蒂结"等。其二，用生日起名。撒拉族的节日有开斋节、宰牲节等，另外还有斋月等，凡是在类似的喜庆节日里出生的孩子，都以生日为名，如男孩有"热木赞""居玛""库尔班"等，女孩有"肉札姑""居玛姑"等。其三，用数字命名。用孩子出生时父亲或祖父当时的年龄命名，以示求子心切。

撒拉族的地名构成。地名往往流露着该地区的地域特征和民族特性。撒拉族长者曾说，循化一带原住着"马尔祖乎"（蒙古族），撒拉族先民到此地后，"马尔祖乎"将土地让给了撒拉族人，迁到西海都兰一带去了。音译地名，诸如"崖曼""苏只""尕楞""孟达""苏哇什"等；意译地名，有"西沟"（撒拉语"来西给高力"）"黑大门"（撒拉语"尕拉高"）"红庄"（撒拉语"各孜力达目"）"石巷"（撒拉语"达西高力"）；双语地名，如"孟达——其孜""清水——赛乃尔""街子——阿里特欧里"等。另外，还有根据地理属性划分的地名，如"街子河"（撒拉语"阿里特欧里奥赞"）"孟达天池"（撒拉语"其孜高力"），等等。

撒拉族谚语内容丰富，是撒拉族民间文学的重要组成部分，从活泼的表达中可以看出撒拉族民众热爱生活、勤劳善良、积极进取。此部分内容参见韩建业《撒拉族语言文化论》[1]，如"on gön'gi yaghmurni, bir sap gün halla khuratar, on aghil yohkixni bir barkix khiri, khuratar."十日的雨，一日晴天会晒干，十村的穷人，一个富人能榨干。"yahxi suji mörene furbarar, yahxi ridahji khayagha qibarar."河里淌的是好水手，崖里绊的是好猎手。"garlankhan khoyni böri yiyer."离群的羊儿会被狼吃。"gözge vahalmaghan budah kixni jaghar."不放在眼里的树杈会绊倒人。"yülsuni tiring khazisa dürilanar, alinni ahduh örgense tiranglanar."泉水越挖越清，知识越学越深。"görgen güningni unutkhuma, xangkhiraghingni khurutktua."不要忘了苦日子，不要烤干皮窝子。"guz girgende mux tada, beylu girgende hus tada."立秋摘花椒，白露打核桃。"dal harisa özik ahduhdir, kix harisa gohba ahduhdir."树老根子多，人老主意多。"belia üxer asmanda, keme ener ziminde."百俩（灾难）天上飞，不知降给谁。"berket ense kho

---

[1] 韩建业：《撒拉族语言文化论》，青海人民出版社 2004 年版。

tosulmas, belia gelse dam tosulmas."运气来了门挡不住,灾祸来了墙挡不住。"neme ixse türi khar khirghanka, ixetse geme dimur khaji-ghanka."吃饭像铁锨铲雪,干活像老鼠啃铁。"yahxi kixe bir aghis, yahxi atta bir khamju."好人一句,好马一鞭。撒拉族谚语从时政、事理、修养、社交、生产生活、家庭婚姻、宗教信仰等各角度,总结出了本民族的集体智慧和劳动结晶,给人们的生产生活带来了指导和教化作用。

与此同时,撒拉族语言也在大环境中发生着流变,许多词汇已经消失,那些折射出的民俗事象也随之消亡。如"买吉力斯·艾提",是婴儿出生后举行的仪式,目的为孩子起经名,采福纳吉,但因此俗在现代已经简化,故该词也已消失;"考日",埋葬死人的穴以及堆起的坟头,伊斯兰教中埋尸体的偏坑也可称"考日",但现代语种称"坟墓"为"tebet",它的意义完全可以指代"考日",故而现在"考日"的说法已不多见;"夹格尔加合",是由一条铁链连着两个铁箍而成的刑具,这种刑具在现代已经消失,现代语中有"铁链""铐子"的说法,这种"夹格尔加合"的说法早已不复存在;"买日太拜"是宗教用语,《古兰经》用词,指末日审判后,在安拉面前的等级,也指圣人的品级,旧时,官员的职位、等级可称作"买日太拜",现代语中这种官位等级的叫法已经借用了汉语,称其为"guanwi"官位,故而"买日太拜"已不存在;"阿法提、保力",遵照伊斯兰教的习俗,人因高寿或患病而去世称为"阿法提、保力",不单用"死"(ul)界定,但现代语中早已用经堂语"无常""口唤"附加撒拉语"wol"的词语组合表达,这种"阿法提、保力"的说法已不多见了;"晓甫"在旧时常用于清真寺附设传习伊斯兰教经典、培养宗教人才的学校和经堂,现代撒拉语早已用"清真寺"(mixit)取代"晓甫"的经堂之意,借用汉语的"学校"(xüexo)取代"晓甫"的学校之意,这种"晓甫"的说法已经不存在;"吾俩目"是旧时未成年男性仆人或雇工,《杂学》中指被雇到清真寺的师傅,现代语中将其按性别分化为"yoghji"和"yoghmu",而将侍奉阿訇、按时呼唤信徒做礼拜的人称为"mujawi"或"mujorbo","吾俩目"的称呼已不多见。

// 河湟方言文化与民俗学特质研究

"与昨天能对上号的,唯有语言。唯有语言可以从历史的深处延伸而来,成为民族的最后指纹,最后的遗产。"① 一个民族的语言是该民族文化的指针,语言的交际、记录、传承是见证一个民族风雨历程的鲜活指纹,若语言产生变异甚至消亡,那么它所承载的文化也将潜移默化地流失。正如海德格尔与日本手冢富雄的一段对话:

手冢富雄:现在我多少明白了,您是在哪里觉察到这种危险的。对话的语言不断地摧毁了道说所讨论的内容的可能性。

海德格尔:我早些时候以为,应把语言称为存在之居所。假如人是通过他的语言才栖居在存在之要求中,那么,我们欧洲人也许就栖居在与东亚人完全不同的一个家中。

手冢富雄:假定这里的两种语言不光有差别,而且是根本不同的东西。

海德格尔:既如此,一种从家到家的对话就几乎不可能。②

他们用欧洲的语言讨论日本艺术时,洞察到欧洲语言破坏了日本艺术的本真。结论是,不同的语言使"存在"出场的方式各不相同,也就产生了不同文化,用异民族的语言留不下本民族的指纹,当然也留不下本民族的遗产。

余秋雨曾说,语言是祖先留下来的遗产,是第一笔遗产,也是最后一笔遗产。因为劳动,人脑得以发达,从而让那些协调劳动的呼号逐渐发展为成熟的语言,无论是呼号,抑或是渐趋成熟的语言,都是对当时人们劳作、生活、心理的忠实反映。欲探寻某一时期、某一民族的历史状貌,除了在显微镜下放大那些躺在博物馆里的"化石",留存下来的语言同样以"活化石"的姿态默默讲述着逝去的历史。

---

① 韩少功:《世界》,《花城》1994 年第 6 期。
② 钱冠连:《语言:人类最后的家园——人类基本生存状态的哲学与语用学研究》,商务印书馆 2005 年版,第 185 页。

第二节 "因地制宜"与"因材施救"

一 海德格尔论题的启示

海德格尔提出:"唯有言说使人成为作为人的生命存在。"① 他指出:语言是构成人的"存在"的基础,人只有作为一种说话的生物才是人,与此同时,语言是人的保证,因为语言聚集着人的一切,其存在包容在语言中,而语言又是人的本性,人靠本性拥有语言。人类透过语言思考自身存在的同时,也在思考和理解自身存在的世界:个体使用语言时,凭借意识的自我反省、认知发展、意义建构的基础,把"生活世界"放置在社会脉络中,通过语言活动,让"存在"的意义被深入。特别是被誉为"魅力夏都"的西宁,全国各地的游客慕名而来,甚至连国外的朋友都组团前来,此时,作为城市的主人,我们留给客人最直接的印象就是语言的交际,通过语言,将你、我、他融合在"夏都时空",达成"存在"意义的不断深入,这种"存在"滋养着每一个人。比如,街头的一位游客拿着地图一筹莫展,身为"外来者"的他又羞于与当地人沟通,就在手足无措之际,如果我们能主动上前给予帮助,那么,他会逐渐摆脱身上的束缚,将"排他性"的戒备放下,开始真正融入这座全新的城市,慢慢接受它、了解它、熟悉它。在此过程中,双方共同完成了一个信息的互惠过程,一方可以了解对方的基本信息,比如从哪里来、到哪里去,而另一方可以获得旅途中的有效信息,比如城市特色、民风民俗、值得一去的地方等,双方在这场交际中获得的是一种"存在"的意义价值。

人类的言说,其实是追随在语言之后的亦步亦趋。语言给予我们"存在",我们在言说之前,就会听到传来的语言,同时,我们的言说,仅仅是我们听到的,或者说,我们没有在言说,而是通过语言来言说。我们的言说过程,同时也是倾听和回应语言的过程。海德格尔曾指出,如果"讲"作为对语言的听,让"说"对"讲"说出来,

---

① [德]海德格尔:《诗·语言·思》,彭富春译,戴晖校,文化艺术出版社1991年版,第165页。

这个"让"只能是在我们的本质被允许进入"说"时才得以发生，与此同时，这个"允许"居于"说"中，它让我们获得"讲"的能力，语言的本质正是作为这样的"允许"而在"说"中出场。这一点恰好证明：人的语言本质深刻地阐释着其民族本质，语言的规定性同时也是文化的规定性，从而使得人进入一种语言的同时也进入了一种文化①。作为礼仪之邦的中国，拥有上下五千年的礼俗，其中的"言语禁忌"正是通过语言的约定俗成透露着中华礼俗的谦卑。古书有载："若有事，则昭王之忌讳。"郑玄注引郑司农曰："先王死日为忌，名为讳。"② 这种对姓名的避讳，一方面，体现了君王欲增强人民对他的敬畏，使其政权更为牢固；另一方面，对皇帝名字的避讳也是对他的一种尊敬。如今，烦琐的名讳规程已经被废弃，但流传下来的尊重他人名字的准则，仍是我们日常生活中的基本道德准则之一。这一点与欧美文化反差较大，欧美国家的孩子可以毫无顾忌地直呼长辈的名字，在他们看来这是民主、平等、亲切的表现。身处不同的文化，在掌握各自语言的同时，这种潜藏在语言背后的文化信息不得不被我们关注，从这一点来看，存在着的人们将无法摆脱语言而适应某种文化，身在这种语言环境中，就是身在与之相对应的文化中。除了名讳，语言禁忌习俗体现在生活的很多方面，比如，婚俗中忌"剪""刀"，因其有"一刀两段"之意，有的地方忌送"镜子"，因其易碎，有"破镜"之意；丧葬礼俗中忌说"棺材""死人衣服"等，这是对过世之人的不敬，而要说"寿材""寿衣"，这与老人们祈愿自己长寿有关，因为年过 60 岁的老人，要孩子们为自己"打寿材""缝寿衣"，一则希望自己能够长寿，二则体现晚辈的某种孝顺；生日礼俗中忌送"钟表"，因其谐音"送终"，特别在西宁地区，过生日必须吃"拉面"，意思是长长久久、长命百岁，忌吃"面片""米饭"之类，因其状碎，有"断"了的意思，倘若家中发生了不好、不顺的事，又忌吃"拉面"，而要吃"棋花""面片"等，因"拉

---

① 钱冠连：《语言：人类最后的家园——人类基本生存状态的哲学与语用学研究》，商务印书馆 2005 年版，第 191 页。
② 《周礼》《十三经注疏》，中华书局 1980 年版，第 818 页。

面"意"长",不好的事情会越拖越麻烦,"棋花""面片"状如碎片,意将不好的事情快快了断,人们往往相信这种语言的魔力,认为语言符号和它所代表的真实内容之间有某种同一的效应。

进入一种语言就进入了这种语言存在的文化,若要感受、习得、融入一种文化,就要习得这种语言、语言习俗。海德格尔这种关于语言与人关系的论述,对保护语言具有某种启示性。特别是那些弱势语言,虽然属于少数民族语言,使用人口较少,但它也有存在的价值和意义,这些语言同样反映着特定族群对人类世界的认知,也同样积淀着该民族独特的文化底蕴。

虽然,随着社会的发展和科技的进步,人与人、集团与集团间难免发生信息交流、资源共享,此时,语言也会被当成某种交流知识的媒介或符号系统广为使用,但作为生存于此的我们,却不能把语言仅看成是这种互通知识和思想的工具,因为这种看法将大大贬低语言的意义,致使语言快速失去生命力。海德格尔对"语言工具论"的极度否定和批判,对语言保护具有充分的启示作用。"语言工具论"的局限,在于忽视了语言的主体性,是一种"见物不见人"的语言价值观。这种观点重视的是语言作为工具的有效性能,它将某种弱势语言忽略不计,而将使用人口众多、使用频率高的强势语言无限放大,因为就工具性能而言,使用的便利和有效是其价值取向,这就致使民众选择语言的自主性丧失,"语言大同"随即产生,语言趋同最终导致文化差异缩减,"异域风情"渐趋消亡。这种"语言工具论"也是导致部分人认为某些语言没有抢救价值的原因所在。可是,语言毕竟是人类生存之居所,特定的语言折射着特定的社会经济、思维方式、价值观念、生活习俗等文化内涵,通过对特定地区语言的挖掘,往往可以从中反馈其自然生态、行为制度、心理观念等因素对语言的制约和影响。

二 对方言的"多维"保护

美国作家 W. C. Merwin 的诗歌《正在失去的语言》:

呼吸里还残留着语句

可它不再回返
虽然老人还记忆着他们曾经的语言
但他们明白
年轻的人们拥有的是只言片语……①

诗人 R. S. Thomas（威尔士）在诗歌《溺亡》中，同样表现出了对威尔士语消亡的深切关注：

他们——在我心中不可替代，难以忘怀
威尔士语教区的乡亲，讲威尔士母语的人
我凝望着他们一个一个地逝去
他们本不属于这片土地
但在消逝中把自己献给了大地
他们不似这滋润土壤的养分
却孕育了诗篇、传说和新的故事
永恒，正是他们亲切的期盼
他们的笑容依旧，永远像常年不败的花朵
哪里剪植，就在哪里开放
我忐忑地侍奉在其间
直至族人树篱墙沟扩大
蔓延在裸露的空虚中
回音缭绕，幽灵游荡
尽管这是一块稀罕之地
却能找到与其他地方一样深深的海洋
人们紧紧抓住母语帆舟的最后一根桅杆
沉入大海
无人忆及，毫无怨言②

---

① ［英］大卫·克里斯特尔：《跨越鸿沟：语言濒危与公众意识》，范俊军、宫齐译，《暨南学报》（哲学社会科学版）2006 年第 1 期。
② 同上。

诗歌中回荡着一种语言、一个族群、一种和其他地方一样为人所认同的、行将溺亡的语言的意象①。

语言消亡现象不分国界、不分地区地存在着、发生着，可是，我们何以"抓住母语帆舟的最后一根桅杆"？

首先，要树立正确的文化观。

语言和文化是唇齿相依的关系，方言和地方文化同样在历史进程中相依相存。从保护方言文化遗产的角度看，保留和不断彰显方言文化的独特魅力，无疑是延缓方言衰亡的重要方式。人们在享受"阳春白雪"之时，当然也不能忘记"入乡随俗"。那些通俗的，口说的方言或土语尽管不能登堂入室，可它也不曾停止前进的脚步。它犹如流淌于标准书写语言坚冰之下的蓄势待发的溪水，在一个阳光灿烂的日子，坚冰断裂，于是，大众语言湍急的洪水便淹没了故步自封的表面，带来了勃勃的生机与变化②。在地方文化渲染的各类特色中，方言无疑是其中的重要因素，譬如地方曲艺，其旋律运作同方言口语语音特征密切相关，而戏曲的唱词与念白，也往往取材于方言中的口语表述。方言作为地方文化载体，是地方文艺特色的关键所在。所以，提高保护方言的意识，强调地方方言的载体功能，有效使用方言，是发挥地方文艺特色的关键所在。倘若把关注点单放在方言的差异会造成沟通中的隔阂诸如此类负面的影响，从而放弃方言表述，仅对地方文艺形式进行单方面改革，势必带来许多意想不到的负面影响，比如地方文艺因变换语言载体而失去本应有的精、气、神，又或者地方文艺因变更的语言载体而失去观众基础。因为这种本应用方言表现的文艺样式改成了标准语，原汁原味消失殆尽，观众和听众就不那么喜欢了。这种失去了观众支持、没有群众基础的地方文艺便会慢慢走向消亡。所以说，走民族之路，彰显民族特色，是民族文化振兴的关键。彰显方言的魅力，无论对于地方文化的传承和发扬，还是对方言的有效保护，都具有积极的意义。

---

① ［英］大卫·克里斯特尔：《跨越鸿沟：语言濒危与公众意识》，范俊军、宫齐译，《暨南学报》（哲学社会科学版）2006年第1期。
② ［法］沙尔·巴依：《语言与生命》，裴文译，南京大学出版社2006年版，第19页。

"文化"其实是诞生在特定环境中的某种生活方式，决定于其所生存的自然环境、人文环境，一种文化只要适应其存在的自然环境和人文环境，就是科学的、合理的。不能以地方经济发展的高低评定地方文化价值的优劣，自觉不自觉地将人口众多、经济繁荣地区的文化归为先进文化，将人口稀少、地处偏远、经济发展相对落后地区的文化归为落后文化；更不能以历时的长短界定文化价值的优劣，无形中将当下流行的、广为民众所传播的文化归为先进文化，将历时久远的传统文化归为落后文化。诚然，随着时代的发展和需求，一些新兴的文化现象为大众所追捧，诸如"电商文化""驴友文化""穷游文化""微博文化""租赁文化""节庆文化"等，它们适时而发，并被大众迅速接受，作为现代人们生活的一部分，更作为当下的特定文化，反映的是人们快节奏的生活、高效率的工作及其在这种模式中自发的，崇尚便捷、前沿、高效的价值取向和心理诉求。但传统文化也是该民族一路走来长期积累的结晶，是民族的精神支柱，具有极强的民族内聚力、向心力，是人们了解过去、规划未来的参照，是不可再生的，一旦失去便无法复原。对传统文化的继承和弘扬，同时也是对民族文化的保护和传承。

作为传承文化的载体，更作为文化的一部分，任何一种语言都无优劣之分。我们大可不必因为语言的使用情况，非要将方言分出伯仲次第，即使有种方言只有极少数人在使用，那它也是这极少数人的文化表征，与拥有数千万使用人口的语言一样，它也承载着这一语言社团的发展历程、人口流变、文化特色，难道我们就不应该挽留住这仅有的一丁点儿记忆吗？难道我们就应该人云亦云地随波逐流吗？放弃一种语言就是放弃这种文化，保护一种文化就在于保护这种文化。这种保护工作不仅限于学者，它应涉及被一方文化养育下的所有民众，在民众中积极树立起文化自觉和文化自信，努力在全民"抢险"下才能减缓语言消亡的速度，才能最大限度地传承和弘扬地方文化。

其次，综合运用多种手段，抢记方言材料。

（1）"1"+"n+"拾遗"只言片语"。

"1"就是语言学、民俗学、人类学、社会学等学科普遍使用的实录法。语言学者、民俗学者通过亲历语言现场，如街头巷尾、商场车

第七章 对方言文化整体保护的思考

站、饭店餐厅、田间地头等,或具体民俗活动现场,如"花儿会"、祭典、社火、"於菟"等,通过观察或参与式观察,对方言材料、文化事象进行记录:笔记、录音、摄像。但也会出现当事人不情愿录音、活动现场忌拍摄、影音效果差等情况,只能笔录:笔记现场情境、民俗事象过程、言说情境。这就要求记录者具备较高的专业技能:因为记录者在记录当下完全投入事件语境,有时根本顾不得下笔,等回头补充记录时有些情景或细节早已淡忘,那么,记录者在即时性记录中就要熟练运用一套适合自己的速记法,或用字母或用特殊符号或用汉字组合或用简笔画或用独创性文字等,确保记录的事象完整无误;除即时性记录外,更重要的是查漏补缺,将现场没来得及记录或记录某刻的思考"补救"进去,让调研记录丰满充实。马林诺夫斯基曾指出,田野日记应该系统地贯穿于考察的整个过程,要记录土著的行动、观点、意见、说法,要记录常态、特例,要记录所见所闻、模式化的思想行为。

"n+"是基于实录进行的"多维"保护。"多维"首先是内容的"多维",即丰富的语言特色,包括语音、词汇、语法等语言现象,以及透过语言现象所承载的民俗文化,包括民间信仰、民间文学、民间礼俗、民间技艺等文化内涵。格尔兹在《文化的解释》中曾提出:"解释科学要以民族志的描述为基础,通过深入他者文化之中的深描,进行特定化、情境化和具体化的文化描述以及对其中深层意义的解释,了解一定文化中的象征体系对人们的观念和社会生活的界说,从而达到对地方性知识的观照、理解和阐释。"[①]抢救记录的过程实际上就是"深描"的过程,民俗学家、语言学家、人类学家、社会学家都可以对文化、文化现象、语言、语言现象施以"深描"抢救。"多维"又体现为方法的多维。比如,通过电影电视传媒、网络媒体、广播等传媒手段制作、传播方言文化,探讨其丰富的内涵和厚重的精髓,同时呼吁广大民众对其展开传承和保护。随着科学技术的进步,数码产品较为普及,通过影音记录方言更便捷、更高效。上海教育出

[①] [美]克利福德·格尔兹:《文化的解释》,韩莉译,译林出版社1999年版,第37页。

版社于2004年出版了《现代汉语方言音库》，其中收录了现代汉语中40个方言点的录音、文字资料。另外，大数据时代的人工智能、宽带网络、虚拟现实、多媒体、数据库等高精信息技术，将通过文字、图像、声音、视频及三维扫描、数字摄影、三维建模与图像处理等方法，提供对语言文化的数字化存储和检索。还有现在一些诸如虚拟戏剧中心、虚拟音乐中心的人工智能化环境，能够完成整合戏剧、故事、诗歌、音乐等内容，自动编排或导演故事情节，参与者可根据自身意愿融入故事语境，习得和传承语言赋予文化的生命力。希望类似这种数字化故事编排和讲述技术，能够广泛应用到对口头物质文化遗产的保护中。另外，还可以创建"方言博物馆""方言数据库"，让方言和它承载着的地方民族民俗历史文化鲜活地保存下来。

  与此同时，从国家和政策的层面上合理调整，给方言一寸"净土"。得体的语言政策对一个民族的语言观起着指导性的作用。有助于广泛引导民众正视方言，纠正"方言丑陋"的心理取向。同时，国家、各级政府积极成立语言保护的专门机构，学界积极建立"语言调查研究基地"，组建精良的学术团队，对方言文化展开搜集、记录、整理和研究等一系列深入、扎实的抢救工作。就目前来看，可以开展的既具有抢救保护性又是基础建设的工作包括汉语方言使用情况调查、编制《汉语方言地图集》、编写《汉语方言资料集》、建立《汉语方言语料库》、建立《汉语方言录音资料库》、建立《汉语方言录相资料库》[1]。

  （2）合理实施双语政策。国际上对"双语"的界定有广义和狭义两种，广义上的"双语"指人们熟练地掌握两种不同的语言，也包括熟练地使用标准语和某一方言，而狭义上的"双语"指的是人们熟练地使用两种不同的语言。[2]《双语双方言》中陈章太和陈恩泉提出，我国双语制就是普通话与方言的"共存分用"。

  青海这样一个多民族聚居区，少数民族人口比例是全国较高的，

---

[1] 曹志耘：《关于濒危汉语方言问题》，《语言教学与研究》2001年第1期。
[2] 苏金智：《中国语言文字使用情况调查中的双语双方言问题》，《语言文字应用》2002年第1期。

世居的少数民族就有5个,在那些偏远的牧区、山区和农牧相兼地区,形成了城乡、农牧交叉发展的城镇、农村和牧区三元结构。这些牧区,所使用的语言完全是民族语言,是典型的单一语言使用区,而牧区语言生活、语言环境、文化传统和社会背景的差异性,是推广双语教育的决定性因素,也是牧区选择教育模式、教学模式和新一代培养模式的基础。① 但在这样的地方推行"双语教育"尚存困难和问题:"民族教育问题、师生比例问题、数理化的教学问题、实验仪器的问题,这些都能解决的话将来发展可能好一点。国家大量的投资挺不错的,可是就是教学模式、师生比例还有一些细节上的问题,再就是不能用经济来解决的问题,比如我们的老师调动频繁的问题,优大生到了这里不久就马上调走了,乡上能带课的这些老师水平也比较差、家里条件也就这样,他们想走也走不掉,所以他们安于现状,总认为就现在这样了,所有这些问题,光有硬件是不行的。"② 虽然开展这项工作难度较大,但实现"双语教育"会让那些身处偏远地区的孩子们也能吸收新鲜血液,同时也将民族语言、地方方言、地方文化保留和传承下来。另外,长期生活在多民族聚居区的民众通常可以熟练使用多种语言进行交际,在什么场合说什么话,对这些地区的人而言是一项必备的技能,故而,在这些地方推行"双语、双方言"政策是可行的。实际上,在语言接触较为频繁的地区,只要客观实际需要,就是政府不主张"双语、双方言",当地民众也会因交际所需,自然而然采用"双语、双方言"。所以,合理推行"双语、双方言"政策,不但不影响国家推广普通话,反而对普及地方性知识、弘扬地方传统文化具有积极的助推作用。另外,在后现代文化语境中,广播电视节目的方言化,将成为一种独特的文化现象。一方面,从大众传媒的角度看,方言型节目可以凭借方言的地域特点与亲和力,提高民众收听、收看的效率,以迎合本土观众,从而适应本土市场的合理化,丰富大众传媒文化的发展;另一方面,从文化发展角度看,作

---

① 完玛冷智:《青海牧区双语教育发展问题研究报告》,《西北民族研究》2012年第1期。
② 访谈对象:周保;访谈时间:2014年7月;访谈地点:达日县。

为地方文化的传播者,广播电视节目若采用双语,在向民众展示方言魅力的同时,弘扬了地方文化传统,增强了民众使用方言的自信心,提高了民众传承地方文化的自觉性和自豪感。

《国际劳工组织公约第107号协议》第23条第3项规定:"必须尽可能去采取适当的措施去保存母语或是方言。"2001年11月2日,"联合国教科文组织第31届会议"通过了《世界文化多样性宣言》,该《宣言》第6条明确将语言的多元化作为文化多样性的重要保障之一;2003年10月17日,"联合国教科文组织第32届会议"通过了《保护非物质文化遗产公约》,该《公约》第2条在定义"非物质文化遗产"时,将作为非物质文化遗产媒介的语言也作为该公约的保护对象,我国都是上述三个公约或者宣言的签字国。保护、传承、发展语言文化的多样性,成为联合国和世界各国、各地区普遍重视的问题,国际濒危语言情报交流中心和亚太地区语言学研究部的成立标志着国际性的保护、抢救与记录濒危语言合作与协作的开始[1]。时代需要语言保护,社会需要方言保护,我们一定要抛弃偏见,继续探寻新思路,找寻新方法,尽最大可能做好汉语方言文化遗产的保护工作[2]。

如今,"非遗"的研究和保护工作已经上升成为国家层面上的头等大事,这其中的许多文化遗产恰恰以语言甚至方言为载体,譬如民间文学、具体民俗事象、民间戏曲、传统技艺(其制作流程,往往用方言记录)等。可见,方言学早已成为民俗学、社会学、文化人类学等多学科的综合体,研究方言也将不再是语言学者的"独角戏"。虽然普通话的普及是大势所趋,我们无力抗拒,也无法阻止方言的发展演变,但作为民俗学者的我们,可以最大限度地发挥专业特长来调查、抢救不断丢失的方言材料及其所承载的文化遗产,通过声像资料、图像资料、文字记录、实物记录等各种搜救措施,再现历史场景、重塑文化氛围,为后人提供可考资料。在今后的学习、生活中,大家会发现:越来越多的人将关心、关注语言现象,并将凭借自身能

---

[1] 冯小钉:《语言消亡与保护语言多样性问题的研究评述》,《安徽大学学报》2003年第3期。

[2] 吴永焕:《汉语方言文化遗产保护的意义与对策》,《中国人民大学学报》2008年第4期。

力，通过各种方式维护语言的多样性，维护丰富多彩的人类文化景观。

小　结

　　从20世纪末开始，主体语言民族凭借强大的经济优势让自己的语言不断向外扩散，不论从主观上还是客观上，都对弱势方言构成了威胁，更甚者使得一些少数民族语言、土著语言进而衰竭。这种衰竭导致文化现象消亡，可以说这是人类文明史上的一大损失。老舍曾说："与此同时用减了成色的国语，不如用原封不动的土话。半生不熟的国语是患了贫血病的语言，即使运用得好，也不过像桐城派文章那样清瘦脆弱，绝无蓬蓬勃勃的气势。"① 通过研究方言、方言文化，不仅可以描绘地方文化异彩纷呈的独特图景，还可以从中挖掘深厚的历史文化内涵。方言与其生长之地的历史、文化、民风、习俗紧紧联系在一起，互相印证、互相支持。作为某地原住族群的天然纽带，作为人们与生俱来的"有声胎记"，任凭人类文明进步到什么程度，任凭城市发展先进到什么地步，方言的独特魅力和异域表现力都将无法被任何语言、任何文化取代。丰富的方言造就了丰富的地方文化，只有肯定和鼓励地方文化多样性发展，世界才能了解中国，了解中华民族真正博大精深的传统文化。

---

① 转引自戴昭铭《汉语研究的新思维》，黑龙江出版社2000年版，第315页。

结　　论

通过以上七章的论述，我们对河湟方言文化和民俗学特质及其相关问题可以作出如下结论：

一、河湟地区是青海省自然条件优越、历史悠久、人口密集、城镇分布集中、经济发达，科学、教育、文化、卫生等各项事业发展较为繁荣的地区。这里以汉族为主体，回族、藏族、土族、撒拉族、蒙古族等少数民族交相杂居，在多民族共存并相互影响的地域环境中，河湟文化呈现出多民族民俗文化的多元发展态势。

二、河湟方言滋生在多民族多元文化和睦相处、共生共荣的语境中，在与他民族、他区域语言接触过程中吸纳丰富给养，呈现出独具河湟特色的语言风格。语音方面，声母有变读现象、辅音声母自成音节，单元音韵母和复合韵母的发音较之普通话语音存在较大差异，河湟方言中有前后鼻音混读的现象。声调较之普通话在调类、调值上存在变化明显。音节中韵母自成音节情况少，缺少三个重要的单元音"o""u""er"，但河湟方言又有一些特殊的音节，虽然符合普通话拼合规律，但是在普通话中没有类似拼音习惯。语法方面，河湟方言最为典型的是"宾语前置"现象，因长期发展中频繁的语言接触造成，特点鲜明。词汇方面，河湟方言词汇传承的古汉语词汇沿用至今；民族语的借用现象发生频繁；地方风物词凸显的风土人情丰富深厚；方言成语承载的民众智慧结晶独具"地方性"。谚语、歇后语、惯用语等民间俗语，以精悍的形式和活泼的风格，广泛活跃在民众口语交际中，传达着浓浓的故乡情和丰富的思想情感。

三、河湟方言具有独特表达的风格，其蕴含的民俗文化内涵丰富深厚。一是方言记录着传统的民俗生活，特别是那些久远的甚至早已失传的民俗事象被方言保留下来。二是河湟地区厚重的民间信仰被方言生动记录，虽然有的信仰传统在发展过程中流变、消逝，但与生俱来的文化气息传承至今，并感染着民众的心理意识。三是方言作为记录民俗生活的"移动硬盘"，保存着当地民众日常生活中不知不觉传递的文化信息。四是方言传承着民俗活动、民俗仪式等特定语境中的语言文化传统。五是歌谣、民间故事、"花儿"中的方言叙述是民间口承文学"地方性"特色的关键所在。

四、河湟方言作为"地方性知识"，记载和传承着河湟地区意义厚重的文化传统，从物质生活层面的衣、食、住、行，到精神领域内的信仰、习俗、文学、艺术等，方言被该地文化圈民众作为交际工具广泛使用，同时它又发挥着语言文化独有的价值和功能。其一，成就稳定的"地方性知识"体系，为知识的运转、交流、传延开启了广阔空间。其二，彰显区域文化个性特征，河湟文化的独特性通过河湟方言和方言文化的个性凸显。其三，河湟方言具有社会群体身份认同、语言集团文化认同的功能，方言代表着文化的多元性；方言是传统文化的载体；方言是活态的语言文化。其四，跨文化交际时，河湟方言凭借独特的"地方性"特征在认知、行为、情绪中与他文化积极互动。

五、方言在记录和传承地方文化的同时，也表达着该地民众的文化心理和情感倾向。尊卑感，享有较高社会地位的方言，因为它能在上层社会交际领域发挥作用，代表官方"话语权"；弱势方言，因为它只能在低层社会交际领域中使用，代表民间"平民性"。优劣感，方言的"优劣"表现在它实现交际行为的过程中是否高效，它的语音是否悦耳，这里的"悦耳"基于民众从小养成的语音习惯和长期以来对母体方言的依恋。亲疏感，这是人们乡土观念的浓厚表现，主要体现在方言浓厚的"乡土根性"和身份认可性，"亲疏"是河湟方言集团保持和传承该集团在政治、经济、文化、语言等方面传统的同时，将其他方言集团在政治、经济、文化、语言等方面对河湟方言集团渗透和同化的可能性抵制在外。需要强调一点，"方言情感"的三类划分，并不是对方言作为语言本身在含义和性质上的界定，而是方言达成交际时产生的言语情感倾向。

六、生存在以普通话为主体文化的语言环境中，河湟方言正在发生变异。一是语言使用上的变异。稳定的双语集团中，不同的语言有不同的分布范围；习得双语的人对语码的选择受各种因素限制；个人的言语习惯是本人社会特征潜在影响的结果；语言受外力作用发生变化时，该语言集团对这种变化的反应方式有"个体反应"和"集体反应"两种表现；各类不同的语言集团存在界限；双语者的语码转换存在"分散"和"聚合"两种现象。二是语言结构上的变异。发生在语音、词汇、语法上的语言干扰；对他族语言的借用现象；河湟方言中存在"洋泾浜"和"克里奥耳"现象；几种没有亲属关系的语言长期共处同一地区，通过密切接触在语言结构上产生共同特征的"语言联盟"。

七、语言变异促使河湟方言特色弱化，方言特色的渐趋消弭就是文化差异性和丰富性的缩减。除了语言自身的内部因素，使用河湟方言的语言集团内部存在弱化方言的不利因素：城市化进程的加剧打破了方言赖以生存的地域性特点，促使语言环境收缩；青年一代对方言的逐渐疏离；存在使用方言就是落后、不彻底丢弃方言就是脱不去满身土气的"怕丑心理"。

八、为避免河湟"异域风情"渐趋消亡，要树立正确的文化观，强调语言和文化唇齿相依，在此基础上：一方面要综合多种手段抢记方言材料，实现"1"+"n+"的保护模式："1"是语言学、民俗学、人类学、社会学等学科普遍使用的实录法；"n+"是基于实录进行的"多维"保护，比如电影制作、电视片拍摄、网络共享平台建设、广播传媒，以及人工智能、宽带网络、虚拟现实、多媒体、数据库等高精信息技术，虚拟戏剧中心、虚拟音乐中心的人工智能化环境，文字、图像、声音、视频及三维扫描、数字摄影、三维建模与图像处理方法等。与此同时，从国家和政策层面上合理调整，积极成立语言保护机构、语言调查研究基地，组建精良的学术团队开展方言抢救保护工作。再者是合理实施双语政策。最后继续探寻新思路，找寻新方法，尽最大可能做好汉语方言文化遗产的保护工作。

九、在全球化的今天，主体语言民族凭借强大的经济优势让自己的语言不断向外扩散，与此同时，作为人类与生俱来的"有声胎记"——方言,以其独特的魅力和异域表现力,让其自身的发展愈加恒久。

十、通过对河湟方言文化及其民俗学特质的研究论述,清楚地认识到,河湟方言文化内容丰富、内涵深厚,本书仅仅是对方言与民俗文化研究的学术实践探索过程,尚存在许多问题有待进一步研习。

附 录

一 地方风物词
（一）物质生活类
服饰类：

便衣衫衫 便服，多轻薄、绵软，便于清洗。

皮褂

大氅 大衣。

夹夹 马甲。

马褂儿 旧时男子穿在长袍外面的对襟短褂。

汗褟 背心、衬衣。

绑身儿 夹或面袍子。

主腰 中式棉衣，有对襟、大襟两种。

袍子 中式长衣服。

白班班皮袄 白光面老羊皮皮袄。

罩衣 外套上衣。

罩裤 外套裤子。

叉叉裤 小孩穿的开裆裤。

裆裆裤 小孩穿的有裆的裤子。

领豁 领口。

绌绌 口袋。

纽门儿 用布做的纽环儿，纽结。

风纪扣儿 制服、中山装等的领扣儿。

挖泥儿皮鞋 鞋底与鞋帮用一块牛皮缝制的鞋。

单鼻梁儿鞋 鞋面中间有一道或两道细梁，细梁称"鼻梁儿"。

鸡窝　装有羊毛的轻软棉鞋。

湟源大绱　旧时湟源县城出的牛皮鞋，鞋帮和鞋底用粗麻线绱在一起。

火车头　栽绒棉帽子，形似雷锋帽。

盖头　回族和撒拉族妇女头上盖的头巾。

凉圈儿　妇女戴的布圈帽。

顶帽　回族和撒拉族男子戴的便帽。

槽槽帽　用毛线织的簸箕形帽。

档头　被面的一头用约30厘米宽的布做成的。

鞋溜儿　提鞋时用的鞋帮。

香包儿　端午节佩戴的香囊。

尿席席　尿布。

脚巴骨带带　绑腿。

穗穗儿　麦穗状饰物。

绮线　彩色丝线。

毛花达　高档衣服料子。

针扎儿　插针的荷包。

花样儿　旧时缝制衣服前先用纸剪成的各种花型图案用作模板。

绑身

脑搭子

铺衬　碎布。

顶针

胭胭　胭脂。

络络　旧时中老年妇女于头后部装发髻的黑丝线网袋。

鬏鬏　小孩在头顶上留一块头发扎起来的短辫子。

纂纂　妇女梳在头后面的发髻。

刷刷头　短发。

包海纳　用凤仙花汁液包在指甲上染色。

饮食类：

晌午　中午饭。

黑饭　晚饭。

吃食　食物。

尕锅儿饭　开小灶。

全盘　宴席最开始吃的一种凉菜拼盘。

六碗　待客的菜，红烧肉、炒粉条、炒大红辣子、糊羊肉、烩丸子、烩豆腐等。

肉八盘　西宁地区宴席菜肴，酸辣里脊、三烧、蘑菇炒肉、加沙肉、酥和丸、高仙米、糊羊肉、烧湟鱼。

海八盘　西宁地区宴席菜肴，八道主菜中有海参、鱿鱼等海味。

后四碗　西宁地区宴席菜肴，八道正菜上完后，另上四道下饭菜，红烧肉、炒粉条、豆腐、清炖丸子等。

四拼盘　7寸平盘4个，分别盛菜，大肉配海蜇皮、羊肉配发菜、香肠配鸡蛋、排骨配鹿角菜。

菜碟儿　素凉菜，通常是4种，胡萝卜丝、笋子丝、菠菜粉条、豆芽等。

三烧儿　青海宴席的主菜之一，羊筋、肉丸子、卤肉块烩制而成，上菜时配一盘包子。

糟酒　西宁地区婚丧嫁娶时当早饭泡馍吃。肉末、豆腐丁炒香倒入肉汤，加调味料烹香，勾芡，吃时撒蒜苗、蛋饼丝。

锅子　铜火锅里摆放卤肉片、丸子、洋芋、酸菜、湟鱼块等，加入肉汤开锅即食。

羊肉糊茄儿　茄子去皮留蒂放入锅中翻炒，再倒入羊肉汤炖，吃时配蒜泥、醋味等极佳。

下水　牛羊猪等的内脏。

底肉　精瘦肉。

煳煲　饭烧煳了。

油包儿　油馒头，通常在过年过节时制作食用。

甜醅　小吃，用上好的青稞或麦酿造而成。

拌汤　面加水搓成面疙瘩，下到水里，也可放入青菜、萝卜搭配。

米汤　稀饭。

酿米　类似八宝饭。

酥和丸 糯米制成的糖馅儿（红糖、芝麻、桂花、核桃仁、红绿丝、猪油等）大丸子，是青海地方宴席上必不可少的甜品。

醪糟 熟糯米发酵而成。

枣糕 糯米、红枣蒸制的小吃，端午节的节令食品。

油花 用青稞面蒸的花卷。

月饼 中秋节吃或馈赠的大"花卷"。

刀把 白面蒸的馍馍。

糖饺儿 糖包子，但形状是三棱锥形，过年过节时制作食用。

花卷 搽有红曲、香豆、红花等卷成卷的蒸馍。

灶卷 腊月二十三敬灶神的"大花卷"，制作比花卷复杂。

桃儿 过年敬神的桃状蒸馍。

荷叶儿 蒸制的贝壳形双层饼面食，中间可加肉片食用。

砖包城 外层为白面、内层为青稞面或荞麦面的花卷。

花花 用糖水或蜂蜜调制成的面，加入红曲配色后扭成花儿状下油锅炸成的面食。

狗浇尿 搽入香豆、清油煎的薄饼子。

馓子 青海地方油炸面食。

果儿 青海地方油炸面食，状如橄榄果。

油香 穆斯林群众的节令食品，油炸面食，类似油饼。

棋花馍馍 西宁地区过冬至的节令食品，把烙的薄饼切成小菱形。

灶饼 西宁地区腊月二十三祭灶神的糖馅小烙饼。

锅盔 直径30厘米至35厘米、厚5厘米至8厘米的大烙饼。

曲连 青海地区女眷看望产妇必备的礼馍，烙制而成。

韭盒儿 韭菜盒子。

焜锅 比锅盔小，烤制的馍。

旋旋 中间薄周围厚的白面烙饼。

炕炕 烙饼的俗称。

寸寸 面擀薄，切成韭菜叶子宽、长约2厘米的面条，可做汤面。

棋花 做法与寸寸类似，切成小菱形，可做汤面。

杂面丁丁 青稞面或荞麦面揉好擀薄，切成小正方形，可做汤面。

臊子面 肉丁、木耳、黄花菜炒好，加水炖煮，最后打上蛋花，把做好的汤汁浇在面条上拌匀即食。

面片 面和好后切成均匀面块，搓成长5厘米、宽2厘米的若干面剂子，涂上油置于器皿中密封，下锅时取出一条面剂子捏扁拉长，揪1厘米见方的小面片下入汤锅中，可做汤面。

拉条 手工制成的长面条。

炮仗 长面条切成2厘米的小段，下锅煮熟后与肉片、粉条、辣椒等炒制。

巴罗 面搓长切成小圆块压扁，直径约1厘米，可做汤面。

破布衫 杂面擀好后，撕扯成不规则的面片下入汤锅，可做汤面。

扽扎皮 把面片的面剂子捏扁扯成的扯面。

羊肠面 煮熟的面条沥干面汤晾凉，拌少许清油使面松散，吃的时候抓一撮面在羊肉汤里烫热捞入碗中，盛上羊肉汤，撒上蒜苗、香菜等，放入煮熟或炒熟的羊肠子即食。

熟面 炒熟的面粉。

扁食 饺子。

散饭 开水中慢慢撒入豆面面粉，边撒边搅，直至擀面杖立于锅中不倒为宜，再焖片刻为宜。吃时配以菜碟，并拌以辣椒、醋、韭辣（韭菜花）为宜。

搅团 与散饭的制作方法一样，但用的是杂和面（八成青稞面、两成白面及豆面）。吃法也与散饭一样。

麦仁 腊八的节令食品。将牛、羊、猪肉切块炒香，倒入水，再倒入泡好的小麦粒，开锅后文火炖，待麦粒软烂为宜。

油炒面 西宁地区冬至的节令食品。将适量的水烧开，放入少许盐、花椒，再以水和油3∶1的比例倒入清油，混合液体煮沸后，倒入白面面粉，勿搅，面粉逐渐吸收油和水后，用文火焖熟。

焜青稞 把尚未完全成熟的青稞穗揪下，放入锅里焜熟，揉搓后簸净的麦粒叫焜青稞。

麦索儿 把焜青稞用小石磨磨成穗儿,可拌上蒜末、盐,用油炝熟食用。

炒面 青稞或燕麦炒熟后磨成的面粉。藏族称为糌粑。

炒面岔儿 炒面里放少量酥油、糖,拌匀后捏成两头小中间大的疙瘩食用。

酸奶 牛奶发酵后呈豆腐状的酸牛奶。

奶皮 牛奶煮沸,再开盖文火加热,水分蒸发后锅底形成的圆形奶饼。

大豆角儿 把未完全成熟的蚕豆角煮食。

油茶 锅中加入适量羊油烧热,放入葱花煸香,加盐、花椒粉、杏仁等,再加水烧开,然后撒入熟面粉搅匀成糊即食。

曲拉 干奶酪。

酵头儿 含酵母的发面团。

酿皮 青海当地小吃。

脂油包子 羊油渣和上馍馍渣做馅儿的包子。

粉汤 羊肉汤里放粉条、豆腐干、木耳等烩制成的汤。

杂碎 羊或牛的各种下水连同羊肉汤烩制而成,也有炒杂碎。

黑脆儿 炒制焦脆的大豆。

酽茶 较浓的茶水。

砖茶 砖块形的紧压茶,适合高原地区的热性茯茶。

花茶 茯茶之外的各种凉性茶。

奶茶 熬好的茯茶加少许盐加入牛奶调制而成。

酥油茶 茯茶中加入少许酥油调制而成。

枣儿茶 放有红枣、桂圆的茶水,青海地区常在婚嫁时敬客。

熬茶 用茯茶、盐、荆芥穗、花椒粒熬成的茶水。

麦茶 炒熟的小麦粒擀碎熬成的茶,微苦。

食茶 西宁地区习俗,喜事、年节开席前先请客人食用4碟或6碟的油包、花卷、馓子、各式糕点,配以茶水。

空茶 西宁地区习俗,客人进门后喝的枣茶,不配食品。

干果碟子 为配客人喝茶而准备的瓜子、红枣、花生、各种果脯等。

油食果碟　西宁地区的习俗，未开席前请客人吃的 4 碟或 6 碟的油饼、馓子、花花、油圈等油炸面食。

点心碟　请客人喝茶时准备的各式点心。

灶糖　腊月二十三祭灶神的白色麦芽糖。

焦糖儿　熬制成的黑色麦芽糖。

黑糖　红糖。

住宅类：

房房　房子。

后楼　厕所。旧时厕所在院中一角隐蔽处或正房之后的角落。

夹道　围墙与房屋间的狭窄空间。

影壁　大门内或二门内做屏蔽的墙壁，多为木制。

照壁　农村庄院的大门外用土夯筑或土块砌成的墙。

草房　储备饲草、燃料的房子，在院子的角落。

水眼洞　院落的一角，用来向外排水的暗槽，其出口就是水眼洞。

花园墙　庭院中间小花圃的低矮护墙，青砖花眼。

门楼　大门上面牌楼式的建筑。

二架七檩　旧时民居的房屋结构，两道工字型梁称为二架，前四檩、后二檩、中一檩称为七檩。

一坡水　无脊平房，屋顶雨水从一个方向流下故得此称。

两坡水　起脊房屋，两路出水。

双梁双扣　民居平房，有檐柱、金柱、后山柱、大梁、随梁、扎梁等，梁上置木墩或娃娃柱。

平檐浅木　民居结构，单梁单柱、无廊的房子。

土搭梁　民居土房，每间房四面都有墙，檩直接架在墙上，无梁无柱。

一大梁一扎梁　只有大梁和前扎梁的房屋。

瓦房　屋顶用瓦铺盖的房子。

廊檐　椽子突出檐柱外的部分称房檐，房外有扎梁部分为前廊，合称廊檐。

深檐　房檐有廊的房子。

浅檐　金柱外无檐的房子。

山墙　起脊房屋两侧的墙。

表墙　城市里装在木屋架柱与柱中间的墙，农村围墙是板筑土墙，下大上小，墙面不垂直，故用土坯砌成的内墙。

隔墙　建筑物的空间隔断墙。

延墙　院墙与房屋后墙重合而高出屋顶的部分。

板壁　室内的木板。

隔架　房屋中的隔断。

圈口　安装在卧房火炕前的木雕边框。

台沿子　屋檐下高出庭院的台阶。

仰尘　用木板或纸制的屋内顶棚。

隔扇　格子门的两边门。

锅头连炕　锅台砌在炕边，烟道通于炕下，煮饭生火，使炕随之暖和。

炕沿　炕的前边沿，通常嵌有横木。

灶火　泥砌的炉灶。

用具类：

立柜　木制的大柜。

炕柜　置于火炕一侧的木制橱柜。

门箱　木制的两只成对木柜，中开对扇门。

扇扇　木制的炕柜的上部结构。

条桌　小型无抽屉高脚长桌。

钱桌　专用柜子，长1米，宽60厘米，上面两个抽屉，下面两扇门柜，多用于居家或商店存放钱币、账目、印章。

连桌　类似钱桌的两个柜子连在一起，还有一种是上部四个抽屉，下部两扇门，用来储存字画等。

方桌　八仙桌。

供桌　置于堂屋正中供奉神佛或祖宗牌位的桌子。

米柜　正方形大橱柜，柜面约80厘米×80厘米，高80厘米，柜面可以整个揭下来，里面可以放置物品。

面柜　长方形柜子，柜口开在柜面上，可揭盖。

// 河湟方言文化与民俗学特质研究

火盆架　形似方桌，靠炕沿放置在地上，中有火盆大小的圆洞或方洞，火盆置于其上。

匣　盛物用具，无盖。

靠山匣　匣的一种，放置于墙边，故称其为靠山匣。

月牙凳　特制，凳面是扇形的，用于圆桌周围。

马扎　木制的折合支架，上覆以粗帆布。

四件　木制家具上的铜质构件，拉手、荷叶、锁扣、索栓、铜锁、秋叶儿等。

秋叶儿　抽屉或柜门铜质圆颔上的铜质树叶状饰物。

铜璧子　锁具之一。圆形、铜质，直径约 20 厘米，中有方孔，方孔可套进钉在家具主柜上的铜环上，加锁后可使抽屉及柜门均被锁住。

拉环　抽屉的环形拉手。

汤瓶　回族群众的洗脸用具。

灯盏　油灯。

气死猫儿　挂在墙壁上或悬于屋梁上的灯具。

抿子　旧时妇女梳头时抹头油、抹胡麻水等用的小刷子。

篦子　用竹子制成的梳头用具。

洋戏匣匣　留声机。

洋炉子　有烟筒的新式取暖炉具。

酒嗉子　铜质的可以热酒的酒壶，有炉膛。

提嗉子　盛酒壶，外有盛热水外套，圆形，直径约 15 厘米。

捶鼓石头　旧时洗衣时槌洗的大平石。

掸子　用鸡毛或布条绑成的去除灰尘的用具。

拨吊　捻毛线的用具。

羊肚儿手巾　毛巾。

胰子　肥皂。

将手蛋儿　老年人健身用的小手球。

灯捻子　灯芯。

蒲蓝　笸箩。

锅头　锅灶。

火皮袋　鼓风用的袋式风箱。

罩滠　细网漏勺。

鏊　烤馍用具。

草圈　用麦草扎成的和锅口等大的环形箍，蒸馍馍时置于锅口，防止漏气。

马勺　用整块木料挖制而成的舀水大勺。

刮锅铲铲　用磨损的炒菜铲，可以刮下锅内焦煳的食物。

洗锅刷刷　用"鞭麻"扎成的清洗刷。

海碗　最大的大汤碗。

瓦扎　搪瓷制品的统称。

宫碗　小碗。

龙碗　碗的外圈有龙的图案，常用于盛茶。

拼盘　7寸浅碟，通常一盘盛两种菜。

蘸吃儿　直径8厘米至10厘米的小圆碟，通常放入调味料蘸食的碟子。

茶匙儿　喝枣儿圆圆茶时捞枣、圆圆的铜质长把小勺。

铙儿　刮蔬菜菜皮的刮刀。

铁镲镲　将萝卜镲成萝卜丝的铁质工具。

茶窝　青砂石钻制而成，用以捣盐、调料。

蒜窝　陶制，用以捣蒜。

刀板　切菜、肉的案板。

托笼　蒸笼。

甑箅　蒸屉。

旱杆　长杆的旱烟袋锅。

磨道　拉磨或碾的牲口周而复始行走眹的圆周道。

碾杆　碾场时架在牲口脖子上的长杆。

包夹　碾杆的部件。

碌碡脐儿　碌碡两端臼窝里安的木橛套包夹用。

连枷　旧时的手工脱粒工具。

板锨　锨头。

罗儿　过滤用的工具，圆形木框上底装一张细网，将粗粒滤出，细粮漏下去。

  叉扬 柴草的器具。

  掠杆 用桦树枝制成的，扬场时用。

  格子 犁地时架在牛脖子上的木制农具。

  股儿绳 用两股以上的熟牛皮拧成的长绳。

  板子绳 用熟牛皮割成宽约2厘米的条状物。

  呲牙 带在骡马上嘴唇内的细铁链。

  歪拉 用皮条编制的鞭子。

  干烟皮 一种脱毛后在烟灶上熏制的牛皮，用来做皮鞋底。

  顶缸

  窝桥 又叫"握桥"，史书记载为古代吐谷浑人所创。

  车路 历史上遗留下来的民间车辆行驶的道路。

  东洋车 人力拉的包蓬双轮车。

  闪子 一种载人的交通工具，两根木辕中间织以网绳，再铺上褥垫，上面做一拱形棚，人可以坐或睡，车子由牲口拉动。

  杠骚车 运载工具，木轮接地面处钉有废旧轮胎皮的车。

  拉拉车 车轮由之前的木轮换为胶皮轮胎的车。

  双套马车 充气胶轮车，三匹马或骡牵引，一匹掌辕，两匹拉梢子。

  梢子 走在辕马前面拉车的马或骡。

  冰桥 冬天河面封冻，人和畜可踩冰而过，故得此名。

  背背儿 专门喂养牲口在斗行上帮别人驮东西的营生，也指出卖苦力的人。

  （二）山川湖泊类

南门峡	老鸦峡
伦保赛日钦	格尔坤山
魁逊陀罗海山	察罕哈达山
阿尔坦山	岗则吾结
托来南山	疏勒南山
泮子山	娘娘山
拉脊山	达坂山

西倾山	红崖山
白兰山	小积石山
马燕山	阿拉古山
老爷山	南朔山
博卡雷克塔格山	布尔汗布达山
元朔山	拔延山
土尔根达坂山	日月山
察汗鄂博图岭	宗务隆山
托素湖	可鲁克湖
天鹅湖	错仁德加
耳海	达西湖
英德尔海	尕斯库勒盐湖
上下更尕海	茶卡盐湖
扎陵湖	二郎剑海
鄂陵湖	北霍布逊湖
达连海	涩聂湖
哈拉湖	茫崖湖

（三）动植物类

仓鹭	疣鼻天鹅
赤麻鸭	斑尾榛鸡
大狐蝠	青海鼠耳蝠
林麝	赤狐
荒漠猫	云豹
小麝鼩	哈拉
淡腹雪鸡	高原山鹑
澜沧弓鱼	细尾高原鳅
牦杂	河曲马
棕头鸥	岩鸽
灰鹤	湟鱼
狗獾	猞猁
山斑鸠	大杜鹃

青海骢	郭密驴
青鼬	藏仓鼠
藏原羚	白唇
马英子	乌奴龙胆
浪麻	冬虫夏草
青海云杉	花檎
拐棍竹	地软儿
蕨菜	鬼臼
蕨麻	皱叶楸子
甘青瑞香	红花忍冬
虎榛子	酸瓶瓶
扎古晶晶花	尿泡草
酸模	丁香
沙枣	黑刺
蓝花侧金盏	高山嵩草

二 方言成语

点到奉行 指到谁，谁便立即照办。有时也形容办事忙碌状。
立马打将 马上行动。
高吊横八 衣食无着落。
背世旯旮 偏僻的角落。
高灯低亮 高处点灯，低处照亮。
打牙拌嘴 争辩。
由理霸道 蛮横无理。
两头三绪 照顾不过来。
肚饱眼馋 贪吃。
吃穷挖干 没有积蓄，挥霍一空。
野狐加狼 狼狈为奸。
胡搅蛮缠 不讲道理地东拉西扯。
五黄六月 六月麦黄大忙季节。
喝神断鬼 对人恶声恶气。

附　录

四离五散　　大家分离开了。
整功破夫　　做一件事情花费的时间长。
没高老低　　说话没有礼貌、不讲辈分。
忙三捣四　　乱七八糟、忙乱不已。
乱毛擀毡　　擀毡是二人合力，脚踩竹帘毡，将乱毛压成平毡。
抬脚割掌　　别人刚抬起脚，他就割取别人鞋掌，比喻巧取，拐骗。
狗脸亲家　　特指两个人的关系时而如胶似漆，时而恨之入骨。
驴瘦屁多　　讽喻，指事情多（借故偷懒）。
黑嗒嘛胡　　黑漆漆的。
跌儿梅失　　不专心。
死皮顽肉　　顽皮倔强。
硬七拐棒　　咬不动的食物。
花里胡哨　　颜色多而混乱，不好看。
肉头肉脑　　可指胖子，可指人行动缓慢状，也可指反应不灵敏。
疯张冒失　　慌慌张张。
黑揣黑摸　　没有灯光下拿东西。
实抗量出　　料定他人无力胜任。
瘦眉枯揣　　骨瘦如柴。
黑不楞登　　可指人皮肤黑，也可指物污浊，不干净。
乳牛尿多　　讽刺借故偷懒事情多的人。
扁不拉嘴　　圆不规则，难看。
牛角拐棒　　指坚硬的东西。
跌脚马跨　　走路不稳，歪歪斜斜。
扁袒斯海　　坐相不好，一大堆。
肿眉塌眼　　刚起床时不清醒的样子。
浅看势量　　以貌取人、小看人。
疙瘩挖失　　不光滑、粗糙。
茅廊草舍　　屋子简陋、不整洁。
一点半个　　一星半点，也有偶尔的意思。
瞎眉失眼　　讽刺走路或干活不顾左右发生意外的人。

沽汤麻水　没有干货，稀水清饭。
跌脚绊坎　走路办事不稳当。
干死噎活　吃的干，噎住了。
稠谷冒饭　汤饭盛的汤少饭多。
栽跟搭头　走路急匆匆、慌里慌张。
黑漆瓦缺　不干净。
小调失教　没有教养。
德薄懒干　无所事事的懒人。
明打火亮　光明正大。
大模失样　行事大大咧咧，不规矩。
死不楞登　行为反应迟钝。
东东西西　可指琐碎的东西，也可指东西繁多状。
错前又后　前脚后脚的间隔。
白刺拉瓜　没有色彩。
浪里活散　不紧凑，也指穿衣不规矩。
死眉瞪眼　不灵活，呆板。
由马信缰　随性而为。
龙动风响　动静很大。
羊疯毛炸　疯疯癫癫。
朝天舞地　任性而为。
哈皮烂蒜　没什么味道，不好吃。
昏三楞四　糊里糊涂。
热死慌汗　满头大汗状。
二洋麻嗒　做事随随便便，不放在心上。
上正祀月　农历新年期间。
吃食昧食　做了又不承认。
破来筛固　破烂不堪。
精尻打吊　光着身子。
外棱斜范　不规整，歪歪斜斜。
屁风瘙痒　要求多，难伺候。
清汤寡水　饭很稀，没什么可捞的。

紧赶慢四　急急匆匆。
呲耳炸舞　不稳重，咋咋呼呼。
珠子海怪　一塌糊涂，一团糟。
血红流辣　血流不止。

三　谚语

（一）生活理趣类

"内行看门道，外行瞅热闹。"意思是懂行的人看待一件事的内核，不懂行的人就是凑凑热闹罢了。

"姐姐咋走，妹妹咋扭。"做长辈就要树立榜样。

"朋友间说不得虚话，眼睛里容不得灰砂。"做朋友就要实实在在，没必要虚头巴脑，对待其他人或事一样要有原则有底线，眼睛里容不得沙子。

"走到天下，礼行为大。"为人处世必须谦恭礼让、讲礼仪。

"龙吞千江水，总有不到处。"无论做什么事都有顾及不到的地方。

"七十二行，唾沫为王。"工匠们干活有时以唾沫为"润滑剂"，老人们也认为唾液有消炎的作用，所以认为它是万能的。

"吃饭吃饱，做事做好。"做任何事都要认真对待，做就要做好，不留遗憾。

"带话嘀多哩，带东西嘀少哩。"给人带话难免填油加醋，给人带东西也难免顺手牵羊。

"兔儿满山跑，回来入旧窝。"暗指走再远总归要回家。

"家有九头妖魔草，不怕女人血山倒。""九头妖魔草"是当地一种鲜草，女人生产大出血的时候，用此草医治。这是人们总结的生活小药方。

"人眼不开，天眼开着。"民间视天最公正，人眼看不到的，天眼会看到。

"地有沙漠碱滩，人有七青八白。"世间各色人都有。

"听了老人言，一辈子不受难。"

"穿衣裳看袖子，娶媳妇看舅子。"媳妇的人品好不好看看舅子的人品就知道了。

"饭前喝口汤,到老不受伤。"生活经验。

"宁叫肚子里淌脓,不叫嘴里受穷。"讽刺贪吃鬼。

"剩饭咋热嘀冷着,后娘再好嘀哄着。""哄"在这里是骗的意思,意思是只要是后妈再怎么好都是虚假的。

"淡淡长流水,酽酽不到头。""淡淡"比喻节约,"酽酽"比喻奢华,意思是生活节俭有计划就能滴水穿石。

"人前教子,人后劝妻。"

"唱旦的要扭哩,买卖人要吼哩。"干哪行就要有干哪行的资本。

"荒年一时,话把一世。"饿殍遍野一时,但人做了恶事骂名一世。

"葫芦是吊大的,娃娃是绊大的。""绊"是摔倒,意思是经历挫折才能成长。

"会看的看女婿,不会看的看光阴。"女婿重在人品,不在财富。

"马肥是喂下的,钱多是细下的。""细"在这里是"节俭",马的健壮靠粮草喂得好,人的财富靠自己的节俭和积累。

"能侍候个老大大,不侍候个鬼扎扎。""鬼扎扎"是小孩子,意思是小孩子调皮不好带,还不如伺候老人。

"嫁了官人家当娘子,嫁了猪屠家洗肠子,嫁了买卖人穿绸子。"列举的形式道出"嫁鸡随鸡,嫁狗随狗"的道理。

"家有千缸油,不照双捻头。"财富再多也经不起浪费、挥霍。

"随婆娘少生闲气,随阴阳少遭祸事。"在家多听老婆话就不会起争执,旧时人们遇事占卜吉凶后方敢行事,以求避灾祸。

"有钱当时便,没钱干撩乱。""撩乱"是忙活的意思。告诫人们在有钱的时候还是要细水长流,一旦钱用尽了,花再大的力气也白费。

"一九二九,袖里筒手;三九四九,冻死黄牛;五九六九,冻着狼吼;七九八九,冻死黄毛丫头;八九九九,隔河看柳;九九尽,收拾打牛棍;九九加一九,犁铧牛儿遍地走。"农业区的人们在长期劳作中结合气候总结出的生活、生产经验。

(二)劝诫他人类

"跟上好人学好义,跟上师公子跳假绳。""师公子"就是巫师。

"求人不如求自己，求了个家（自己）多利己。"

"生的吃不得，虚的说不得。"

"吃不穷，穿不穷，计划不到一辈子穷"。过日子要会计划，不然会受穷。

"水没爪子刨下坑，话没箭头伤人心。"

"没事甭惹事，有事莫怕事。"不要惹是生非，一旦遇到麻烦就要勇敢面对。

"女人是水性，全凭要哄颂。""哄颂"就是像哄小孩一样小心呵护。

"给丫头给脸甭给心，给儿子给心甭给脸。"

"惹下人，一堵墙，维下人，走四方。"平时要与人为善，不要得罪人，维护好人与人之间的关系，有了困难才能得到帮助。

"春天要捂，秋天要抗。"意思是春捂秋冻。

"慢水渗倒墙，看你预防不预防。"

"一顿节省米一把，十顿就能买匹马。"生活上有计划。

"大处不大嘀丢人哩，小处不小嘀受穷哩。"过日子该大方的时候大方，该节俭的时候节俭。

"会打算了年年富，不会打算一辈子穷。"告诫人们生活要有计划。

（三）经验方法类

"大口小口，每年五斗。"旧时西宁称粮食计"宁升"，每升小麦10斤，每斗500市斤，人们以五斗为每口人每年留粮的标准。

"骆驼的脖子长，吃不上隔山的草。"警示人们不要这山望着那山高。

"得个病儿，惯个性儿。"小孩生病时能有好吃的，就算犯错大人也不责怪，待病好后便养成了一些不好的习惯。

"薄擀细切，多待一客。"擀面的时候如果薄擀细切，就能省下够一个人吃的面。生活中的小窍门。

"冬吃萝卜夏吃姜，不劳医生开药方。"

"懒人不出门，出门天不晴。"具有预言性的生活谚语。

"一脚踏死皋兰县，事情越大越好办。"

"洋芋就是半个粮,没有肉油人也胖。"

"宁叫穷一年,莫叫穷一节。"

"土里生,土里长,到头还叫土吃上。"劳动人民一辈子的写照。

"一年庄家两年苦,三百六十天背日头,过年当个社火头,光阴过好解忧愁。"

"茶饭看的饼饼儿,针线看的纽门儿。"西宁当地老人总结的生活规律,意思是说为人媳妇饭做得好不好看看烙的饼子就知道,针线做得好不好看看衣服上缝的扣门就清楚。

"婆婆的嘴碎,媳妇的耳背。"

"九九登高上南山,破衣烂裤换新衫。"

"娶个俊婆娘惹是非,娶个麻婆娘当宝贝。"红颜祸水的意思。

"亲戚的恩重,朋友的义深。"

"穿衣裳看袖子,娶媳妇看舅子。"衣裳的袖子针线地道说明衣服也差不了,媳妇的舅子人品好,媳妇人品也差不了。

"吃饭捡大碗,做活白瞪眼。""白瞪眼"在这里指不爱干活的人,讽刺那些光吃饭不干活的滑头。

"没儿女的图干散,儿女多的受牵连。""干散"就是干净利落,意思是没儿女的人活得利落没拖累,有儿女的人事事操心活得累。

"跑惯了的腿,溜惯了的嘴。"意思是爱玩的总在玩,爱说话的总在说话,什么都是习惯成自然。贬义。

"牛皮糊灯笼,里黑外不明。"意思是做事做得不妥当,也有讽刺暗地有勾结,行事有猫腻的人。

"舌头没脊梁,嘴里翻巴浪。"讽刺成天胡说八道,口无遮拦的人。

"读书不知意,等于啃树皮。"

"新媳妇娶进房,冰公大人扔过墙。"冰公大人就是媒人。

"嘴里念的金刚经,怀里揣的没良心。"表面一套,背后一套。

"嘴上说的把式好,车子净往崖弯里跑。""把式"就是技术,意思是嘴上吹的都是虚的,实际干事没能耐。

"袖筒里的火,袖筒里灭。"比喻自家的事情自家解决,不要张扬。

"平时不烧香，忙了胡抓浆。""抓浆"是不知所措的意思，平时不按计划做事，忙起来又不知所措，提醒人们做事要趁早。

"为要亲戚好，一年走一遭。"

"婆娘丑了好，衣裳破了好。"意思是过日子要低调，不显山不漏水。

"磨主儿的就搭，老客娃的回家。""老客娃"是来宁挣钱的山陕商人，意思是磨面的伙计答应马上磨面，实则拖延，而山陕商人年年说要回家，但总是回不去。

"吃了熬饭，扫尽一年熬煎。""熬饭"是西宁地区的传统美食，"熬煎"就是烦心事，意思是三十晚上吃了年夜饭，寓意一年的难事就过去了，以崭新的精神面貌迎接新的一年。

"能叫疮口化脓，不叫嘴里受穷。"嘴馋的人怎么也不会让自己闲着。

"儿女是账主儿，父母是庙主儿。"旧时对因果报应的解释。

"娘老子的心在儿女上，儿女的心在石头上。"

"小殷勤儿买转帝王的心。"

"腊月里没钱过年急着转，正月里秧歌唱得不见面。"

（四）比兴类

"人拿情感，驴拿棍赶。"

"树老根多，人老话多。"

"账多了不愁，虱多了不咬。"

"三家四靠，捣乱锅灶。"工作劳动时互相推诿没有责任心的话什么事都做不好。

"人抬人高，水抬船高。"

"养儿园中的瓜，养女墙外的花。"养儿总会扩枝散叶、开花结果，养女却成了别人家的人。

"花花儿绽成织锦缎，徽子脆成麦秆秆。"

"山不说大小要景致，人不说大小要本事。"山的好坏不说大小说景致，人的本事大小不说年龄。

"天上无云不下雨，地上无媒不成亲。"

"侄儿子不是儿子，洋舞厅不是房子。"

"蜜多了不甜，胶多了不黏。"

"刀枪杀人难，舌头杀人易。"就是人言可畏。

"人靠衣裳，马靠鞍掌。"

"独木桥难过，光棍汉难活。"

"甭听媒人的说九道十，甭看婆家的牛羊马驴。"媒人的话总有夸张，还是要实事求是看待问题。

"不懂就是草，懂了爱成宝。"

"秋风儿凉了，懒婆娘忙了。"秋季农忙时再懒的主妇都不得闲。

"家无主事，狗随进随出，村无法规，贼摇头摆尾。"

"鼓在家里打，嗡声传外面。"就是没有不透风的墙。

"口袋离不开两道绳，家里离不开妇道人。"口袋有两道绳子扎着，里面的钱粮就不会丢，家里有主妇打点就会井井有条。

"人比人活不成，驴比驴驮不动。"过日子切记勿攀比。

"针线活儿的好坏是补裤裆，茶饭活儿的好坏是炕油香。"过去主妇的生活能力主要体现在做针线活儿和烧饭上，而裤裆是最难缝的，油香做起来也很复杂，但只要这两样活儿都做妥当了，就说明主妇很会持家。

"油往油缸里淌，面往面柜里装。"越富有的人越会惜财、用财，就越富有。

"不宰黑牦牛，难见黄板油。"只要下了功夫，再难的问题都能解决。

"新戏人爱看，陈饭难下咽。"

"砍一树损百林，骂一个和尚满寺红。"

"跪的是别人家的灵堂，哭的是个家的窝囊。"看似为别人的事伤心流泪，实则为自己的境遇难过。

"核桃木节子枣儿木板，三九天的地皮衙门人的脸。""三九"天是最冷的时候，地被冻得坚硬许多。这句话其实旨在讽刺官府中人的恶毒。

"指屁吹灯，指猫儿念经。"指望靠不住的人办事终无结果。

"野狐儿奸，野狐儿的皮子叫人穿。"

"借来的猫儿不抓老鼠。"不是自己的事就不会尽力而为。

"小的不见,大的就揽。"讽刺做事挑肥拣瘦,利益至上的人。

"黑鸡娃一窝,白鸡娃一窝。"就是物以类聚。

"千锤打锣,一锤定音。"凡事声势再浩大,达成结果的往往就在最关键的一下。

四 歇后语

(一) 寓意类

1. 人神类

三岁娃娃坐上席——班辈到了("班辈":辈分。)

懒婆娘的裹脚——又臭又长(讽刺那些说话、办事絮叨、拖拉的人。)

少爷不吃杂合面——惯哈的("杂合面":河湟地区用青稞面或其他杂粮做的面食。)

十五个人喧板——七嘴八舌("喧板":聊天。)

豁儿吹灯着——走风漏气("豁儿":兔唇。)

胖婆娘骑尕驴——肥搭瘦(视觉上的对比。)

大师傅的肚子——油水多("大师傅":大厨。)

老阿奶吃搅团——满嘴糊涂话(搅团是青海特色食品,糊状,借用食物的形态形容人的言语神情。)

猛亮儿的瞌睡尕妹的嘴——实话甜("猛亮儿":一大早。"实话"在这里是"特别"的意思。)

月扎拉吃猪头——小儿受不了大福("月扎拉":刚出生的婴儿。)

吹鼓手赶集——没事找事("吹鼓手":在丧事上吹拉哀乐的民间手艺人。)

秃丫头戴纂纂——前也难后也难("纂纂":发髻。)

爷爷没胡子——难模量("模量":估计。)

要馍馍的借算盘——穷打算("要馍馍的":乞丐。)

麻眼儿算的好——尽往车轱辘上撞着("麻眼儿":盲人。意思是算得再精也有失手时。)

近举眼养瞎子——一辈不如一辈("近举眼":近视眼。)

新媳妇吃饺子——心里有数

懒婆娘坐轿子——愿上不愿下

月婆子放屁——昏三楞四（"昏三楞四"：糊里糊涂。）

后娘打娃娃——一挂是一挂（"一挂"：一下。后妈打孩子真的狠毒，一下就是一下。）

没牙阿奶吃豆儿——嘴里滚着（说不清道不明，含含糊糊。）

瞎子看社火——苦中寻乐

寿山爷的绸衫子——冬暖夏凉（张寿山是旧时的名绅。）

宋香山打妈妈——头等孝子（宋香山是旧时的大商贾，这里有反讽的意思。）

李伸伯的风琴——有弹有唱（李伸伯是乐师。）

赵子龙保皇嫂——心真

武大郎上墙头——上不去的下不来

大老五看状子——辨情形

关老爷放屁——脸不红

蔡大头的人物——动中有静（蔡大头是名画家。）

莽张飞做官——粗中有细

杨六郎的牤牛——驯出来的

赵家井的牌坊——贞节烈妇（"赵家井"是旧街名。）

李逵骂宋江——过后赔不是

杨志卖刀——没人识货

陈世美不认贤妻——嫌穷爱富

张果老的玉鼓——唱天下太平

孙二娘开店——进不得

土地爷的拐杖——神棍棍（"神棍棍"：一般形容料事如神或爱讲迷信的人。）

财神爷放账——没利

见了阎王爷磕头——饶命

城隍爷出府——朝北不朝南

白蛇娘娘喝雄黄酒——现了原形

吕洞宾的剑——斩妖除魔

程咬金的板斧——将三挂（"将"：仅仅，"三挂"就是"三下"。）

孙悟空当了弼马温——官大官小没谋得（谋得：就是有自知之明。）

孙猴儿翻跟头——远路

灶家爷爷上天——有一句说一句

灶家奶奶上天——净说好话

2. 动物类

拉上瞎驴上板桥——困难

猪吃煤渣——满脑子黑

拿上骨头打狗——有去没回

老虎头上抓苍蝇——自己寻死

狗搽皮绳——囫囵扁棒（"搽"在这里是咬的意思，"囫囵扁棒"是囫囵个没咬碎的状态。）

狗咬鸭子——呱呱叫

饿老鹰捉鸡娃——直上直下

牛角按到驴头上了——四不像

牛角上抹油——又尖又滑

仓院里的老鼠——拣好的吃（"仓院"：储存粮食的仓库。）

蚂蚁虫儿搬泰山——功到自然成

狼吃天爷——没处下口

兔子的尾巴——长不了

进了笼子的雀儿——随人捉弄

城隍庙背后的屎巴牛——文虫虫（"屎巴牛"：屎壳郎。）

鸭子打尖脚——笑死鸡儿

鸭子煮到锅里——肉烂嘴不烂

苍蝇吹喇叭——随气力

雀儿吃大豆——嘴里不来的话

猴儿手里叨枣——妄想

狗吃散袋——又吃又甩打（散袋：牛羊的胃。讽刺不知好歹的人。）

磨道里的驴——公道得很（拉磨的驴总围着磨盘转，循规蹈矩。）
老鸦蹲在猪背上——一般黑
山里的黄羊——有数
蚂蚁虫儿戴龙头——好大的脸面
拿碗饮骆驼——无济于事
骡子的后头甭看——看啊踢人哩
骆驼吃青盐——咸苦在心里
鸦雀甭说老鸦——一般黑（两个人一样的情况。）
马蜜蜂的尻子——碰不得
文庙门上的死巴牛——文虫虫儿（"死巴牛"：一种小虫。"文虫虫儿"：对卖弄学问者的讽刺。）

3. 其他类

西瓜皮钉鞋掌——天生不是那块料
卖油茶看戏——凑热闹
戏台底下淌眼泪——替古人担忧
脚底里生疮——坏到底了
嘴上抹石灰——白吃（借用石灰的白色粉末状，谐音"白吃"）
没牙喝稀饭——烧心
正月十五贴门神——来迟了
炒面捏娃娃——熟人（"炒面"：炒熟了的面粉。）
墙头外撩西瓜——给贼娃解渴（"撩"：扔。）
吊死鬼搭胭粉——死不要脸
酆都城里算卦——鬼混（"酆都城"：鬼城。）
雨过了披毡衫——没用
石灰窟上卖眼药——认错了门
搬起石头砸老天爷——够不上
怀揣元宝跳井——舍命不舍财
拿上包袱当手巾——大方
扁担串在桥洞里了——担不起
头上长疮脚底下淌脓——坏透顶了
白布漂到染缸里了——咋洗也洗不清

大路上的电杆——靠边站

照着镜子作揖——自己恭维自己

衙门前头的石狮子——只能看,不能动

裁缝的尺子——量人不量己

大河沿上吹筏子——气大

三十晚上借蒸箅儿——我蒸你煮（"蒸箅儿"：蒸屉。）

夹着唢呐打盹儿——事儿没当事儿

城墙头上骑马当战场——窄猥（"窄猥"：狭窄,难以转身。）

刀切酥油——两面光

石崖头上挖金子——悬得很

干河滩里栽牡丹——好景不长

戏台上结婚——假货

胡子眉毛一把抓——压密（"压密"：比喻像过筛子一样细密。）

胡子逮眉毛结拜哩——脸面上的朋友（"逮"：和,意思是交情不深。）

六月六的坡上唱少年——不分大小

马刀砍虱子——不划算

木刀戳心窝——不见血也疼

舌头上生疮——说不出好话来

披上被儿浪大街——虽没领子,还算长衣（"浪"：闲逛。）

瓦渣儿里拌砂灰——小气

精肚儿穿夹夹——露两手（"精肚儿"：光着身子。）

背搭手作揖——礼行在后头（"背搭手"：背着手。）

扫脚面的裤筒——拖泥带水（"拖泥带水"：行为办事拖沓。）

月亮底下穿孝衫——人白嗬影子黑着（讽刺表里不一的人。）

生成的骨头长成的肉——改不了的毛病

一把麸子——不见面（"麸子"：面粉后,加工面粉时脱下的麦壳。）

灶火门前的火棍——越烧越短（"灶火门"：炉灶的灶门。）

棉花里的刺——又绵又扎（笑里藏刀的人。）

王八吃西瓜——滚的滚,爬的爬

· 299 ·

一口吞了二十五个兔子——百爪挠心

洋蜡滴到石头上——浸给了（浸：凝固）

棺材头上放屁——给死人胀气着（"胀气"：故意惹人生气。）

茶壶里倒扁食——肚里有，嘴里倒不出来（扁食就是饺子。）

有肉的包子——不在折折上（不能单凭外表看人。）

深山里的尕庙儿——没人烧香

热闹处卖母猪肉——瞎混

五月十三的磨刀雨——应也应哩，不应也应哩（据说五月十三关公斩蔡阳，因此这天必下雨，以供关老爷磨刀。）

门背后耍大刀——窝里害（讽刺那些只在家里耍威风，在外胆小怕事的人。）

顶门杠当针使——大材小用（"顶门杠"：门闩。）

头顶镲钹——送铜不响（铜就是铜钱，不响就是行贿于人，没有回应。总义是说：白白损失钱财而没回报）

（二）谐音类

石头腌菜——言（盐）难进

六月天抱（孵）鸡娃——坏蛋

老阿奶的脸——尽是折折（"折折"：皱纹。这里谐音，指主意多。）

苏妲己害比干——挖空心思（谐音）

尕海的妈妈——大海（"大海"谐音，形容挥霍无度。）

背搭手进鸡窝——不简单（谐音"拣蛋"）

学剃头遇上了大胡子——难题（谐音"剃"）

半天云里做衣裳——高才（谐音"裁"）

卖油茶看戏——离壶（谐音"离乎"：意思是"特别""很"。）

沟子上连簸箕——扇风（谐音"扇风"：生气。）

傻嗦戴枷——足（拘）了（"拘了"：受约束。）（"拘了"谐音"足了"，意思是"够了"。）

上墙上挂磨扇——原话（谐音"园画"）

南墙根的葱——要壅（"壅"：种葱的时候多用土垫肥。寓意怂恿，鼓励。）

打鼓吹唢呐——远近有名（谐音"鸣"）

枣核儿改板——两（锯）句

鸭子把鸡儿叫哥哥——哄着拔毛着（"拔毛"就是占便宜。）

三九里生的娃娃——冷棒（"冷棒"是指反应迟钝、笨拙的人。）

瓦碴儿铠尻子——没岔岔（"瓦碴儿"：摔破的瓷器。"铠尻子"：擦屁股。"没岔岔"意思是人与人之间没缘分、互不看好。）

腊月天扇扇子——二凉（在这里意思是生气、钻牛角尖。）

王母娘娘的耳坠儿——吊吊多（"吊吊多"就是某人心眼多、心术不正。）

屎巴牛爬竹竿——巴结（"爬节"的谐音。）

酵头儿压巴罗——发起来了（"酵头儿"：发面。"巴罗"：河湟面食，状若银币，立秋食俗。）

门神里卷灶爷——话中有话（"画中有画"的谐音。）

六个月没下雨——半眼汉（"半年旱"的谐音。"半眼汉"：愚蠢，有精神障碍的人。）

墙上挂蒲篮——原话（"圆画"的谐音。）

电杆上绑鸡毛——好大的胆子（"掸子"的谐音。）

五 《重建西宁府文庙碑记》

孔子之道，与天行相始终，与王政相遝迩。凡天行所覆之地而不用孔子之道，皆异域也。王政所暨之境而不行孔子之道，非善俗也。西宁古西羌地，汉武帝令霍去病驱逐羌，渡河、湟，筑令居塞。宣帝神爵三年，命后将军赵充国伐先零诸羌，以其地置破羌县，属金城郡。晋时陷于吐谷浑。唐肃宗时，没于吐蕃。宋熙宁中，王韶复河、湟，建中靖国初，复为羌人罗撒所据。三年，命洮西安抚王厚等合兵击败之，改为西宁州。西宁之名自此始。元属亦集乃路，前明设西宁卫。西宁自汉武时已为内地，自后屡为羌戎所没，且迫近青海。修习武备，故饮食冠裳，习俗颇异，高上气力，轻视诗书。至我朝世宗宪皇帝奠定青海，销锋灌燧，以迄于今，始设为府县，置吏施教，进用文治。十一年，以予之迁拙观察是郡，钦上承意，去其疾苦，整其颓废，劝农种树，兴举四礼。岁又连熟,郡以无事,乡党喁喁向风,有弦歌之省。然后知圣天子之政所被者远,孔子之道所垂者久,天之所覆,王化也,圣教尊,有和气之应也。惟是学宫庳陋,岁久陊剥不治,余日深惴惴。适太守申君梦玺、兹邑王令镐莅任,意以克合。于乾隆六年六月卜日之吉祗,会群吏洎诸生至于庙下,稽度既备,爰肇厥工。内惟明伦堂仍旧,凡殿阁门庑诸祠,不足改为,咸廓而新之,资繁力费,次第修举。嗣应令际盛、摄县张令渡、太守刘君夷绪、陈令铦继至,共襄功役,至乾隆十一年闰三月辛酉成。楹桷峻整,阶序耸严,庭木森列,粲然而威。先是宁郡祀典阙略,延浙儒周兆白至教弟子员,俎豆乐舞之仪,刊示广布,日习月熟,庙貌尊显,宿燎悬设。承祭之晨,琴瑟旗章,金鼓析羽,俯仰节奏。殿庭之上,士民跄跄翼翼,观礼识古于戟门泮池之间,咸叹息前所未有。礼毕且起,进诸生军民而告曰:"学校肇自四代,乃王政之大端,所以成人材、厚风化,皆本于此。余举事之初,或以边方文教艰于振兴,谓汝湟中百十年间,目不识乡饮礼之酒,耳未闻鹿鸣之歌。殊不知文武并用,为长久之术,而威武者,文德之辅助也。古人有言,文之所加者深,则武之所服者大。故有事出征,受成于学,执有罪,反释奠,则以讯馘告。汝湟中自汉时设为郡县,厥后没于羌戎凡几,此皆监司守令不兴文教之过也。昔周文、武伐崇戡黎,六师甫及,而青莪棫朴,誉髦斯士。载戢干戈,即求懿德,以敷肆夏。而镐金辟雍,聿为首善。周官:司徒、宗伯、乐正、司成之属,总六德、六行、六艺十有二教之法,其此间族党,在在有官师子弟。是以兔罝之武夫,行修于隐;牛羊之牧人,爱及微物。我朝复改汝湟中为郡县者,此正先王之遗意。俾尔以方之民,皆由庠序,爰人易使,世世治安,保天王之锡命。"又告曰:"学校之设,宾兴之典,非为汝科名利达计也。使为子者孝,为臣者忠,为师者严,为弟子者勤学,荷戈矛者有勇知方,寄干城者爰恤士卒,为农工商贾者各执业守法。归告而长而父而兄,谨身明理,永享清平,是惟重建学宫之意。"众皆拜谢曰:"敢不夙夜以从事。"于是盥手泚笔,叙其颠末,刊之丽牲之碑。是役也,厥工甚巨,未请帑廪,未劳农民,守令、学官、佐杂、诸生皆与有力。惟太守申君梦玺费独多,尤可嘉焉。其爵里名氏,具列碑阴,俾后来者知所考云。①

六 《青海方言语用情况问卷调查》

居住地： 籍贯： 民族： 年龄： 性别： 工作单位：

1. 在公共场合（商场、餐厅、公园、休闲场所等）听到最多的语言：

   A. 普通话

   B. 自己的家乡方言（此选项针对外来人口）

   C. 青海方言

   D. 各种方言

2. 上班或上学时听到最多的语言：

   A. 普通话

   B. 自己的家乡方言（此选项针对外来人口）

   C. 青海方言

   D. 各种方言

3. 在单位与同事交流、在学校与同学交流，习惯使用的语言：

   A. 普通话

   B. 自己的家乡方言（此选项针对外来人口）

   C. 对方的家乡方言

   D. 青海方言

4. 在家里习惯使用的语言：

   A. 普通话

   B. 自己的家乡方言（此选项针对外来人口）

   C. 对方的家乡方言

   D. 青海方言

5. 向同事或朋友透露私密事件、强调重要情况时，你认为哪种语言最有效：

   A. 普通话

   B. 自己的家乡方言（此选项针对外来人口）

---

① （清）杨应琚：《西宁府新志》卷三十二《艺文》，青海人民出版社1982年版。

C. 对方的家乡方言

D. 青海方言

6. 向家人透露私密事件、强调重要情况时，你认为哪种语言最有效：

A. 普通话

B. 自己的家乡方言（此选项针对外来人口）

C. 对方的家乡方言

D. 青海方言

7. 与他人发生争辩或冲突时，哪种语言最能表达愤怒之情？

A. 普通话

B. 自己的家乡方言（此选项针对外来人口）

C. 对方的家乡方言

D. 青海方言

8. 开心时，使用哪种语言与家人分享喜悦最彻底？

A. 普通话

B. 自己的家乡方言（此选项针对外来人口）

C. 对方的家乡方言

D. 青海方言

9. 你是通过什么途径知道、了解、懂得青海方言的？

A. 听周围的人说

B. 传媒媒介

C. 其他

10. 普通话、青海方言、其他方言，你更喜欢哪个？

A. 普通话

B. 青海方言

C. 其他方言

11. 听别人说青海方言，你的感受是？

A. 喜欢　　B. 可以接受　　C. 不喜欢　　D. 非常讨厌

12. 你听得懂或者会说青海方言吗？

A. 听得懂，能熟练说

B. 听得懂，会说一点

C. 听得懂，不会说

D. 听不懂也不会说

13. 自己说青海方言的感受？

A. 它是自己的母语

B. 听起来洋气

C. 说着好玩

D. 较其他语言的有用性强

14. 如果觉得青海方言不好，原因是？

A. 不是自己的母语

B. 听起来特别土

C. 很难理解

D. 较其他语言的有用性弱

15. 如果必须用青海方言，你的使用能力如何？

A. 能熟练使用

B. 还可以，只是发音不标准

C. 难度大，表达中常夹带使用普通话

D. 听不懂，无法交流

16. 你对"使用青海方言"的态度？

A. 很土，显得自己很跟不上潮流

B. 青海方言属于青海地区的传统文化，我们要将它传承下去

C. 对青海方言没有特别的感情

D. 其他

17. 对于青海的地方曲艺你的态度是？

A. 非常感兴趣，每演必看

B. 还可以，跟着大家看

C. 无所谓

D. 排斥

18. 对于青海的民间文学（故事、传说、神话、歌谣、谜语等）你的了解程度是？

A. 非常感兴趣，颇为了解

B. 较感兴趣，但不是很了解

C. 没感觉

D. 陌生，不感兴趣

19. 你对青海当地的俗语、谚语、歇后语等了解多少？

A. 非常感兴趣，很了解

B. 有兴趣，但不很了解

C. 没兴趣，不了解

20. 现代传媒中，普通话类和方言类节目你更喜欢？

A. 普通话节目　　　B. 方言节目　　　C. 都喜欢

21. 喜欢方言类节目的原因？

A. 主持人的表现力

B. 节目内容

C. 节目中的方言很幽默

D. 跟着别人看看

22. 目前收视率较高的方言类节目，吸引观众的原因？

A. 该方言普及广，有扎实的群众基础

B. 该方言具备大众可接受的流行元素

C. 语言容易理解

D. 其他

23. 青海方言类电视广播节目你能接受吗？

A. 能接受　　　B. 不能接受　　　C. 无所谓，不感兴趣

24. 你认为青海地区的方言类电视广播节目，主持人的方言驾驭能力如何？

A. 对方言和方言文化有极深的理解，并能感染民众

B. 对方言的理解只停留在交流上

C. 多以普通话表达为主，节目中仅点缀方言词汇

D. 羞于使用方言，涉及地方知识时，用普通话转述

25. 收看、收听青海方言类节目的主要途径？

A. 电视　　　B. 广播　　　C. 上网下载

D. 租影碟　　　E. 其他

26. 你认为青海方言类电视广播节目的发展前景如何？

A. 有极大的发展空间

B. 保持现状

C. 会被普通话或其他方言节目取代

D. 其他

27. 你认为与其他方言类广播电视节目相比，青海方言类节目的弱势？

  A. 群众基础薄弱　　　　B. 传媒力量不够

  C. 方言本身难以理解　　D. 其他

28. 你认为在青海地区普及普通话重要吗？

  A. 非常重要　　　　　　B. 重要

  C. 不重要　　　　　　　D. 不清楚

29. 你怎样看待青海方言受普通话的影响？

  A. 语言的正常演变

  B. 青海方言正在萎缩

  C. 其他

30. 一些对青海方言的负面评价（"土得掉渣"，"跟不上时代"等），你的看法？

  A. 不赞同，并以方言文化为豪

  B. 赞同

  C. 无所谓，不在乎别人的评价

31. 你认为对青海方言及方言文化有保护的必要吗？

  A. 有必要，应给予很好的保护

  B. 没必要，顺其自然

  C. 无所谓

32. 你是否会让你的后代学习使用青海方言？

  A. 是　　　B. 否　　　C. 不清楚

参考文献

一 理论著作

巢生祥：《西宁方言正义》，香港昆仑出版社2011年版。

陈原：《社会语言学》，学林出版社1983年版。

崔永红、张生寅：《明代以来黄河上游地区生态环境与社会变迁史研究》，青海人民出版社2008年版。

鄂崇荣：《青海民间信仰——以多民族文化为视角》，中国社会科学出版社2016年版。

谷晓恒、李晓云：《青海方言俗语》，语文出版社2013年版。

何俊芳：《语言人类学教程》，中央民族大学出版社2005年版。

黄涛：《语言民俗与中国文化》，人民出版社2002年版。

贾晞儒：《语言心理民俗》，青海人民出版社2004年版。

林继富、王丹：《解释民俗学》，华中师范大学出版社2006年版。

罗耀南：《花儿词话》，青海人民出版社2001年版。

罗志野：《语言的力量——语言力学探索》，东南大学出版社2009年版。

米海萍等：《青藏地区民族民间文学研究》，中国社会科学出版社2012年版。

钱冠连：《美学语言学》，海天出版社1992年版。

钱冠连：《语言：人类最后的家园——人类基本生存状态的哲学与语用学研究》，商务印书馆2005年版。

曲彦斌：《民俗语言学》，辽宁教育出版社1994年版。

沈锡伦：《中国传统文化和语言》，上海教育出版社1995年版。

谭汝为：《民俗文化语汇通论》，天津古籍出版社 2004 年版。

滕晓天：《青海花儿话青海》，香港银河出版社 2002 年版。

王昱：《青海历史文化与旅游开发》，青海人民出版社 2008 年版。

徐世璇：《濒危语言研究》，中央民族大学出版社 2001 年版。

游汝杰：《汉语方言学教程》，上海教育出版社 2004 年版。

张公瑾、丁石庆：《文化语言学教程》，教育科学出版社 2004 年版。

赵宗福：《花儿通论》，青海人民出版社 1989 年版。

赵宗福：《昆仑神话》，青海人民出版社 2005 年版。

赵宗福等：《青海多元民俗文化圈研究》，中国社会科学出版社 2012 年版。

钟敬文：《民俗学概论》，上海文艺出版社 1998 年版。

周振鹤、游汝杰：《方言与中国文化》，上海人民出版社 2006 年版。

［法］沙尔·巴依：《语言与生命》，裴文译，南京大学出版社 2006 年版。

［美］爱德华·萨丕尔：《语言论》，陆卓元译，商务印书馆 2007 年版。

［美］格尔兹：《文化的解释》，韩莉译，译林出版社 2006 年版。

［瑞士］费尔迪南·德·索绪尔：《普通语言学教程》，高名凯译，商务印书馆 2008 年版。

［英］弗思：《人文类型》，费孝通译，华夏出版社 2001 年版。

［英］马林诺夫斯基：《文化论》，费孝通译，中国民间文艺出版社 1987 年版。

［英］马林诺夫斯基：《巫术 科学 宗教与神话》，李安宅译，中国民间文艺出版社 1986 年版。

二 史志典籍

（唐）房玄龄等：《晋书载记26》，《秃发乌孤载记》，中华书局 2008 年版。

（元）脱脱等：《宋史·吐蕃传》，中华书局 2012 年版。

（清）来维礼、杨方柯等：《西宁府续志》，青海人民出版社 1982 年版。

（清）苏铣：《西宁志》，青海人民出版社1993年版。
（清）杨应琚：《西宁府新志》，青海人民出版社1982年版。
黄涛：《中国民俗通志·民间语言志》，山东教育出版社2005年版。
吉狄马加、赵宗福：《青海花儿大典》，青海人民出版社2010年版。
雷汉卿：《近代方俗词丛考》，四川出版集团、巴蜀书社2006年版。
李文实：《西陲古地与羌藏文化》，青海人民出版社2001年版。
毛文斌、马光星主编：《河湟民族文化丛书》，青海人民出版社2010年版。
青海省西宁市文联编：《河湟民间文学集》，西宁市文联编印1983年版。
滕小天、井石：《青海花儿词典》，青海人民出版社2013年版。
颜宗成、李锦辉：《青海平弦词本》，九州出版社2011年版。
颜宗成、石永：《青海越弦词本》，九州出版社2011年版。
张成材：《西宁方言志》，青海人民出版社1982年版。
赵宗福、马成俊：《青海民俗》，甘肃人民出版社2003年版。
赵宗福主编：《中国节日志·春节（青海卷）》，中国社会科学出版社2014年版。
中国民间文学集成全国编辑委员会：《中国民间文学（三套）集成·青海卷》，中国ISBN中心2007年版。
朱世奎：《西宁方言词语汇典》，青海人民出版社2003年版。
朱世奎主编：《青海风俗简志》，青海人民出版社1994年版。

三　论文类

曹志耘：《关于濒危汉语方言问题》，《语言教学与研究》2001年第1期。
陈建民：《关于语言与文化研究的思考》，《汉语学习》1992年第4期。
陈良煜：《河湟汉族来源与青海方言的形成》，《青海师范大学学报》（哲学社会科学版）2008年第6期。
都兴宙、[美]狄志良：《西宁方言词典简论》，《青海民族学院学报》1997年第1期。

何俊芳:《论语言冲突的若干理论问题》,《中央民族大学学报》2009年第5期。

黄港金:《夏都西宁的河湟人文》,《民间化旅游杂志》2003年第11期。

黄骏:《文化社会学视野中的文化与多元文化互动》,《中南民族大学学报》2008年第1期。

黄行:《我国的语言和语言群体》,《民族研究》2002年第1期。

景金和:《我国方言类大众文化产品的三重困境——"方言禁令"一年之后的反思》,《青年记者》2011年第12期。

蓝鹰:《文化接触、接触语言学与汉语方言研究》,《中华文化论坛》2013年第9期。

李如龙:《从方言和地域文化看海峡两岸的文缘》,《厦门大学学报》2011年第2期。

李如龙:《文言 白话 普通话 方言》,《语言文字应用》2003年第11期。

李言统:《俗与信:青海汉族土地崇拜的众神信仰》,《青海师范大学学报》(哲学社会科学版)2013年第2期。

李宇明:《保护语言的多样性》,第四届中国社会语言学国际学术研讨会论文,2005年。

刘钦明:《青海方言与普通话的语音差异性比较分析》,《青海社会科学》2006年第6期。

刘双:《文化身份与跨文化传播》,《外语学刊》2000年第1期。

刘思维:《方言电视节目的生存策略分析》,《文化前沿》2007年第1期。

马成俊:《基于历史记忆的文化生产与族群建构》,《青海民族研究》2008年第1期。

马京:《语言人类学的学科建设和本土化问题》,《广西民族研究》2000年第3期。

马梦玲:《西宁方言SOV句式类型学特点初探》,在职人员以同等学力申请硕士学位论文,南京师范大学,2007年。

马文慧:《宗教文化与青海地区信教群众的社会生活》,《青海民族学院学报》2001 年第 1 期。

米海萍:《非物质文化视野下对民间文学文本的传承与尊重——以青藏地区民间文学文本为例》,《青藏高原论坛》2013 年第 4 期。

曲彦斌:《略论口述史与民俗学方法论的关联——民俗学视野的口述史》,《社会科学战线》2003 年第 7 期。

曲彦斌:《民俗语言学新论》,《民族研究》1992 年第 4 期。

任剑涛:《地方性知识及其全球性扩展——文化对话中的强势弱势关系与平等问题》,《厦门大学学报》2003 年第 3 期。

宋卫华:《从方言的特殊表达语序审视其语法语义特征》,《青海师范大学学报》(哲学社会科学版)2004 年第 6 期。

孙国亮:《方言写作与"飞地"抵抗的文化愿景》,《文艺争鸣》2011 年第 14 期。

索瑞智:《卓仓藏族的几项婚俗极其文化内涵》,《青海民族学院学报》2001 年第 3 期。

谭志满:《文化变迁与语言传承——土家语个素调查研究》,博士学位论文,中央民族大学,2005 年。

唐仲山:《青海"於菟"巫风调查报告》,《民族研究》2003 年第 3 期。

万建中:《民间传说的虚构与真实》,《文化研究》2005 年第 4 期。

王端:《对外汉语教学中的民俗语言与民俗解说》,《文化学刊》2008 年第 3 期。

王立杰:《民族志写作与地方性知识——格尔茨的解释人类学理论与实践》,《北方民族大学学报》2009 年第 1 期。

王天华:《微观文化身份与语言使用差异》,《哈尔滨工业大学学报》2002 年第 2 期。

王昱:《论青海历史上区域文化的多样性》,《青海社会科学》1999 年第 6 期。

文忠祥:《民和三川土族"纳顿"体系的农事色彩》,《青海民族学院学报》2005 年第 4 期。

吴彤:《两种"地方性知识"——兼论吉尔兹和劳斯的观点》,《自然辩证法研究》2007 年第 11 期。

吴璇:《汉语方言与地方民俗文化的多样性》,《华南师范大学学报》2011 年第 1 期。

吴永涣:《汉语方言文化遗产保护的意义与对策》,《中国人民大学学报》2008 年第 4 期。

谢伯端:《试论方言情感》,《湘潭大学学报》1985 年第 5 期。

邢向东:《汉语方言文化调查理念及方法》,《语言战略研究》2017 年第 7 期。

邢向东:《西北方言重点调查研究刍议——以甘宁青新四省区为主》,《清华大学学报》2014 年第 9 期。

尹虎彬:《口头文化研究中的程式概念》,《民间文学论坛》1996 年第 3 期。

游汝杰:《推广普通话,善待方言》,《中国社会科学报》2010 年第 8 期。

张成材:《五十年来青海汉语方言研究述评》,《青海师范大学学报》2005 年第 3 期。

张公瑾:《语言的文化价值》,《民族语文》1989 年第 10 期。

张筠:《语言,民俗文化的指痕》,《青海社会科学》2013 年第 5 期。

赵宗福:《论昆仑神话与昆仑文化》,《青海社会科学》2010 年第 4 期。

赵宗福:《西北花儿的文化形态与文化传承——以青海花儿为例》,《西北民族研究》2011 年第 1 期。

后　　记

　　冥冥中注定，我与民俗的情缘起于祖父。祖父生前酷爱民间文化，曾在省内外《青海日报》《西宁晚报》《西宁文史资料》《汉江晚报》《齐鲁晚报》等各类报纸刊物上发表了数十篇文章，他的《语丝集》《溪流集》《笔耕撷趣》等文集虽尚未公开出版，但其中的民俗情怀和文化底蕴深沉、厚重。儿时的我看着他伏案的背影不觉诧异，旁人老者打拳、舞剑、遛鸟、唱曲，不亦乐乎，何故自家祖父常沉浸书斋无法自拔？如今，翻阅祖父泛黄的手稿，抚摸那些熟悉的笔迹，重温老人家笔尖上的热情，终于体味到他对地方民俗文化传统的一片赤诚。这份对家乡热土的眷恋同时也感染着我，记得小学五年级参加"全国中小学生作文竞赛"时，我的《家乡的土炕》获二等奖，这便开启了我与民俗的不解之缘。时至今日，寄希望于拙作的出版能延续祖父血脉中的民俗情怀。

　　如果说我的民俗情缘起祖父，那么我的民俗学素养得益于导师赵宗福先生。先生博学笃实、直谅卓识、润物化雨，在做人和治学方面都是我的榜样。从学习理论知识到掌握研究方法，从培养问题意识到增强科研能力，他都给予了我无微不至的帮助和指导。特别是本书的撰写，基于我主持的国家社科基金项目"河湟方言文化与民俗学特质研究"（12XMZ060），调研和撰写过程中，在拟定框架、调研选点、文献搜集等方面导师都提出了宝贵的指导意见，特别是写作过程中的几次修改方案可以说是提高书稿质量的点睛之笔。导师宽厚待人、严于律己的处事原则让我深感敬佩，作为他的学生，惟有在学养上孜孜以求，不负期望。

　　本书的顺利完成更离不开家人的鼓励和帮助。感谢我的父母，他

后记

们的爱是我坚强的后盾。父母在我放弃中学语文教师一职选择考研时并没有埋怨，为期一年的考研备战中，他们默默站在我身后，为我遮风挡雨。后来我研究生毕业入职新工作，他们一如既往站在我身后，为我保驾护航。再后来我结婚了，孕育了一个新的生命，他们依旧默默站在我身后，给予我无私的帮助与照顾，特别是母亲的无微不至为我在初为人母那段艰难的日子扫清障碍，传说中的产后抑郁也避我不及，现在我的孩子能有一个健康结实的小体格、活波开朗的好脾性，都要归功于姥姥姥爷一路走来的精心呵护和关爱。更是在我书稿暂遇瓶颈一筹莫展的时候出谋划策、费心费力，真诚地道一声爸妈，您们辛苦了！感谢我的先生，结婚数载，他愿意包容我的脾气和缺点，接受我的执拗和任性，总能为我们的家庭生活增添一抹绚烂，虽然在初为人父阶段也有不安和无措，但他的肩膀还是撑起了我们这个三口小家，并在照顾家庭的同时考取和完成了经济学博士学业，热爱阅读、钻研不懈的习惯也让我们的儿子耳濡目染，为他点赞！感谢我的孩子，女子本弱，为母则刚，他的诞生让我的生命又有了新的意义，拨去世间繁冗，抱着他、望着他清澈的双眸，一切纷争散去，一切幸福扑面而来！

最后，要感谢为本书的顺利出版提供指导和帮助的师长，米海萍、文忠祥、霍福、马梦玲、鄂崇荣、完玛冷智、陈荣、唐仲山、蒲生华、胡芳，他们为书稿提出了各种宝贵的意见和建议，助我走出樊篱。也要感谢在我学术成长道路上给予鼓励、提供重要帮助和思想启发的张奋生（去世）、褚瑜（去世）、蒲文成（去世）、朱世奎、邢向东、吉太加、卢春天，感谢鲁顺元、马勇进、旦正加、韩德福、索有岩、李韶华、周元海、王友明、徐仲平、简义萍、褚锦玲、冯伟、王雪茹、于小婧、央吉卓玛，感谢为书稿问卷调查提供大力帮助的张萍、褚锦娟、张琳、申奇昌、李莉、张铭源，还要感谢诸多接受访谈的父老乡情，大家的鼎力相助倍感温暖与感动，无以为报，唯有不断激励自己做的更好。

书稿在撰写过程中得到了青海省社会科学院领导和同事提供的支持与帮助。书稿得以出版离不开中国社会科学出版社的大力支持，尤其是本书责任编辑刘艳女士为此认真负责、事无巨细，不厌其烦的联系沟通，以确保出版质量，在此一并致谢！

  问渠那得清如许，为有源头活水来。本书的出版正是对我一个阶段学习和研究的总结，虽然在此过程中付出了百倍努力，但愚钝才疏，部分内容确显粗浅，只待今后不断钻研完善。拙作出版，心有忐忑，恳请专家学者批评指正为盼。

笔　者
2019 年仲夏夜